Vielen Dank für jegliche
Unterstützung und die gute
Zusammenarbeit!

Eginhard

Die Na,K-ATPase in der mizellaren Phase: Eine strukturelle und funktionelle Charakterisierung

Dissertation
zur Erlangung des Doktorgrades
der Naturwissenschaften

vorgelegt beim Fachbereich Biochemie,
Pharmazie und Lebensmittelchemie
der Johann Wolfgang Goethe-Universität
in Frankfurt am Main

von

Eginhard Schick

aus Frankfurt am Main

Frankfurt am Main 1999

(D F 1)

vom Fachbereich Biochemie, Pharmazie und Lebensmittelchemie der Johann Wolfgang Goethe-Universität als Dissertation angenommen.

Dekan: Prof. Dr. A. Mosandl

Gutachter: Prof. Dr. H. Fasold,
Prof. Dr. B. Ludwig

Datum der Disputation: 29. 01. 1999

Berichte aus der Biologie

Eginhard Schick

Die Na,K-ATPase in der mizellaren Phase

Eine strukturelle und funktionelle Charakterisierung

Shaker Verlag
Aachen 1999

Die Deutsche Bibliothek - CIP-Einheitsaufnahme

Schick, Eginhard:
Die Na,K-ATPase in der mizellaren Phase : Eine strukturelle und funktionelle Charakterisierung / Eginhard Schick.
- Als Ms. gedr. - Aachen : Shaker, 1999
(Berichte aus der Biologie)
Zugl.: Frankfurt am Main, Univ., Diss., 1999
ISBN 3-8265-4925-2

Als Manuskript gedruckt. Printed in Germany.

ISBN 3-8265-4925-2
ISSN 0945-0688

Shaker Verlag GmbH • Postfach 1290 • 52013 Aachen
Telefon: 02407 / 95 96 - 0 • Telefax: 02407 / 95 96 - 9
Internet: www.shaker.de • eMail: info@shaker.de

Meinen Eltern,

Antje,

und meiner Tochter Nina.

Danksagung

Bei Herrn Dr. E Grell möchte ich mich für die Themenstellung, die Bereitstellung des Arbeitsplatzes, die stets aufmerksame Betreuung sowie die ständige Diskussionsbereitschaft während der Durchführung dieser Arbeit bedanken. Besonders die Einführung in die Kalorimetrie sowie zahlreiche apparative Hilfestellungen erleichterten die Arbeit sehr. Weiterhin war mir seine in jeder Hinsicht großzügige Unterstützung eine große Hilfe.

Herrn Prof. Dr. Dr. H. Fasold danke ich für die Übernahme der Betreuung dieser Promotionsarbeit gegenüber der Johann Wolfgang Goethe Universität Frankfurt und für die anregenden Gespräche.

Mein weiterer Dank gilt den Mitarbeitern der AG Grell am MPI für Biophysik, namentlich:

Herrn Dipl. Ing. E. Lewitzki für zahlreiche Hilfestellungen am Spektrofluorimeter, viele fruchtbare Diskussionen und andere lehrreiche Gespräche, die sehr zum Gelingen dieser Arbeit beitrugen. Seine stete Hilfsbereitschaft wird mir in angenehmer Erinnerung bleiben.

Herrn Dr. H. Ruf für die Einführung in die Theorie der dynamischen Lichtstreuung, die Messungen mit dem Photonen-Korrelations-Spektrometer und für viele anregende Gespräche.

Frau A. Schacht für ihre tatkräftige Hilfe im Laboralltag sowie unzählige kleine, aber nicht zu vernachlässigende Handgriffe und Gefälligkeiten.

Ich bedanke mich auch bei Herrn Dr. W. Haase für die Anfertigung der elektronenmikroskopischen Aufnahme sowie bei Frau H. Volk für die Entwicklung der Photos.

Herrn Dr. P. Bugnon des Instituts für mineralische und analytische Chemie der Universität Lausanne danke ich für die fruchtbare Zusammenarbeit hinsichtlich der druckabhängigen, kinetischen Untersuchungen. Seine freundliche und entgegenkommende Art gestalteten die Forschungsaufenthalte in Lausanne immer sehr angenehm. Weiterhin möchte ich Prof. Dr. A. E. Merbach für die Bereitstellung der apparativen Möglichkeiten und für die anregenden Diskussionen danken.

Den Herren Dr. M. Pawlak und Dr. M. Ehrat der Firma Novartis Pharma AG danke ich für die gute Zusammenarbeit und die Bereitstellung der apparativen Möglichkeiten zur Untersuchung der gerichteten Kationen- und Ligandenbindung durch die Biosensortechnik.
Herrn Dr. D. Anselmetti (Novartis Services AG) danke ich für die Anfertigung der kraftmikroskopischen Aufnahme.

Den Herren Dr. M. Mutz, Dr. A. Hörmann und Dr. E. Marti der Firma Novartis Pharma AG danke ich für die apparative Unterstützung bei den DSC-Messungen.

Bei den Herren Dr. M. Kriechbaum und Prof. Dr. P. Laggner des Instituts für Biophysik und Röntgenstrukturforschung der Österreichischen Akademie der Wissenschaften möchte ich mich für die gute Zusammenarbeit bezüglich der Messungen der Röntgen-Kleinwinkelstreuung bedanken.

Der Deutschen Forschungsgemeinschaft (SFB 169) sowie der Max-Planck-Gesellschaft danke ich für ihre finanzielle Unterstützung.

Inhaltsverzeichnis

6. Diskussion (II)

Abkürzungen

A_{obs} ------------------- beobachtete Amplitude

ADP/ATP ----------- Adenosindiphosphat / Adenosintriphosphat

ATPase--------------- Adenosintriphosphatase

Brij®35--------------- Tricosaethylenglycol-mono-n-dodecylether

$C_{12}E_6$ ----------------- Hexaethelenglycol-mono-n-dodecylether

$C_{12}E_8$ ----------------- Octaehylenglycol-mono-n-dodecylether

$C_{12}E_{10}$ ---------------- Decaethylenglycol-mono-n-dodecylether

$C_{12}E_{23}$ ---------------- Tricosaethylenglycol-mono-n-dodecylether

CMC ----------------- Kritische Mizellkonzentration

cDNA ---------------- komplementäre Desoxyribonukleinsäure

Cho^+ ------------------ Cholinkation

ChoCl ---------------- Cholinchlorid

DDK------------------ Dynamische Differenzkalorimetrie (identisch mit DSC)

DEDO---------------- N-(Dansyl)-N'(Ouabain)-ethylendiamin

DMF------------------ N,N-Dimethylformamid

DSC ------------------ Differential scanning calorimetry (identisch mit DDK)

DTNB ---------------- 5,5'-Dithio-bis-(2-nitro-benzoesäure) (3,3'-6)

DTT ------------------ 1,4-Dithio-DL-threitol

EDTA ---------------- Etyhlendiamintetraessigsäure, freie Säure

FITC------------------ Fluorescein-5'-isothiocyanat (Isomer I)

$G5GCl_2$ -------------- 1,5-Diguanidiniumpentandichlorid

$G5G^{2+}$ ---------------- 1,5-Diguanidiniumpentan-Kation

His -------------------- L-Histidin

i:o --------------------- inside-out-Orientierung

Im --------------------- Imidazol

IR --------------------- Infrarot

ITC ------------------- Isothermale Titrationskalorimetrie

k_{obs} ------------------- reziproke Abklingzeit

LMW----------------- Low Molecular Weight Marker

log K ----------------- dekadischer Logarithmus der Assoziationskonstante

n----------------------- Hill-Koeffizient

n:o -------------------- non-oriented-Orientierung

(m)OD --------------- (milli)optische Dichte

mRNA --------------- Boten-RNA (messenger-RNA)

NPN ------------------ *N*-Phenyl-1-naphtylamin

PAG(E) -------------- Polyacrylamidgel(elektrophorese)

PBS ------------------- Phosphat-gepufferte Salzlösung

PC -------------------- Personal Computer

P_i --------------------- anorganisches Phosphat

POPC----------------- 1-Palmitoyl-2-oleoyl-sn-glycero-3-phosphocholin

pNPP ---------------- para-Nitrophenylphosphat

r:o --------------------- right-side-out-Orientierung

RFI ------------------- Relative Fluoreszenzintensität

RH-421 -------------- N-(4-Sulfobutyl)-4-(4-(p-dipentylaminophenyl)butadieyl)pyridin

rpm ------------------- Umdrehungen pro Minute

SDS------------------- Natriumdodecylsulfat

TCA ------------------ Trichloressigsäure

TMA ----------------- Tetramethylammonium

Tris ------------------- Tris(hydroxymethyl)aminomethan

%(w/w) -------------- Gewichtsprozent

%(w/v) --------------- Gewichts-Volumenprozent

$\lambda_{ex}/\lambda_{em}$---------------- Anregungs/Emissionswellenlänge

1. Einleitung

Die Abgrenzung der Zelle gegenüber ihrer Umgebung mit Hilfe der Plasmamembran ist eine fundamentale Voraussetzung für die wirksame Kontrolle der molekularen Zusammensetzung des Cytoplasmas. Da die Membran für die meisten polaren und geladenen Moleküle sowie für die meisten Metaboliten nahezu impermeabel ist, übernehmen integrale Membranproteine den Transport dieser Substanzen. Dabei unterscheidet man prinzipiell zwischen dem passiven und dem aktiven Transport. Der passive Transport wird durch Kanäle und Carrier vermittelt, kann aber immer nur in Richtung eines elektrochemischen Potentialgradienten stattfinden. Der aktive Transport durch Pumpen ist an Lichtenergie oder an die Hydrolyse eines energiereichen Moleküls (meist ATP) gekoppelt und findet gegen bestehende elektrochemische Potentialgradienten statt. Die bereits 1957 von Skou (1) entdeckte Na,K-ATPase ist das wichtigste, in der Plasmamembran tierischer Zellen vorkommende Transportprotein, daß unter Verbrauch von Energie ein elektrochemisches Membranpotential aufbaut, welches die Voraussetzung für den Ablauf einer Vielzahl physiologischer Prozesse darstellt.

1.1 Die Na,K-ATPase

1.1.1 Funktion und Struktur

Die Na,K-ATPase gehört, wie z. B. auch die Ca^{2+}-ATPase (2) und die H^+/K^+-ATPase (3) zur Familie der sogenannten P-Typ-ATPasen. Ihnen allen ist gemeinsam, daß es im Verlauf des Reaktionszyklus vorübergehend zur Phosphorylierung eines spezifischen Aspartatrestes des Enzyms durch ATP kommt. Die Na,K-ATPase nutzt die durch die Hydrolyse von ATP freiwerdende Energie zum aktiven Transport von 3 Na^+ aus und 2 K^+ in die Zelle hinein (4). Dieser Transport ist elektrogen (5), da bei jedem Reaktionszyklus eine Nettoladung über die Membran transportiert wird. Die Stöchiometrie des Alkaliionentransportes wurde für eine Reihe von Na,K-ATPase-Präparationen verschiedenen Ursprungs bestätigt (7). Durch die Aktivität der Na,K-ATPase entsteht ein Kationenkonzentrationsgradient zwischen dem Cytoplasma und der extrazellulären Matrix, der durch eine hohe K^+-Konzentration (ca. 150mM) und eine niedrige Na^+-Konzentration (ca. 10 mM) in der tierischen Zelle gekennzeichnet ist. Als Folge einer Rückdiffusion von hauptsächlich K^+, aber auch Na^+ und Cl^- durch ionenspezifische Kanäle entsteht außerdem ein elektrisches Ruhepotential an der Plasmamembran, das intrazellulär ca. -90 mV beträgt. Der elektrochemische Potentialgradient wird vom tierischen Organismus für folgende Aufgaben genutzt:

- die Regulation des Zellvolumens
- die elektrische Erregbarkeit von Nerven- und Muskelzellen
- die Muskelkontraktion sowie
- den sekundär aktiven Transport von Kohlenhydraten, Aminosäuren, Anionen (Symport) und Kationen (Antiport)

Wie bei anderen biologischen, energieumwandelnden Systemen sind Ionentransport und ATP-Hydrolyse eng gekoppelt (8). Im Durchschnitt wird mehr als 30%, in Nervenzellen bis zu 70% des produzierten ATP für die Funktion der Na,K-ATPase aufgewendet (9,10).

Durch SDS-Gelelektrophorese wurde gezeigt, daß die Na,K-ATPase aus zwei Untereinheiten besteht (11). Die katalytisch aktive α-Untereinheit hat ein Molekulargewicht von ca. 106 kDa (12-14) und kann sowohl spezies-(15,16) als auch organspezifisch glycosyliert sein (15,17). An ihr findet neben der Phosphorylierung durch ATP auch die selektive Bindung von Na^+ und K^+ statt (18-20). Des weiteren ist die α-Untereinheit der Rezeptor für die Herzglykoside (21,22), die aus pharmakologischer Sicht von großer Bedeutung sind. Die β-Untereinheit hat ein Molekulargewicht von 37 - 40 kDa und ist, im Gegensatz zur α-Untereinheit, mehrfach N-glycosyliert. Obwohl die β-Untereinheit keine katalytische Funktion hat, scheint sie für die Aktivität der Na,K-ATPase essentiell zu sein (23,24) und ist vermutlich für die korrekte Insertion der Na,K-ATPase in die Plasmamembran von Bedeutung (25-27). Durch die Isolierung der mRNA der α- und β-Untereinheit aus verschiedenen Spezies und Gewebetypen (28-33) sowie einer anschließenden Sequenzanalyse ihrer cDNA konnte gezeigt werden, daß für beide Untereinheiten mehrere Isoformen existieren (34), die sich durch unterschiedliche Affinitäten für Liganden, Kationen und Inhibitoren unterscheiden (35). Neben den beiden vorgenannten Untereinheiten existiert weiterhin noch eine γ-Untereinheit mit einem Molekulargewicht von ca. 11 kDa (36,37,192), wobei ihre Funktion noch unbekannt ist. Unklar ist bis heute, ob die membrangebundene Na,K-ATPase als das (αβ)-Protomer, oder als das ($\alpha_2\beta_2$)-Diprotomer mit interagierenden α-Untereinheiten arbeitet (39). Brotherus et al. und Hayashi et al. favorisieren das (αβ)-Protomer als minimale funktionelle Einheit (38,39), Schoner et al. dagegen das ($\alpha_2\beta_2$)-Diprotomer (40).

1.1.2 Der Reaktionszyklus

Der Reaktionszyklus der Na,K-ATPase wird durch das nach ihren Entdeckern genannte Albers-Post Schema beschrieben (41,42). Dabei wechselt das Enzym zwischen zwei Hauptkonformationszuständen **E1** und **E2** (E1: Na^+-selektive, E2: K^+-selektive Bindungseigenschaften). Beide Konformationszustände E1 und E2 können sowohl unphosphoryliert, als auch phosphoryliert vorkommen.

Die einzelnen Reaktionsschritte im Reaktionszyklus (Abb. 1) werden im folgenden kurz erläutert:

- Das Enzym bindet in Anwesenheit von Mg^{2+} ein Molekül ATP und 3 Na^+ mit hoher Affinität auf der cytoplasmatischen Seite und bildet einen ternären Komplex: **E1·ATP·Na^+_3**.
- Ausgehend von diesem Zustand wird das Enzym phosphoryliert, das ADP dissoziiert, und die drei Na^+ werden unter Ausbildung des Zwischenprodukts **E1-P·(Na^+_3)** okkludiert.
- Es folgt die Konformationsänderung zum **E2-P·(Na^+_3)** Zustand mit einer niedrigen Affinität für Na^+, die somit auf der extrazellulären Seite dissoziieren.

- Die nachfolgende, hochaffine Bindung von zwei K^+ auf der extrazellulären Seite der Na,K-ATPase im **E2-P** Zustand induziert die spontane Dephosphorylierung, wobei in der Folge beide K^+ okkludiert werden: **E2·(K^+_2)**.
- Die anschließende, niederaffine Bindung von ATP induziert den schnellen Konformationswechsel zum **E1·K^+_2·ATP**-Zustand und führt aufgrund einer Affinitätserniedrigung für beide K^+ zu deren Freisetzung auf der cytoplasmatischen Seite, so daß der Zyklus wieder von vorne beginnen kann.

Der geschwindigkeitsbestimmende Schritt im Reaktionszyklus ist der Konformationsübergang E1-P→ E2-P (145). Die maximale Wechselzahl der Na,K-ATPase beträgt ca. 150 sec^{-1} bei 37°C (48). Alle Schritte im Reaktionszyklus der Na,K-ATPase sind reversibel, so daß dieser unter geeigneten Bedingungen in vitro auch rückwärts, das heißt unter Bildung von ATP aus ADP und Orthophosphat (P_i) durchlaufen werden kann (50).

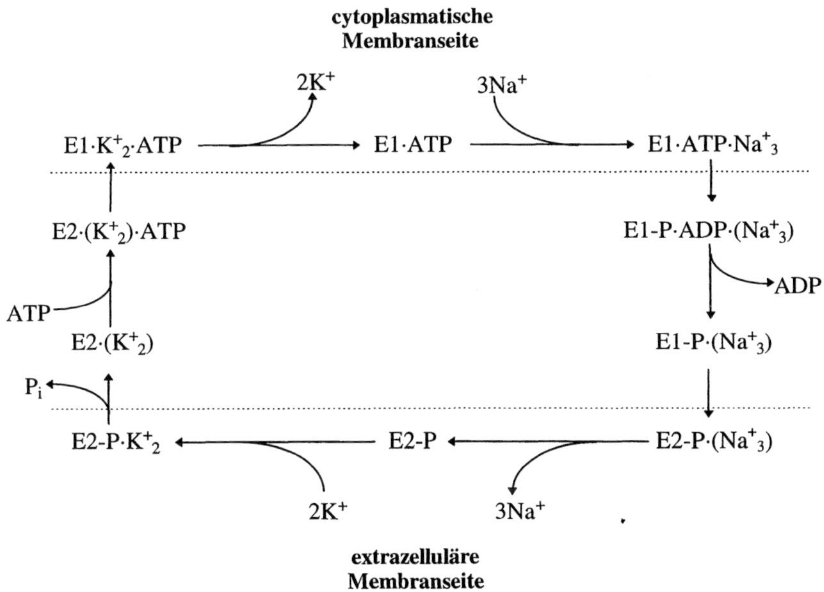

Abb. 1. Modifiziertes Albers-Post Schema für den Kationentransport durch die Na,K-ATPase aus (43). Das zur Bindung von ATP benötigte Mg^{2+} ist der besseren Übersichtlichkeit wegen nicht aufgeführt. •: nichtkovalente Bindung; –: kovalente Bindung. Die Notation (Na^+), (K^+) symbolisiert die Kationenokklusion (Erklärung siehe Text).

Die Okklusion von Na^+ und K^+ durch die Na,K-ATPase ist bei der Translokation dieser Kationen über die Plasmamembran von entscheidender Bedeutung (44). Dabei ist es bis heute noch nicht gelungen, direkte Beweise für die Kationenokklusion zu erbringen. Jedoch liegen konkrete Hinweise, beispielsweise aufgrund von Deokklusionsexperimenten mit Hilfe der Ionenaustauschchromatographie (45,46) und der schnellen Filtrationstechnik (47), vor. Hierbei wurden rasch austauschbare Kationen wie ^{86}Rb (ersetzt K^+) oder ^{22}Na aus dem Medium entfernt. Dabei konnte gezeigt werden, daß die Dissoziationsgeschwindigkeit des E1-P·(Na^+_3)-sowie des E2·(K^+_2)-Komplexes in Abwesenheit von Nukleotiden im Sekundenbereich liegt. Das bedeutet, daß die gebundenen Kationen nicht schnell mit den Kationen des umgebenden Mediums austauschbar sind, sondern fest eingeschlossen in einer Kavität des Enzyms vorliegen müssen und somit nur langsam dissoziieren können. Die Struktur eines von der Na,K-ATPase ausgebildeten, durchgehenden Kanals durch die Membran ist daher mit hoher Wahrscheinlichkeit auszuschließen, denn in diesem Falle wäre ein schneller Austausch mit entsprechenden Kationen im Medium nicht derartig stark behindert. Skou interpretiert die Okklusion als den Transfer von Na^+ und K^+ von der wäßrigen Phase in die Membranphase, bei der diese Kationen durch Bereiche des Enzyms sowohl vom extrazellulären Medium, als auch von der cytoplasmatischen Seite abgeschirmt werden (48).

Obwohl eine Fülle von Informationen zu Teilaspekten des Reaktionszyklus der Na,K-ATPase vorhanden sind, ist bis heute noch wenig über den molekularen Mechanismus des Transportes von Na^+ und K^+ über die Plasmamembran bekannt.

1.1.3 Organisation in der Membran

Abb. 2 zeigt ein Arbeitsmodell zur Topologie der Na,K-ATPase. Das N-terminale, sowie das C-terminale Ende der α-Untereinheit liegen auf cytoplasmatischer Seite der Plasmamembran (51). Unklarheit herrscht bis heute über die Anzahl der Transmembransegmente der Na,K-ATPase, ihre Anzahl wird aufgrund von Hydropathieanalysen mit acht oder zehn angegeben (52-54). Die Masse der Transmembransegmente wird, abhängig von der Untersuchungsmethode, in der Literatur mit ca. 20-40% der Gesamtmasse des Proteins angegeben (34, 55). Sowohl die Phosphorylierungsstelle (Asp^{369}), als auch die ATP-Bindungsstelle liegen auf der großen cytoplasmatischen Schleife zwischen den Transmembransegmenten M4 und M5. Wenig bekannt ist über die Lokalisation der Alkaliionenbindungsstellen auf der α-Untereinheit. Neben Karlish, der durch Trypsinolyse in Kombination mit Deokkusionsexperimenten bereits annahm, daß sich die Alkaliionenbindungsstellen im Bereich von M6 und M7 befinden (56), geben neuere Arbeiten mit Punktmutanten Hinweise auf eine mögliche Beteiligung bestimmter Aminosäurereste im Bereich M6 (57-60,193).

Die β-Untereinheit besitzt nur ein Transmembransegment, der Hauptanteil ihrer nicht membranständigen Aminosäuren ist auf extrazellulärer Seite der Plasmamembran lokalisiert (61).

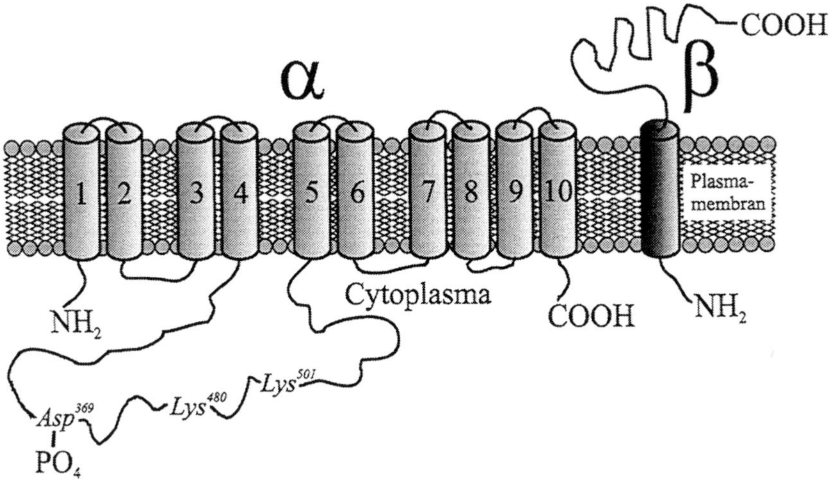

Abb. 2. Hypothetisches, topologisches Modell der Na,K-ATPase nach Goldshleger et al. (62) und Kuntzweiler et al. (63). PO_4 kennzeichnet die Phosphorylierungsstelle am Aspartatrest 369 (Asp^{369}). Lys^{480} und Lys^{501} kennzeichnen die Bindungsstellen für FITC. Die Glykosylierung der β-Untereinheit ist nicht aufgeführt.

1.1.4 Isolierung aus tierischem Gewebe

Als Ausgangspunkt für die Isolierung der Na,K-ATPase dienen tierische Gewebe mit einer hohen Kapazität für den transzellulären Transport von NaCl, wie z. B. der äußere Markstrahl der Niere verschiedener Säugetiere (64-66), das elektrische Organ des Zitteraals (67,68) und die Salzdrüse der Ente (69) sowie des Dornhais (70,71). Das membrangebundene Enzym (**gereinigte Na,K-ATPase**) kann unter Erhaltung der Struktur und Funktion und unter Erhaltung der nativen Lipid-Protein-Strukturen laut Literaturangaben aus der Salzdrüse des Dornhais *Squalus acanthias* bis zu einer Reinheit von 90-95% (70, 72), sowie aus der Niere von Säugetieren mit einer Reinheit von 95-100% (73-75) isoliert werden. Alle Na,K-ATPase-Moleküle liegen dann mit einer Dichte von ca. 12000/μm^2 in ihrer ursprünglichen, gerichteten Orientierung eingebettet in offenen Membranfragmenten vor (76). Diese Membranfragmente sind scheibenförmig sowie leicht gekrümmt und besitzen, bei der aus der Schweineniere isolierten Na,K-ATPase, einen Durchmesser von ca. 0,1 - 0,6 µm (77). Die hydrophoben Randbereiche der Membranfragmente werden durch ein während der Isolation zugegebenes Detergens von der wäßrigen Umgebung abgeschirmt (Abb. 3).

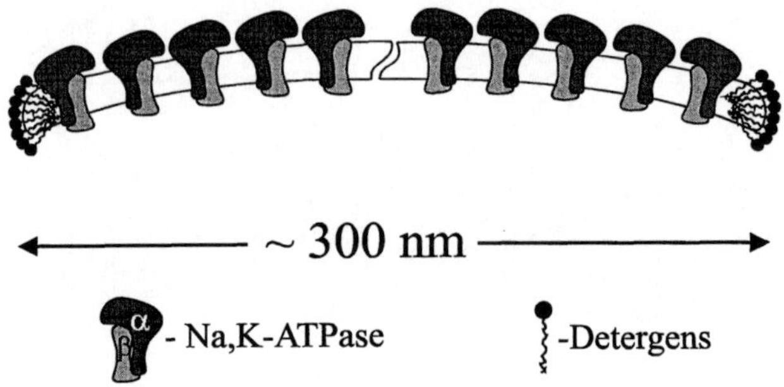

Abb. 3. Schematisches Modell eines Na,K-ATPase-Membranfragments.

1.1.5 Heterologe Expression: Eine Alternative?

Seit einigen Jahren bietet auch die Molekularbiologie potentielle Möglichkeiten zur Herstellung von rekombinanter Na,K-ATPase. So wird das Enzym bereits in einer Vielzahl von Wirtszellen (COS-1 (78), HeLa (79-81), NIH 3T3 (82), *Xenopus*-Oocyten (83), Sf-9 (84,85) und Hefe (86-90)) heterolog exprimiert. Die mögliche Expression von nur einer gewünschten Isoform des Enzyms stellt einen Vorteil gegenüber dessen Isolation aus tierischem Gewebe dar, bei der oft unerwünschte Isoformen, wenn auch meist nur in geringer Menge, mitisoliert werden. Ein weiterer Vorteil ist, daß durch die Expression von Punktmutanten der Na,K-ATPase wertvolle Hinweise auf die Beteiligung von ausgewählten Aminosäuren an bestimmten Schritten des Reaktionszyklus (z. B. bei der Bindung von ATP oder von Na^+ bzw. K^+) erhalten werden können. So wurden z. B. vergleichende elektrophysiologische Messungen am Wildtyp und an Mutanten der Na,K-ATPase von *Torpedo electroplax*, die in *Xenopus*-Oocyten exprimiert wurde, durchgeführt (146,147). Pedersen et al. veröffentlichten 1996 vielversprechende Ergebnisse über die Expression der Na,K-ATPase in der Hefe *Saccharomyces cerevisiae* (90). Dieses System ist, laut den Autoren, den zuvor erwähnten bezüglich Proteinausbeute und Enzymaktivität weit überlegen. Die Expression der Na,K-ATPase und ihr Einbau in die Plasmamembran geht aber auch mit einer Störung der nativen Membranstruktur einher und ist somit toxisch für das Wachstum der Hefezelle. Das bedeutet, daß eine bestimmte Enzymdichte in der Hefe-Zellmembran nicht überschritten werden darf, und so wird der maximal erreichbare Gehalt von Pedersen et al. mit nur ca. 15 pmol Na,K-ATPase/ mg Membranprotein (das entspricht ca. 0.2%) angegeben (90). Weitere Schwierigkeiten ergeben sich bei der anschließenden Aufreinigung der rekombinanten Na,K-ATPase in membrangebundener Form, und so wird für das angereicherte Enzym eine maximale Konzentration von ca. 50 pmol Na,K-ATPase/ mg Membranprotein erreicht (das entspricht ca. 0.75%). Die Ausbeute und die Reinheit dieser rekombinaten Na,K-ATPase-Präparation ist zwar für elektrophysiologische Messungen ausreichend, aber für eine Reihe biochemischer und biophysikalischer Untersuchungen, für die präparative Mengen an Enzym benötigt werden, zu gering und stellt zum jetzigen Zeitpunkt für viele Untersuchungen noch keine Alternative gegenüber der aus tierischem Gewebe isolierten Na,K-ATPase-Präparation dar.

1.2 Eigenschaften der gereinigten Na,K-ATPase

Die gereinigte Na,K-ATPase konnte erstmals elektronenmikroskopisch visualisiert werden und war als Partikel mit einem Durchmesser von 30-50Å erkennbar (91). In Anwesenheit von Mg^{2+} und Vanadat konnte die gereinigte Na,K-ATPase zweidimensional im Membranfragment kristallisiert werden (92-96). Durch die Analyse von im Elektronenmikroskop registrierten Beugungsmustern dieser sogenannten 2D-Kristalle wurde ein dreidimensionales Modell der Na,K-ATPase entwickelt (97), allerdings war es aufgrund der geringen Auflösung von nur 20-30Å nicht möglich, Strukturelemente, wie z. B. einzelne Helices, aufzulösen. Die Kraftmikroskopie bietet seit einigen Jahren ebenfalls die Möglichkeit der Untersuchung biologischer Präparate. Ein großer Vorteil dieser Methode besteht darin, daß die Untersuchung des Objekts im Gegensatz zur Elektronenmikroskopie nicht nur im Vakuum, sondern auch in Luft oder sogar in wäßrigem Milieu und ohne eine Fixierung oder Färbung möglich ist. Im wesentlichen bestätigen diese Aufnahmen die Ergebnisse der elektronenmikroskopischen Messungen an den zweidimensionalen Na,K-ATPase-Kristallen (98,99,195), wobei auch hier die Auflösung nicht weiter verbessert werden konnte. Eine wesentlich höhere Auflösung im Bereich von 2-3Å könnte mit Hilfe der Röntgenstrukturanalyse erreicht werden, aber die Züchtung eines dreidimensionalen Kristalls der Na,K-ATPase mit ausreichender Größe und Qualität ist jedoch bis heute noch nicht gelungen.

Da der aktive Transport von Na^+ und K^+ durch die Na,K-ATPase mit alternierenden Änderungen des Konformationszustandes (E1: Na^+-selektiver Konformationszustand, E2: K^+-selektiver Konformationszustand, siehe dazu Abb. 1, S. 3) einhergeht, stellt die Untersuchung dieser Konformationszustände einen wichtigen Ansatzpunkt zum Verständnis des molekularen Mechanismus des Alkaliionentransportes dar.

Die zwei Konformationszustände E1 und E2 konnten erstmals von Jørgensen aufgrund ihrer unterschiedlichen, tryptischen Verdauungsmuster direkt nachgewiesen werden (104). Sie unterscheiden sich neben den Selektivitäten für Na^+ und K^+ weiterhin durch verschiedene Reaktivitäten mit ATP, Orthophosphat und Inhibitoren (102,103), etc.

Karlish und Yates versuchten 1978 zu zeigen, daß sich der E1-und der E2-Zustand der Na,K-ATPase, die aus der Schweineniere isoliert wurde, auch durch ihre intrinsische Tryptophanfluoreszenz voneinander unterscheiden lassen (105). Jedoch erschwerten die geringen Fluoreszenzintensitätsänderungen von nur 2-3% die detaillierte Bestimmung thermodynamischer und kinetischer Parameter.
Die Markierung der Na,K-ATPase mit bestimmten Fluorophoren bietet eine weitere Möglichkeit zur Detektion der Bindung verschiedener Liganden an das Enzym über die extrinsische Fluoreszenz. So kann das FITC (Abb.4) unter geeigneten Bedingungen im Bereich der ATP-Bindungsstelle der Na,K-ATPase spezifisch an den Lysin-Rest Lys^{501} und vermutlich auch teilweise an Lys^{480} gebunden werden (106,107). Das FITC- Enzym weist große, konformationsabhängige Fluoreszenzintensitätsänderungen zwischen 20 und 30% auf (108). Allerdings kann die FITC-Na,K-ATPase kein ATP mehr binden, was zu einer Inhibition ihrer ATPase-Aktivität führt. Eine Phosphorylierung des FITC-markierten Enzyms ist nur noch mit P_i (back door-Phosphorylierung) in Anwesenheit von Mg^{2+} möglich (125).

Eine weitere Möglichkeit zur Untersuchung molekularer Vorgänge an der Na,K-ATPase bieten einige der elektrochromen, sogenannten RH-Farbstoffe, die ursprünglich für die Detektion von Änderungen des Transmembranpotentials intakter Zellen entwickelt wurden (194). Das für die Na,K-ATPase besonders interessante RH-421 (Abb. 4) bindet aufgrund seines amphiphilen Charakters reversibel an die Membran und zeigt dort als Folge von lokalen Ladungsverschiebungen Änderungen im Absorptions- und im Anregungsspektrum (109,110,148), ohne in den für Fluoreszenzmessungen erforderlichen Konzentrationen die ATP-Hydrolyseaktivität zu beeinträchtigen. Die Bindung von Na^+ an das nichtphosphorylierte Enzym sowie die Na^+- und Mg^{2+}-abhängige Phosphorylierung des Enzyms stellen die zwei wichtigsten Ereignisse dar, die mit dem RH-421 detektierbar sind (111,149-151).

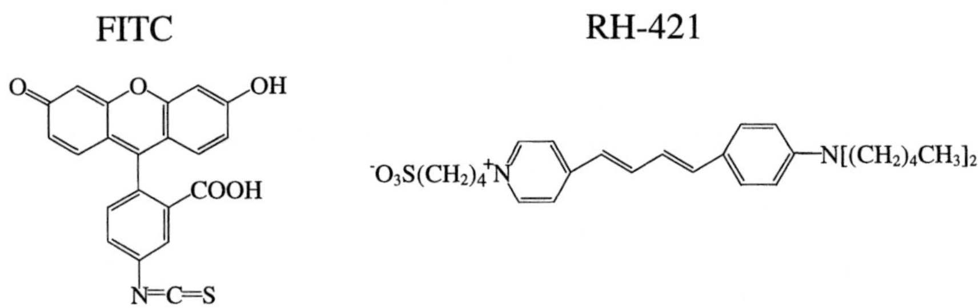

Abb. 4. Strukturformel von FITC (Isomer I) und RH-421.

Die gereinigte, im Membranfragment eingebettete Na,K-ATPase (Abb. 3) bietet aber nur begrenzte Möglichkeiten für funktionelle Untersuchungen. Da die cytoplasmatische sowie die extrazelluläre Seite des Enzyms immer gegenüber demselben Medium exponiert sind, ist dieses System z. B. nicht für die Untersuchung der gerichteten Kationenbindung in Lösung geeignet.

Eine Möglichkeit zur Wiederherstellung der für ein integrales Membranprotein charakteristischen, vektoriellen Eigenschaften besteht in der Solubilisierung und der anschließenden Rekonstitution der Na,K-ATPase in Lipidvesikeln (112-114). So zeigten Goldin (152) und Skriver et al. (196) durch Transportmessungen mit den radioaktiven Isotopen $^{22}Na^+$ und $^{42}K^+$ an der in Lipidvesikeln rekonstituierten Na,K-ATPase, daß das Verhältnis von transportiertem Na^+ zu K^+ 3:2 ist. Karlish et al. untersuchten mit Hilfe von $^{22}Na^+$ und $^{86}Rb^+$ (ersetzt K^+) den aktiven und passiven Na^+-und K^+-Transport (115-118), sowie die gerichtete Bindung von Kationen an die rekonstituierte Na,K-ATPase, die mit ihrer ehemals cytoplasmatischen Seite nach außen weisend in Lipidvesikeln rekonstituiert war (sog. „inside-out"-Orientierung). Dabei zeigten die Autoren durch tryptische Verdauung und fluoreszenzspektroskopische Untersuchungen am FITC-Enzym, daß sowohl Na^+, als auch K^+ mit hoher Affinität auf der cytoplasmatischen Seite der Na,K-ATPase binden und die Konformationszustände E1 beziehungsweise E2 stabilisieren (115,119). Dies wird jedoch bei den unter physiologischen Verhältnissen in- und außerhalb der Zelle vorliegenden Na^+- und K^+-Konzentrationen in keiner Weise erwartet. Durch die systematische Variation des Gehaltes verschiedener Phospholipide sowie Cholesterin bei Rekonstitutionsversuchen zeigte sich weiterhin, daß Lipid-Protein-Wechselwirkungen einen großen Einfluß auf die enzymatische Aktivität der Na,K-ATPase haben (48,120-124). Über die genaue Lokalisation und die Art dieser Lipid-Protein-Wechselwirkungen an der Na,K-ATPase ist noch nichts bekannt, ebenso ist unklar, ob die Struktur oder die Hydrophobizität des Enzyms durch die Lipide beeinflußt wird (48). Die Ergebnisse, die durch verschiedenste Versuche mit der rekonstituierten Na,K-ATPase erhalten werden können, müssen jedoch immer kritisch betrachtet werden, denn Lipid-Protein- und Protein-Protein-Wechselwirkungen können durch den künstlichen Ersatz der natürlichen Membranumgebung gestört werden und so die strukturellen und funktionellen Eigenschaften des Enzyms verändern (119). Außerdem ist es bis heute nicht gelungen, die Na,K-ATPase homogen mit nur einer Orientierung in Lipidvesikeln einzubauen. So enthält jede rekonstituierte Enzympräparation Proteinmoleküle, die entweder mit ihrer ursprünlich extrazellulären Seite nach außen weisend (r:o), nach innen weisend (i:o), oder auch andersartig (n:o) in variierenden Verhältnissen in die Lipidvesikeln eingebaut sind (114). Das erschwert wiederum die Untersuchung der gerichteten Bindung von Kationen, Substraten oder Inhibitoren an das Enzym. Ein weiteres Problem manifestiert sich oftmals in einer ungenügenden Dichtigkeit dieser Vesikel, wodurch die getrennte, beidseitige Kontrolle der ionalen Zusammensetzung der Medien beeinträchtigt sein kann.

Eine andere Möglichkeit zur Wiederherstellung vektorieller Eigenschaften der gereinigten Na,K-ATPase besteht in der Immobilisierung der Membranfragmente an eine planare, bimolekulare Lipidmembran, die zwei Kompartimente voneinander trennt. Alternativ dazu kann die Na,K-ATPase aber auch direkt in diese Membran eingebaut werden, was eine Variante der herkömmlichen Rekonstitution darstellt (153). An diesen Systemen wurden erstmals elektrische Messungen an chemisch getriebenen Membranproteinen (Na,K-ATPase und H,K-ATPase) untersucht (125-127). Als Folge der Photolyse von „caged-ATP“ (128) wurde hier ein dem elektrogenen Transport von Na^+ zugeordneter Strom erzeugt. Die kinetische Analyse des resultierenden, transienten Stromes ermöglichte die Identifizierung von Teilreaktionen im Zyklus der Na,K-ATPase (129). Ein großer Vorteil dieser Immobilisierungsmethode besteht darin, daß die gereinigte Na,K-ATPase in ihrer vorwiegend natürlichen Membranumgebung unter gleichzeitiger, separater Kontrolle der molekularen Zusammensetzung des Mediums auf beiden Seiten des Enzyms durchgeführt werden kann. Jedoch beschränken sich die Detektionsmöglichkeiten hier auf die elektrogene Erfassung von nur einem Na^+, außerdem bietet dieses Meßsystem keine fluoreszenzspektroskopischen Untersuchungsmöglichkeiten.

1.3 Die Solubilisierung der Na,K-ATPase

Die Solubilisierung eines integralen Membranproteins stellt, wie zuvor schon erwähnt, einen entscheidenden Arbeitsschritt für seine Rekonstitution in Lipidvesikeln, sowie für eine Reihe wichtiger Untersuchungen zur Struktur- und Funktionsaufklärung des Proteins, wie z. B. die Untersuchung von Protein-Lipid-Wechselwirkungen oder die Herstellung zwei- oder dreidimensionaler Kristalle für die Röntgenstrukturanalyse, dar.

Als Solubilisierung eines integralen Membranproteins bezeichnet man prinzipiell seine Überführung von der Membranphase in die mizellare Phase. Dabei wird die geordnete Struktur der Membran durch die Wechselwirkung mit einem Detergens zerstört und es bilden sich gemischte Mizellen, bestehend aus Detergens, Lipid und Protein. Die Detergensmoleküle ersetzen nun partiell die ursprünglichen Membranlipide an den hydrophoben Bereichen des Proteins und vermitteln so seine Löslichkeit in wäßriger Umgebung. Die Geometrie und die Größe der gemischten Mizelle hängt stark von der Natur des solubilisierten Proteins und des Detergens ab (130).
Einige Arbeitsgruppen beschäftigten sich mit der Solubilisierung der gereinigten Na,K-ATPase durch den Einsatz von Deoxycholat (131) und bestimmten, nichtionischen Polyethylenglycol-mono-n-alkylethern (72,133-135) unter dem Aspekt der Erhaltung der vollen spezifischen Aktivität und der Stabilität für die zuvor erwähnte Rekonstitution. Dabei wurde in einer Vielzahl von Experimenten empirisch ermittelt, welcher Typ von Detergens und welches Protein/Detergens-Verhältnis zum besten Ergebnis führt, da der molekulare Mechanismus des Solubilisierungsvorganges bis heute nicht verstanden ist. Eingehendere Untersuchungen von Lipid/Detergens-Interaktionen wurden bis jetzt nur an artifiziellen, planaren Membranen oder Lipidvesikeln durchgeführt (136-140,155-157).
Die Struktur, die Thermodynamik und die Dynamik der Bildung sowie des Zerfalls der reinen Detergensmizelle ist in vielen Fällen eingehend untersucht worden (141-143), aber über die komplexe Struktur der gemischten Detergens/Na,K-ATPase-Mizelle ist bisher ebenfalls noch nicht sehr viel bekannt. Neben der Bestimmung hydrodynamischer Parameter der solubilisierten Na,K-ATPase durch verschiedene Arbeitsgruppen (12,14) untersuchten Hayashi et al. das Dissoziations-Gleichgewicht $2\alpha\beta \rightleftharpoons (\alpha\beta)_2$ des Enzyms in Abhängigkeit verschiedener Faktoren, wie Temperatur, Detergenskonzentration und Konformationszustand (39). Des weiteren wurde mit Hilfe von Neutronen-Kleinwinkelstreuungsmessungen versucht, ein Modell der gemischten Mizelle, bestehend aus Na,K-ATPase und Detergens zu entwickeln (144), jedoch war die Qualität der dort untersuchten Präparation aus heutiger Sicht in Bezug auf die enzymatische Aktivität sowie die Wahl des Detergens ungünstig.
1996 veröffentlichten Tribet et al. eine interessante Arbeit über eine neue Generation von Detergenzien, die sogenannten Amphipole (154). Diese Polymere, bestehend aus einem stark hydrophilen Rückrat und stark hydrophoben Seitenketten wurden dazu benutzt, integrale Membranpoteine in Abwesenheit von freiem Detergens in ihrer nativen Form in wäßriger Umgebung löslich zu halten. Auf diese Weise lassen sich Schwierigkeiten bei biochemischen und biophysikalischen Untersuchungen, hervorgerufen durch reine Detergensmizellen, elegant umgehen. Jedoch steht die Forschung mit den Amphipolen noch am Anfang, und es existieren noch keine Erfahrungen in Verbindung mit der Na,K-ATPase.

1.4 Problemstellung

Die detaillierte Kenntnis der dreidimensionalen Proteinstruktur auf atomarer Ebene wird einen wichtigen Beitrag zum Verständnis des noch nicht aufgeklärten, molekularen Mechanismus des Kationentransportes durch die Na,K-ATPase leisten. Jedoch ist es bis heute nicht gelungen, geeignete Kristalle dieses integralen Membranproteins für die Röntgenstrukturanalyse zu züchten.

Als Vorarbeit für zukünftig angestrebte Kristallisationsversuche, Strukturbestimmungen in Lösung sowie funktionelle Untersuchungen soll die Na,K-ATPase im Rahmen dieser Arbeit als Partikel einheitlicher Größe und frei von Fremdprotein isoliert werden, was nur über den solubilisierten Zustand erreichbar ist. Dazu würde sich die Na,K-ATPase der Schweineniere anbieten, denn dieses Enzym kann hinsichtlich der Isoformen in fast reinem Zustand isoliert werden, die Aminosäuresequenz ist bekannt, und viele funktionelle sowie strukturelle Eigenschaften sind bereits gut untersucht. Trotz aller genannten Vorteile hat dieses Enzym den entscheidenden Nachteil, daß es nur eine geringe zeitliche Stabilität hinsichtlich seiner Funktionalität, ganz besonders im solubilisierten Zustand, aufweist. Aus diesem Grund soll hier die Na,K-ATPase aus der Salzdrüse des Dornhais *Squalus acanthias* isoliert werden, da sich bisher nur das Enzym dieser Spezies als funktionell besonders stabil, auch in Gegenwart von Detergenzien, erwiesen hat. Wichtige strukturelle Eigenschaften der Hai-Na,K-ATPase, wie z. B. die Aminosäuresequenz oder die Existenz möglicher Isoformen sind jedoch noch nicht untersucht worden. Eine detaillierte funktionelle Charakterisierung sowie der direkte Vergleich mit entsprechenden, für das Enzym der Schweineniere bereits bekannten Eigenschaften ist somit unerläßlich. Da weiterhin der Einfluß der chemischen Natur des zur Isolierung eingesetzten Detergens auf die Funktionalität der Na,K-ATPase unbekannt ist, muß die membrangebundene Hai-Na,K-ATPase im Rahmen dieser Arbeit nicht wie in der Literatur angegeben mit Deoxycholat/Saponin, sondern wie das Enzym der Schweineniere mit SDS isoliert werden.

Zur Solubilisierung der gereinigten Na,K-ATPase sollen ausgewählte nichtionische Detergenzien des Polyethylenglycol-mono-n-dodecylether-Typs ($C_{12}E_x$) verwendet werden. Bei konstanter Größe der hydrophoben Alkylgruppe ist die optimale Größe der polaren Kopfgruppe zur effizienten, vollständigen Solubilisierung bei gleichzeitig möglichst hoher enzymatischer Aktivität zu ermitteln. Die Solubilisierung soll weiterhin in Abwesenheit sonst standardmäßig eingesetzter, auf das Enzym stabilisierend wirkender Salze (100-200 mM NaCl oder KCl) erfolgen, da unter anderem die Charakterisierung der Na^+- und K^+-Bindungseigenschaften der solubilisierten Na,K-ATPase vorgesehen ist. Mit photometrischen und kalorimetrischen Methoden, auch unter der Berücksichtigung kinetischer Aspekte, soll versucht werden, die an der Überführung der Na,K-ATPase von der Membranphase in die Mizellphase beteiligten Prozesse sensitiv zu detektieren. Auf diese Weise ließen sich auch möglicherweise bisher noch nicht bekannte Prozesse erfassen, die sich auf strukturelle Eigenschaften des solubilisierten Enzyms, wie z. B. die Struktur der proteinhaltigen Mizelle, auswirken könnten. Auf der Basis der Ergebnisse der vorgenannten Versuche soll ein detailliertes Bild der Solubilisierung der Na,K-ATPase auf molekularer Ebene erarbeitet werden, das bisher noch nicht existiert.

Es sind einfache und effiziente Methoden zu entwickeln, mit der die solubilisierte Na,K-ATPase für strukturelle Untersuchungen bezüglich der Partikelgrößenzusammensetzung und der Proteinreinheit als homogene Präparation isoliert werden kann.

Die detaillierte Bestimmung der Größenverteilung über die dynamische Lichtstreuung sowie die Messung der Röntgen-Kleinwinkelstreuung der solubilisierten Na,K-ATPase soll Aufschluß über die Homogenität dieser Enzympräparation bezüglich der Partikelgrößenzusammensetzung sowie der Proteinuntereinheitenzusammensetzung geben. Weiterhin ist die vergleichende Charakterisierung der membrangebundenen und der solubilisierten Na,K-ATPase mittels CD- und DSC-Studien angestrebt, denn auf diese Weise kann überprüft werden, ob die Überführung des Enzyms in die Mizellphase mit Strukturveränderungen im Protein einhergeht.

Außerdem ist für funktionelle Untersuchungen vorgesehen, die membrangebundene und die solubilisierte Na,K-ATPase mit RH-421, und falls möglich auch mit FITC zu markieren, um die Bindungsaffinitäten für Na^+, K^+, ATP, Ouabain und andere Kationen durch spektralfluorimetrische Titrationen charakterisieren zu können. Der direkte Vergleich der für die membrangebundene und die solubilisierte Na,K-ATPase ermittelten Bindungsaffinitäten soll Aufschluß über eine eventuell gestörte Proteinstruktur im Bereich dieser für die Funktionalität des Enzyms essentiellen Bindungsstellen geben. Weiterhin ist die vergleichende, kinetische Untersuchung der Bindung verschiedener Kationen, ATP oder spezifischen Inhibitoren an die Na,K-ATPase durch die stopped-flow-Technik angestrebt, was Informationen über die Dynamik von Konformationsumlagerungen sowie diesbezüglich möglicherweise stattfindende Beeinflussungen durch die im Transmembranbereich veränderte Mikroumgebung liefert. Mittels Hochdruck-stopped-flow-Messungen sollen K^+-bindungsinduzierte Konformationsumlagerungen zeitlich aufgelöst, sowie die partiellen molaren Volumenänderungen und Aktivierungsvolumina bestimmt werden. Die detaillierte Analyse der Ergebnisse der vorgenannten, funktionellen Untersuchungen könnte neue Aspekte zum Verständnis des molekularen Mechanismus der Kationen, Substrat- und Inhibitorbindung erbringen.

Der Vergleich wichtiger struktureller und funktioneller Eigenschaften der membrangebundenen Na,K-ATPase der Salzdrüse des Dornhais und der Schweineniere soll zeigen, ob größere Unterschiede zwischen den homologen Enzymen beider Spezies bestehen.

Während die funktionelle Solubilisierung der Na,K-ATPase essentiell für eine erfolgreiche Rekonstitution in vesikuläre Systeme zur Untersuchung der gerichteten Ligandenbindung ist, kann dieser besonders kritische Arbeitsschritt auch umgangen werden, indem man die membrangebundene Na,K-ATPase auf einem geeigneten Trägermaterial immobilisiert. Auf diese Weise können unter bestimmten Bedingungen die für ein integrales Membranprotein charakteristischen, vektoriellen Eigenschaften wiedererlangt werden, ohne daß die nativen Protein-Lipid-Wechselwirkungen, wie dies im Falle der Solubilisierung und der anschließenden Rekonstitution in vesikuläre Systeme geschieht, irreversibel verändert werden. Deshalb soll im Rahmen dieser Arbeit in Zusammenarbeit mit Mitarbeitern der Firma Novartis eine Sensortechnologie entwickelt werden, mit der die fluorimetrische Detektion der gerichteten Kationenbindung an die gereinigte, membrangebundene FITC-Na,K-ATPase möglich ist. Dazu ist es zunächst notwendig, das membrangebundene Enzym funktionell zu immobilisieren, sowie geeignete Verfahren zur Determination der Orientierung zu erarbeiten.

2. Material und Methoden

2.1 Materialien

Folgende Chemikalien wurden von Merck bezogen und besaßen die Reinheitsstufe pro analysis: Tris(hydroxymethyl)aminomethan, EDTA, $MgCl_2$. NaCl und KCl besaßen die Reinheitsstufe suprapur, Ouabain besaß reinst.-Qualität.

Folgende Chemikalien wurden von Fluka bezogen: FITC (Isomer I), Brij 35, $C_{12}E_6$, Glycerin, DMF, TCA besaßen pro analysis Qualität. Cholinchlorid, DTT, L-Histidin (im folgenden der Einfachkeit wegen nur noch als „Histidin" bezeichnet, Imidazol und Imidazol für Lumineszenz besaßen die Reinheitsstufe microselect.

$C_{12}E_{10}$ und ATP (Dinatriumsalz) wurden von Sigma bezogen.

Alle anderen Chemikalien stammten von folgenden Firmen:

$C_{12}E_8$: Nikkol Chemicals, ATP (Tris-Salz): Boehringer Mannheim; SDS: BioRad; RH-421 und NPN: Molecular Probes; LMW (Gelelektrophorese), Sephacryl S-1000 und Sephadex-LH 20: Pharmacia Biotech; Saccharose: Life Technologies, POPC (1-Palmitoyl-2-Oleoyl-sn-Glycero-3-Phosphocholin): Avanti Polar Lipids, Inc..

Alle zuvor nicht aufgeführten Chemikalien wurden von Merck bezogen.

$G5GCl_2$ wurde von der AG Grell des Max-Planck-Instituts für Biophysik zur Verfügung gestellt.

Der Widerstand des für alle Puffer verwendeten, deionisierten Wassers lag über 15MΩ cm. Alle Puffer wurden filtriert (Membranfilter ME24, Porenweite 0,2 µm, Schleicher & Schüll) und entgast. Die Na^+- und K^+-armen Puffer wurden ohne pH-Elektrode eingestellt, indem mit Hilfe eines Referenzpuffers die Säuremenge ermittelt wurde, die zur Einstellung des angestrebten pH-Wertes benötigt wurde. Des weiteren wurden für die Herstellung und Aufbewahrung dieser Puffer nur Gefäße aus hochreinem Polyethylen oder Polypropylen verwendet. Die für die Untersuchung der Kationenbindung an die Na,K-ATPase verwendeten Standardpuffer wurden auf ihre Na^+- und K^+-Kontamination untersucht (Ciba Geigy), um eventuell notwendige Korrekturen durchführen zu können. Ein 10 mM Imidazol/HCl, 0,1 mM EDTA pH 7,5-Puffer enthielt demnach typischerweise ca. 1 µM K^+, bzw. ca.5 µM Na^+. Enthielt dieser Puffer zusätzlich 0,1 M Cholinchlorid, so lagen die Werte für K^+ bei ca. 2 µM und für Na^+ bei ca. 12 µM.

Zur Pipettierung kleiner Lösungsvolumina wurden Eppendorf-Variopetten benutzt, (10, 100, 1000 und 5000 µl), deren maximaler Abmessungsfehler mit 4% angegeben wurde.

2.2 Isolierung der gereinigten Na,K-ATPase

Die Isolierung der Na,K-ATPase aus der Salzdrüse des Dornhais *Squalus acanthias* erfolgte, nicht wie in der Literatur angegeben (72), sondern modifiziert nach Jørgensen (73).
Dabei wurde zuerst aus einem Gewebe-Rohhomogenat über differenzielle Zentrifugation eine mikrosomale Fraktion hergestellt, die für mehrere Monate in flüssigem Stickstoff ohne einen Verlust der enzymatischen Aktivität gelagert werden konnte. Das SDS-PAG zeigte, daß die mikrosomale Fraktion neben den zu erwartenden Proteinbanden der α-Untereinheit (~ 95 kDa) und der β-Untereinheit (~ 62 kDa) der Na,K-ATPase eine Vielzahl anderer Proteinkomponenten enthielt (Abb. 8 Spur 1, S. 16). Die densitometrische Auswertung des Gels ergab, daß ca. 34% des Gesamtproteins durch die α- und β-Untereinheit der Na,K-ATPase gestellt wurde. Die mittlere spezifische ATPase Aktivität der mikrosomalen Fraktion in Abwesenheit von SDS betrug typischerweise 6,5 μmol/mg min bei 37°C.

Anschließend wurde die mikrosomale Fraktion mit SDS unter noch nicht denaturierenden Bedingungen inkubiert, um einerseits Fremdproteine weitgehend selektiv aus der Membran zu entfernen, und um andererseits alle Bindungsstellen der Na,K-ATPase für ihre Substrate zugänglich zu machen. Letzteres zeigte sich durch den anfänglichen Anstieg der enzymatischen Aktivität der mikrosomalen Fraktion in Anwesenheit verschiedener SDS-Konzentrationen (Abb. 5).

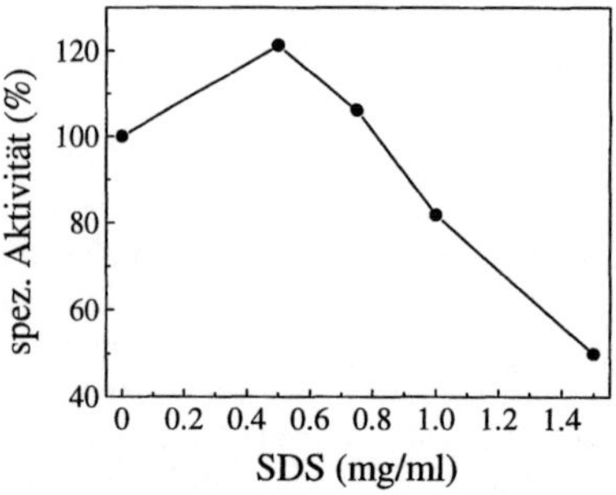

Abb. 5. Aktivierung der Na,K-ATPase-Aktivität der mikrosomalen Fraktion durch SDS. Die Enzymkonzentration während der SDS-Inkubation betrug 2,8 mg/ml.

Die mit SDS inkubierte mikrosomale Fraktion wurde in einer folgenden isopyknischen Zentrifugation aufgetrennt (25 mM Histidin/HCl, 1 mM EDTA, pH 6,8; 10 - 45% (w/w) Saccharose) und die aktivsten Fraktionen des Gradienten nach deren Überführung in 30 mM Histidin/HCl, 25%(w/w) Glycerin, 0,1 mM EDTA pH 6,8 im folgenden als **gereinigte Na,K-ATPase** bezeichnet. Die Ausbeute betrug typischerweise ca. 2 mg gereinigtes Enzym pro g Drüsengewebe. Eine modifizierte Cholesterinbestimmung nach Richmond (197) und die Bestimmung des Gesamtphosphatgehaltes nach Bartlett (188), die die Gesamtheit der Phospholipide erfaßt, ergab, daß pro g gereingter Na,K-ATPase ca. 0,3 g Cholesterin und ca. 1,5 g Phospholipide enthalten waren.
Die mittlere spezifische ATPase Aktivität der gereinigten Na,K-ATPase betrug zwischen 30 und 34 μmol/mg min, das pH-Optimum lag bei pH 7,0. Eine enzymatische Aktivität in Anwesenheit von 1 mM Ouabain, einem spezifischen Inhibitor der Na,K-ATPase, war nicht

nachweisbar. Das Enzym konnte auf Eis ohne eine Abnahme seiner ATPase Aktivität für 2-3 Wochen gelagert werden.

Auf der elektronenmikroskopischen Aufnahme der gereinigten Na,K-ATPase (Abb. 6) sind die offenen Membranfragmente zu erkennen, in denen das Enzym eingebettet ist. Die Größe der unregelmäßig geformten Membranfragmente reichte dabei von ca. 50 nm bis 350 nm. Eine weitere, kraftmikroskopische Aufnahme immobilisierter FITC-Na,K-ATPase-Membranfragmente befindet sich auf S. 138.

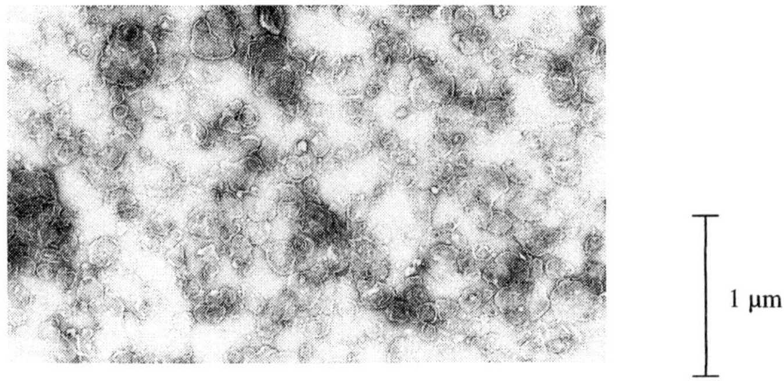

Abb. 6. Negativkontrastrierung der gereinigten Na,K-ATPase von *Squalus acanthias* mit Uranylacetat. Vergrößerung 40.000 fach, die Balkenlänge entspricht 1 µm. Die Aufnahme wurde von Dr. W. Haase (MPI für Biophysik) angefertigt.

Dynamische Streulichtmessungen ergaben, daß die Membranfragmente eine mittlere Größe von etwa 250 nm besitzen. Die Partikelgröße war dabei nicht einheitlich, sondern es wurden Partikel mit einer Größe im Bereich von 150 nm (anzahlmäßig dominierend) und im Bereich von 400 nm ermittelt (Abb. 7).

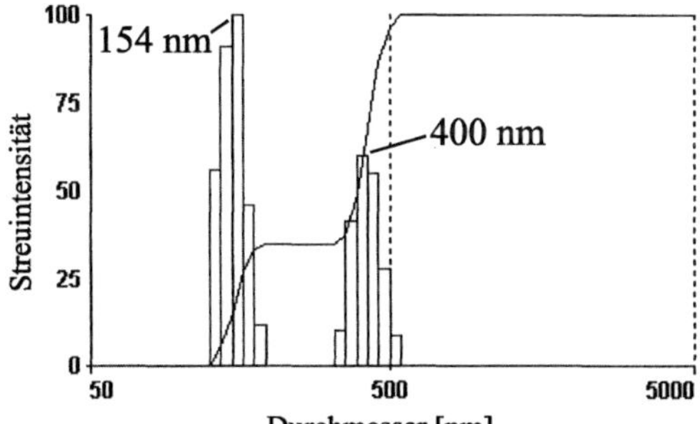

Abb. 7. Streuintensitätsgewichtete Größenverteilung der gereinigten Na,K-ATPase (1 µM) von *Squalus acanthias* in 30 mM Histidin/HCl, 0,1 mM EDTA, 25% (w/w) Glycerin pH 6,8, gemessen mit dem Brookhaven-Gerät. Die Größenverteilung wurde aus der Normierung und Mittelung von 10 Einzelmessungen à 1 min erhalten.

Im SDS-PAG der gereinigten Na,K-ATPase dominierten die Banden der α-Untereinheit und der β-Untereinheit (Abb. 8: Spur 2). Die densitometrische Auswertung des Gels ergab einen Reinheitsgrad der gereinigten Na,K-ATPase von ca. 85-90%. Zwei weitere Banden mit einem Molekulargewicht von 30 kDa und 38 kDa stellten vermutlich Verunreinigungen dar, die Proteinbande mit einer Masse von 12 kDa könnte die γ-Untereinheit repräsentieren.

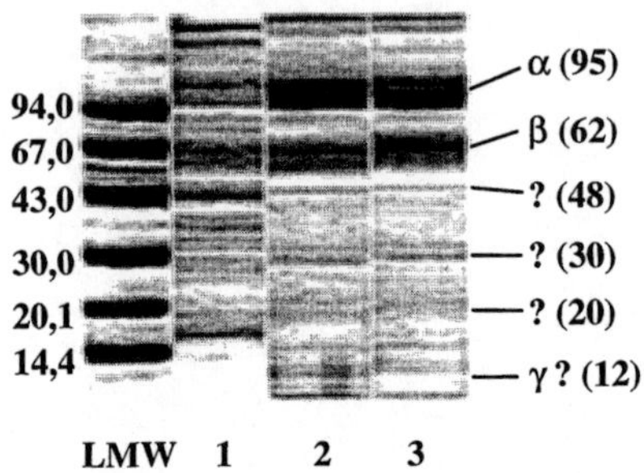

Abb. 8. SDS-PAG der mikrosomalen Fraktion (1), der gereinigten Na,K-ATPase (2) und der präparativ solubilisierten Na,K-ATPase (3). Auf der linken Seite des Gels sind die Molekulargewichte der Eichproteine des LMW in kDa aufgetragen, auf der rechten Seite sind die Banden der α-Untereinheit, der β-Untereinheit und drei unbekannter Proteinbanden sowie deren Molekulargewichte angezeigt.

2.3 Präparative Solubilisierung der gereinigten Na,K-ATPase

Die Na,K-ATPase wurde standardmäßig nach Esmann et al. (13) bei niedriger Ionenstärke solubilisiert. Dazu wurde zu vier Volumeneinheiten gereinigter Na,K-ATPase in 30 mM Histidin/HCl, 0,1 mM EDTA, 25% (w/w) Glycerin pH 6,8 eine Volumeneinheit $C_{12}E_8$ in gleichem Puffer unter Rühren auf Eis zugegeben. Das molare Verhältnis von $C_{12}E_8$ zu Protein nach der Mischung betrug 750. Es folgte eine Zentrifugtion bei 280.000 × g bei 8°C für 60 min. Der Überstand wurde abgenommen und im folgenden als **präparativ solubilisierte Na,K-ATPase** bezeichnet. Die Proteinausbeute betrug ca. 80%.

Das präparativ solubilisierte Enzym besaß eine spezifische ATPase-Aktivität von 95-100%, bezogen auf das gereinigte Enzym. Das pH-Optimum lag, wie beim gereinigten Enzym, bei pH 7,0. Auf Eis konnte das präparativ solubilisierte Enzym für mindesten 2 Tage ohne eine Veränderung der ATPase Aktivität gelagert werden.
Das SDS-PAG unterschied sich nur unwesentlich von dem des gereinigten Enzyms. Die Proteinbanden mit dem Molekulargewicht von 48 kDa bzw. 12 kDa verloren etwas an Intensität (Abb. 8: Spur 3). Die densitometrische Auswertung des SDS-PAG zeigte, daß durch die präparative Solubilisierung der gereinigten Na,K-ATPase der Reinheitsgrad des Enzyms nicht signifikant gesteigert werden konnte.

2.4 Isolation gemischter Na,K-ATPase/$C_{12}E_8$-Mizellen

Die gereinigte Na,K-ATPase oder die FITC-markierte Na,K-ATPase wurde, wie zuvor beschrieben, solubilisiert und anschließend in der Tischzentrifuge für 5 min bei 3000 × g filtriert (Ultrafree-MC, 0,1 µm Porenweite, Millipore).

2.4.1 Trennung über Gelfiltrationschromatographie

Das Filtrat wurde auf eine Säule (2,6 x 21,5 cm) mit Sephacryl S-1000 als stationärer Phase aufgetragen, und mit einer Laufgeschwindigkeit von 41 ml/h (Microperpex 2232 S, LKB) mit 30 mM Histidin/HCl, 0,1 mM EDTA, 185 µM $C_{12}E_8$ pH 6,8 als mobile Phase bei 4°C aufgetrennt. Die Detektion des Eluates erfolgte mit einem Uvicord S (LKB) bei 277 nm (Schichttiefe 0,5 cm) und einem Schreiber (Modell 2210, LKB). Die Fraktionierung à 5 ml der interessierenden Proben erfolgte per Hand. Das so isolierte Enzym wird im folgenden als **hochreine, solubilisierte Na,K-ATPase** bezeichnet (Kap. 3.4.1.1, S. 60).

2.4.2 Trennung über isopyknische Zentrifugation

Das Filtrat wurde auf einen Dichtegradienten (20 - 40% (w/w) Glycerin) in 30 mM Histidin/HCl, 0,1 mM EDTA, 185 µM $C_{12}E_8$ pH 6,8 aufgetragen, und für 25 Stunden bei 280.000 × g und 4°C zentrifugiert (SW 41 Ti-Rotor). Die Fraktionierung à 0,5 ml erfolgte nach Anstechen des Zentrifugenröhrchens per Hand. Das so isolierte Enzym wird im folgendenden als **hochaktive, solubilisierte Na,K-ATPase** bezeichnet (Kap. 3.4.1.2, S. 63).

2.5 Markierung der Na,K-ATPase mit FITC

Die Einführung des Fluoreszenzlabels FITC an die gereinigte Na,K-ATPase erfolgte modifiziert nach Karlish et. al (161). Das Enzym wurde für 30 min bei 200.000 × g und 4°C pelletiert, und in 100 mM Tris/HCl, 2 mM EDTA pH 9,2 aufgenommen. Es folgte die Zugabe von zuvor in DMF gelöstem FITC, so daß die Proteinkonzentration der Mischung 0,5 mg/ml, und die FITC-Konzentration 60 µM betrug. Nach 30 minütiger Inkubation im Dunkeln bei Raumtemperatur wurde mit 30 mM Histidin/HCl, 1 mM EDTA, 0,2 mM DTT pH 6,0 im Verhältnis 1:1 verdünnt und für 30 min bei 200.000 × g und 4°C pelletiert (TLA 100.2-Rotor). Das Pellet wurde in zehnfachem Ausgangsvolumen 30 mM Histidin/HCl, 0,1 mM EDTA, 25% (w/w) Glycerin pH 6,8 aufgenommen und für 30 min bei Raumtemperatur im Dunkeln inkubiert. Um eine effektive Entfernung von überschüssigem, nicht kovalent gebundenem FITC zu gewährleisten, wurde diese Waschprozedur zweimal wiederholt, und das FITC-Enzym zuletzt in 30 mM Histidin/HCl, 0,1 mM EDTA, 25% (w/w) Glycerin pH 6,8 resuspendiert, so daß die Proteinkonzentration 2-3 mg/ml betrug. Vor der letzten Zentrifugation wurde ein Absorptionsspektrum der FITC-Enzymsuspension aufgenommen, um über die OD bei 500 nm die Menge des kovalent an die Na,K-ATPase gebundenen FITC abzuschätzen ($\varepsilon_{500\,nm}$= 71.500 M^{-1} cm^{-1}). Typischerweise wurde ein Wert von 0,7 - 0,8 Äquivalente FITC pro Na,K-ATPase ermittelt. Zur Beurteilung der Funktionalität des FITC-Enzyms wurde der für die Zugabe von 3 mM K^{+} spezifische Fluoreszenzintensitätsabfall genutzt, beim intakten FITC-Enzym lag er zwischen 25% und 30% in 10 mM Imidazol/HCl, 0,1 mM EDTA pH 7,5. Die enzymatische Aktivität der FITC-Na,K-ATPase betrug ca. 1-2 µmol/mg min (ATPase) und 2,0-2,5 µmol/mg min (pNPPase). Das FITC-Enzym konnte, ohne eine Beeinträchtigung der Funktionalität, auf Eis für mindestens 7-14 Tage gelagert werden.

2.6 Bestimmung der Proteinkonzentration

Alle in dieser Arbeit angegeben Proteinkonzentrationen beziehen sich auf die Lowry-Methode, um den direkten Vergleich aller Ergebnisse, auch mit Literaturangaben, zu ermöglichen. Da in der Literatur jedoch auch angegeben wird, daß diese Methode durch Lipide beeinflußt wird, wurde einmalig an einer identischen Proteinpräparation auch eine Bestimmung nach Popov (159) durchgeführt, die bis zu 5% Detergens, hohe Salzkonzentrationen, bis 8 M Harnstoff und Lipide toleriert. Mit dieser Protein-Bestimmungsmethode wurde durchschnittlich eine ca. 25% geringere Proteinkonzentration als mit der Lowry-Methode ermittelt.

Die anderen Protein-Bestimmungsmethoden dienten jeweils unter Abwägung ihrer Vor- und Nachteile (z. B. Störeinflüsse durch nicht proteinogene Substanzen) der ungefähren, jedoch schnellen Konzentrationsermittlung während eines laufenden Versuchs. Die endgültige Proteinbestimmung erfolgte später auch in diesen Fällen durch das während des jeweiligen Versuchs abgenommenen Aliquots mit der Lowry-Methode.

Alle Proteinkonzentrationsangaben beziehen sich auf das αβ-Protomer (150.000 Da).

2.6.1 Lowry-Methode

Die Proteinbestimmung erfolgte modifiziert nach Lowry et al. (100). Dazu wurden je 200 µl des BSA-Standards und der proteinhaltigen Lösung (20-100 µg) mit je 2 ml Trichloressigsäure (5%) für 30 min auf Eis gefällt. Es folgte eine 30-minütige Zentrifugation bei 4000 rpm in der Labofuge, der Überstand wurde verworfen. Anschließend wurde mit 0,4 ml 1 M NaOH resuspendiert und für 30 min bei 55°C im Wasserbad inkubiert. Nach Zugabe von je 0,3 ml H_2O und 3 ml Reaktionslösung wurde für 15 min bei Raumtemperatur inkubiert, danach mit 0.3 ml Folin-Reagenz (Merck Nr. 9001, 2:1 mit H_2O verdünnt) aufgefüllt und wieder für 30 min inkubiert. Es folgte die Messung der Absorption bei 750 nm gegen den Nullwert des Eichstandards. Die Berechnung der Proteinkonzentration erfolgte gegen die BSA-Eichreihe.
Diese Proteinbestimmungsmethode wird durch die Anwesenheit von $C_{12}E_8$ bis zu einer Konzentration von 1mg/ml nicht beeinflußt, und konnte deshalb zur Konzentrations-bestimmung von solubilisiertem Protein ohne Einschränkungen benutzt werden. Die mit der

Lowry-Methode bestimmte Proteinkonzentration lag durchschnittlich ca. 10-15% höher als bei der BioRad-Proteinbestimmung.

Reaktionslösung:

a) Na_2CO_3 -------------------------------- 2%
Di-Natriumtartrat × 2 H_2O------ 0,05%

b) $CuSO_4$ × 5 H_2O --------------------0,1% [alle % Angaben sind (w/v)]

Vor der Benutzung wurden 9 Volumeneinheiten a) mit einer Volumeneinheit b) gemischt

2.6.2 Bio-Rad Protein Assay

Die Proteinbestimmung erfolgte nach der Microassay-Prozedur. Dazu wurden je 20 µl (je 2-8 µg Protein) des BSA-Standards und der proteinhaltigen Probe mit 0,8 ml H_20 aufgefüllt, anschließend je 0,2 ml Färbereagenz zugegeben und gut gemischt (Vortex). Die Absorption des Protein-Farbstoff-Komplexes wurde nach 5 bis 10 min im gegen den Nullwert des Eichstandards im Photometer (Uvikon 810, Kontron Instruments) bei 595 nm gemessen. Die Berechnung der Proteinkonzentration erfolgte gegen die BSA-Eichreihe.
Diese Proteinbestimmungsmethode wird durch die Anwesenheit von $C_{12}E_8$ beeinflußt und konnte deshalb nicht für die Konzentrationsbestimmung von solubilisiertem Protein benutzt werden.

2.6.3 Spektralphotometrische Methode

Die Konzentration der mit $C_{12}E_8$ solubilisierten Na,K-ATPase kann über die Absorption bei 280 nm näherungsweise schnell bestimmt werden (134). Dazu wurde die optische Dichte der proteinhaltigen Probe gegen einen Blank mit gleicher Pufferzusammensetzung und gleichem Detergensgehalt gemessen. Eine Lösung mit einer Proteinkonzentration von 1mg/ml besaß eine optische Dichte von 1,0. Für die gereinigte Na,K-ATPase war diese Proteinbestimmung aufgrund des hohen Streulichtanteils bei 280 nm nicht durchführbar.

2.7 Bestimmung der enzymatischen Aktivität

2.7.1 ATP-Hydrolyse

Die Na^+ und K^+-abhängige Hydrolyse von ATP durch die Na,K-ATPase erfolgte durch die Differenzmessung von freiwerdendem, anorganischem Phosphat in Abwesenheit und in Anwesenheit von Ouabain. Der Testansatz (Endvolumen 2 ml) enthielt folgende Reagenzien:

Histidin/HCl	30 mM	pH 7,5 (37°C)
NaCl	130 mM	
KCl	20 mM	
$MgCl_2$	3 mM	
ATP_{2Na}	3 mM	
$C_{12}E_{10}$	70 µg/ml	nur für solubilisiertes Enzym
Ouabain	1 mM	nur für den Blank
Enzym	2,5 - 5 µg/ml	

Die Testansatz wurde für 5 min bei 37°C inkubiert und die Reaktion durch die Zugabe von Enzym gestartet. Nach 30, 60 und 90 sec wurde ein Aliquot von je 500 µl entnommen, und dieses zum Stoppen der Reaktion mit je 50 µl 10% (w/w) SDS versetzt. Die Bestimmung des freigesetzten, Orthophosphat (P_i) erfolgte nach Fiske und Subbarow (158) und wurde mit Hilfe eines internen Phosphatstandard quantifiziert.

2.7.2 p-Nitrophylphosphat-Hydrolyse

Die K^+-abhängige Hydrolyse von pNPP durch die Na,K-ATPase erfolgte durch die Messung von freiwerdendem p-Nitrophenol. Der Testansatz (Endvolumen 1 ml) enthielt folgende Reagenzien:

Imidazol/HCl	50 mM	pH 7.4 (20°C)
$MgCl_2$	20 mM	
KCl	150 mM	
$C_{12}E_{10}$	70 µg/ml	nur für solubilisiertes Enzym
pNPP	10 mM	$\varepsilon_{410\,nm} = 18.000\ M^{-1}\ cm^{-1}$ (13)
Enzym	10 µg/ml	

Der Testansatz wurde 5 min bei 37°C inkubiert, und die Reaktion durch die Zugabe von Enzym und pNPP gestartet. Die quantitative Bestimmung des freiwerdenden p-Nitrophenol erfolgte durch die zeitabhängige Messung der Absorption bei 410 nm im temperierten Spektralphotometer. Als Blank diente der gleiche Reaktionsansatz, bei dem das KCl durch NaCl (Inhibitor der K^+-abhängigen pNPPase) ersetzt wurde.

2.8 SDS-Polyacrylamid-Gelelektrophorese

Die SDS-Polyacrylamid-Gelelektrophorese (SDS-PAGE) wurde in einer Micrograd™ Twinelektrophoresekammer mit Microgelen des Typs PS-620 (6 - 20% linearer Gradient, LTF Labortechnik) durchgeführt.

2.8.1 Probenvorbereitung

Die Probenaufbereitung erfolgte nach Serrano (160). Die Probe (ca 30 µg Protein) wurde für 10 min mit 1 ml 10% (w/w) TCA auf Eis gefällt, dann in einer Heraeus-Tischzentrifuge für 5 min bei 16.000 × g pelletiert, der Überstand vorsichtig dekantiert und mit je 1 ml H_2O aufgefüllt und gut gemischt (Vortex). Es folgte eine 10-minütige Inkubation auf Eis, danach wurde für 5 min bei 16.000 × g pelletiert. Der Überstand wurde verworfen, das Sediment in ca. 50 µl Probenpuffer aufgenommen, und 10 min bei 80°C im Trockenschrank solubilisiert. Falls eine Gelbfärbung auftrat, wurde der pH-Wert mit einer 100 mM Tris-Lösung erhöht, bis die Farbe wieder nach blau umschlug. Unlösliche Bestandteile wurden durch eine 5 minütige Zentrifugation bei 16.000 × g in der Tischzentrifuge entfernt.

Probenpuffer:

Tris/HCl	62,5 mM	pH 6,8
DTT	0,2 M	
Glycerin	10%	
SDS	2%	
Bromphenolblau	0,01%	[alle % Angaben sind (w/w)]

2.8.2 Elektrophorese und Proteinfärbung

Die abgekühlten Proben wurden mit einer Hamilton-Spritze in die Taschen des zuvor auf das Gel aufgesetzten Probenauftragskamms aufgetragen (ca. 5 - 10 µg Protein pro Probentasche). Parallel zu den Proben wurden zur Bestimmung der apparenten Molekulargewichte Standardproteine mit bekannter Molekularmasse aufgetragen (6 µg Protein pro Probentasche). Um einen homogenen Gellauf zu erreichen, wurden leere Probentaschen mit Probenpuffer gefüllt. Der Gellauf erfolgte bei konstanter Spannung (150V), die Stromstärke betrug ca. 40 - 50 mA. Nach Einlaufen der Proben in das Gel wurde der Probenauftragskamm entfernt. Der Gellauf wurde beendet, sobald die Bromphenolblau-Front aus dem Gel austrat.

Elektrophorese-Laufpuffer:

Tricin/HCl ------------------------------ 0,4%   pH 7,5

Tris ------------------------------------- 0,1%

SDS ------------------------------------ 0,01%   [alle % Angaben sind (w/v)]

Nach Beendigung des Gellaufes wurde das Gel zunächst mit H_2O gespült, danach mit 10% (w/w) TCA für 10 min inkubiert. Dann wurde nochmals mit H_2O gespült, und das Gel über Nacht im Schüttler gefärbt.

Coomassie Brillantblau Färbelösung:

Methanol ------------------------- 20% (v/v)

Ammoniumsulfat -------------- 10% (w/v)

Coomassie Brillantblau ---------- 1% (w/v)

Orthophosphorsäure ------------ 1% (v/v)

Das Gel wurde anschließend in einer 10% (v/v) Essigsäurelösung im Schüttler entfärbt, und konnte in dieser Lösung bei 4°C aufbewahrt werden.
Die densitometrische Auswertung der Gele erfolgte nach dem Einlesen im Flachbettscanner (HP Scan Jet II cx) mit dem Programm Scion Image (Scion Corporation), das die Windows 95-kompatible Version des Programmes NIH Image for Macintosh (National Institutes of Health, USA) ist.

2.9 Fluoreszenzmessungen

Die Bindungsaffinitäten von Substraten und Inhibitoren der Na,K-ATPase wurden durch fluorimetrische Titrationen bestimmt. Verwendet wurde ein Spektrofluorimeter (Spex Fluorolog 212), das im Rahmen einer Promotionsarbeit (170) am MPI für Biophysik optimiert und charakterisiert wurde. Als Lichtquelle diente eine 450 W-Xenonlampe, die Thermostatisierung des Küvettenhalters erfolgte über einen externen Thermostaten. Die Titrationen wurden in 1 cm-Fluoreszenzquarzküvetten durchgeführt, die Durchmischung erfolgte mit Hilfe eines Magnetrührstäbchens am Boden der Küvette. Die schrittweise Zugabe der Titranten erfolgte nach der Äquilibrierung der vorgelegten Enzymsuspension bis auf ein stabiles Fluoreszenzniveau mit mikroprozessorgesteuerten Pipetten (Response 4850, Eppendorf) direkt in die vorgelegte Lösung. Die Genauigkeit der Pipetten betrug für das maximal zu dosierende Volumen ± 0,6%. Nach jeder Zugabe wurde solange gewartet, bis wieder ein stabiles Fluoreszenzniveau erreicht wurde, ehe die Registrierung begann. Die

Integrationszeit betrug immer 2 sec. Zu Beginn und am Ende der Titration wurde ein Fluoreszenzstandard gemessen, um die Lampenstabilität während der Titration beurteilen zu können.
Die Gleichgewichtskonstanten wurden aus den an die Meßdaten angepaßten Titrationskurven (relative, verdünnungskorrigierte Fluoreszenzintensität versus Gesamtkonzentration des Titranden in der Lösung), wenn nicht anders erwähnt, mit Hilfe des Programmes KOD 11 (171) für das 1:1-Bindungsmodell, bzw. KOE 21 (172) für das 1:2-Bindungsmodell auf einer HP 1000 (Hewlett Packard) ermittelt. Die mathematischen Formeln befinden sich im Anhang (S. 179). Die Darstellung der Meßdaten sowie den dazugehörigen Anpassungen erfolgte mit dem Programm Scientist for Windows Vers. 2.0 (Micro Math, Inc.) und Origin Vers. 4.10 (Microcal Software, Inc.).

2.10 Stopped-flow-Messungen

2.10.1 Bei atmosphärischem Druck

Die stopped-flow-Messungen bei atmosphärischem Druck wurden mit der Zweikomponenten-Micro-stopped-flow-Anlage DX 17 MV mit Fluoreszenz- und Absorptionsdetektion der Firma Applied Photophysics durchgeführt. Als Steuereinheit diente ein Archimedes Computer mit einem Hardware-Interface und einem Softwarepaket (!SM 17 MV) für die Spannungsversorgung der Photomultiplier und für die Anpassung der Meßkurven. Als Lichtquelle wurde eine Wolfram-Lampe (250 Watt) verwendet, über einen Gittermonochromator der Firma Kratos (Modell GM 250) wurde die jeweils gewünschte Wellenlänge selektiert. Das Licht gelangte über einen Quarzlichtleiter (Schott) zur Meßzelle der Apparatur. Zur Unterdrückung des Anregungslichtes wurde bei Fluoreszenzmessungen vor dem im rechten Winkel zum Anregungslicht angebrachten Fluoreszenzdetektor ein Kantenfilter (3 mm Dicke, Schott) zwischengeschaltet, der das Anregungslicht ausblendete. Die Meßzelle wurde über ein externen Thermostaten temperiert. Das für ein Experiment erforderliche Lösungsvolumen betrug pro Reaktandenlösung ca. 50 µl, dabei wurden die Reaktanden stets im Verhältnis 1:1 mit einem Druck von 6 bar gemischt. Die Totzeit der Meßapparatur wurde vom Hersteller mit 1,5 msec angegeben.

Die Ermittlung der Gleichgewichts- und kinetischen Parameter erfolgte aus der Anpassung der Funktion des jeweiligen Reaktionsmodells an die experimentellen Daten (Auftragung der reziproken Abklingzeit k_{obs} versus Gesamtkonzentration des Reaktionspartners der Na,K-ATPase) nach der Methode der kleinsten Fehlerquadrate mit dem Programm Origin Vers. 4.10 (Microcal Software, Inc.). Um die Datengenauigkeit zu optimieren, wurden pro Reaktion 4 - 7 Experimente unter identischen Bedingungen durchgeführt, und aus den Einzelergebnissen der Mittelwert von k_{obs} berechnet.

2.10.2 Bei variablem Druck

Die kinetischen Messungen bei variablem Druck wurden mit einer Hochdruck-stopped-flow-Apparatur durchgeführt, die im Rahmen einer Promotionsarbeit an der Universtät von Lausanne / Schweiz entwickelt, gebaut und charakterisiert wurde (53, 162). Die Apparatur bestand im wesentlichen aus 5 Komponenten: einer Druckbombe aus nichtrostendem Stahl, einer in ihr befindlichen Mischkammer und Meßzelle, einem herausnehmbaren Träger für die 2 Vorratsspritzen und die Abfallspritze, dem Spritzenantrieb und dem System zur Druckerzeugung. Die gesamte Druckbombe wurde mit einem externen Thermostaten temperiert. Als Lichtquelle wurde eine Wolfram-Lampe (250 Watt) verwendet, über einen Gittermonochromator der Firma Polytec (Modell GM-252) wurde die jeweils gewünschte Wellenlänge selektiert. Die Lichtleitung zur Meßzelle erfolgte über einen Quarzglaslichtleiter (Schott). Die Fluoreszenzdetektionseinheit wurde in Zusammenarbeit mit dem Max-Planck-Institut für Biophysik aufgebaut. Die Detektion des Emissionslichtes erfolgte im rechten Winkel zum Anregungslicht über einen direkt an die Meßzelle geführten Head-On-Photomultiplier (Modell 9588, Dörr), zur Vermeidung der Einstrahlung von Anregungslicht wurde der Kantenfilter KV-500 (Schott) zwischengeschaltet. Der Photomultiplier wurde über ein externes Hochspannungs-Netzgerät (Modell 415B, Fluke GmbH) versorgt, die Erfassung der Daten erfolgte über ein Meßpult der Firma Dia-Log (Modell Dia-RQC) und einem A/D-Wandler. Die Anpassung an die Meßkurven erfolgte über ein Softwarepaket (Programm OLIS Kinetic Fit SF-89, Vers. 9.08). Die Reaktanden wurden im Verhältnis 1:1 mit einem Druck von 7 bar gemischt, das Durchflußvolumen pro Versuch betrug insgesamt 300 µl. Für druckabhängige stopped-flow-Messungen konnte der Druck in der Druckbombe bis auf 200 MPa (entspricht 2000 bar) erhöht werden. Die Totzeit dieser Meßapparatur wurde mit 1,8 ± 0,1 msec angegeben (162).
Die aus den Experimenten ermittelbaren, kinetischen und thermodynamischen Parameter wurden aus der Konzentrations- und der Druckabhängigkeit der reziproken Abklingzeit k_{obs} mit Hilfe des Programmes ITERAT (163) berechnet. Die Erhöhung der Datengenauigkeit erfolgte in derselben Weise, wie in Kap. 2.10.1 beschrieben. Die Darstellung der experimentellen Daten sowie der angepaßten Funktionen erfolgten mit dem Programm Origin Vers. 4.10 (Microcal Software, Inc.).

2.11 Kalorimetrie

2.11.1 Dynamische Differenzkalorimetrie (DDK)[(1)]

Die Messungen wurden entweder mit dem SETARAM MicroDSC II-Gerät (Firma SETARAM) oder mit dem MCS DSC Gerät (Firma MicroCal, Inc.) durchgeführt.
Beim SETARAM-Kalorimeter wurden die durch einen Schraubdeckel verschließbaren Meßzellen mit Hilfe einer Eppendorf-Pipette befüllt (Probe und Referenz wurden zuvor entgast). Beim DSC-Kalorimeter der Firma MicroCal erfolgte die Füllung der fest im Gerät eingebauten Kapillarzellen mit Hilfe einer Hamilton-Spritze, die eine lange Metallkanüle besaß. Das Zellvolumen des SETARAM-Gerätes betrug ca. 1 ml, das des MicroCal-Gerätes ca. 1,4 ml.
Der Temperaturlauf begann typischerweise bei einer Temperatur von 5-10°C und endete bei 80 - 90°C. Die Geschwindigkeit des Temperaturanstieges betrug beim SETARAM-Gerät 0,3°C/min, beim MicroCal-Gerät 0,5°C/min. Um reversible und irreversible, thermische Effekte unterscheiden zu können, wurde der Temperaturlauf jeder Probe nach der Akühlung auf die Ausgangstempeartur erneut mindestens einmal gemessen. Alle Messungen erfogten gegen eine Referenz (identischer Puffer ohne Protein).
Die Bestimmung der Enthalpie aus den gemessenen Thermogrammen erfolgte mit Hilfe der in beiden Geräten enthaltenen Software.

2.11.2 Titrationskalorimetrie

Die kalorimetrischen Titrationen wurden mit dem MCS ITC Gerät (Firma MicroCal, Inc.) durchgeführt. Die Meßzellen wurden mit Hilfe einer Hamilton-Spritze blasenfrei gefüllt (Probe und Referenz wurden zuvor entgast), das Zellvolumen betrug je ca. 1,3 ml. Die Zugabe des Titranten erfolgte automatisch durch ein zuvor in die Software eingebenes Titrationsschema, das die Zugabevolumina und die Zeitabstände zwischen den Zugaben steuerte. Die den Titranten enthaltende, drehbare Spritze enthielt eine Kanüle, die bis in die Probenzelle reichte. Die Kanüle war an ihrem Ende abgeflacht und zu einem Rührer geformt, die Rührgeschwindigkeit betrug während der Titration 400 rpm. Alle Titrationen wurden bei 25°C durchgeführt. Die Referenzmessung wurde jeweils mit identischer Lösung, jedoch in Abwesenheit von Protein durchgeführt, sie wird im folgenden mit „R“ gekennzeichnet.
Die Bestimmung der thermodynamischen Parameter aus den experimentellen Daten erfolgte durch die mit dem Gerät mitgelieferte Software (Microcal Origin Vers. 2.9).

[(1)] Bezeichnung nach DIN 51005. Die allgemeinübliche Bezeichnung lautet DSC (differential scanning calorimetry)

2.12 Dynamische Lichtstreuung

Die dynamischen Streulichtmessungen an der gereinigten Na,K-ATPase und am solubilisierten Enzym wurden mit einem kommerziell erhältlichen Gerät (Modell Zeta Plus, Brookhaven Instruments Corp.) durchgeführt. Die Meßtemperatur betrug immer 20°C, es wurden in der Regel 10 Einzelmessungen à 1 min durchgeführt. Die Auswertung der Rohdaten erfolgte vollautomatisch durch die mit dem Gerät mitgelieferte Software mit dem sogenannten Non-Negatively Constrained Least Squares (NNLS) Algorithmus.
Die dynamischen Streulichtmessungen an reinen Detergensmizellen sowie an gemischten Na,K-ATPase / Detergensmizellen, für die eine höhere Aulösung erforderlich war, erfolgte mit Hilfe eines Photonen-Korrelations-Spektrometers, wie schematisch in Abb. 9 dargestellt.

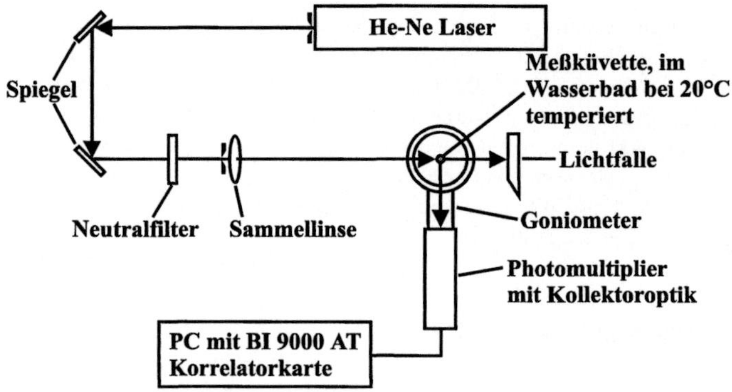

Abb. 9. Schematischer Aufbau des Photonen-Korrelations-Spektrometers, modifiziert nach Georgalis et al. (164)

Die Hauptkomponenten dieser Meßapparatur bestanden aus dem Helium-Neon-Laser (15 mW, $\lambda = 632{,}8$ nm), einem Präzisionsgoniometer, das den Photomultiplier mit der Kollektoroptik in Position hielt, und einem justierbaren, thermotatisierbaren Gehäuse, das die Meßzelle (Mindestprobevolumen ca. 300 µl) enthielt. Die Kontrolle der Temperatur (20°C für alle Messungen) erfolgte extern über einen Thermostat. Alle Komponenten waren optisch justierbar, die gesamte Apparatur stand auf einer 300 kg schweren Granitplatte, die vor Vibrationen geschützt war. Die Detektion erfolgte über einen Photomultiplier mit integrierter Optik und einem handelsüblichen PC, der mit einer Korrelatorkarte (Modell BI 9000 AT, Brookhaven Instruments Corp.) ausgerüstet war. Die Rohdaten wurden für die spätere Auswertung auf dem PC gespeichert. Um das Signal/Rausch-Verhältnis zu optimieren, erfolgten in der Regel 300 Einzelmessungen à 1 min, die später normiert und gemittelt wurden. Die Auswertung der Meßdaten erfolgte mit dem Größenverteilungsalgorithmus CONTIN (165, 166) nach der Methode der kleinsten Fehlerquadrate mit der Erweiterung für die Berücksichtigung von Normalisierungsfehlern (167, 168). Alle in dieser Arbeit aufgeführten Größenangaben beziehen sich auf kugelförmige Gebilde.

2.13 CD-Spektroskopie

Die CD-Messungen wurden mit dem CD-Spektropolarimeter J-500 A (Jasco) bei Raumtemperatur (20 - 25°C) durchgeführt. Die Schichtdicke der Quarzküvette betrug 0,1 cm. Typischerweise wurden 20 Spektren einer Probe mit einer Geschwindigkeit von 20 nm/min aufgenommen und gemittelt (λ = 190 - 270 nm). Die Meßdaten wurden in 0,2 nm Intervallen mit einer Zeitkonstante von 4 sec detektiert, die Bandweite betrug 1 nm. Die quantitative Auswertung der Sekundärstrukturanteile erfolgte nach Korrektur mit der Basislinie (identischer Puffer ohne Protein) durch das Programm CONTIN (169), das die CD-Spektren von 16 Referenzproteinen mit bekannter Röntgenstruktur enthält (λ = 190-240 nm). Die vom CD-Spektropolarimeter gemessene Elliptizität (Θ) wurde, wie bei Proteinen üblich, zur mittleren molaren Elliptizität pro Aminosäure (Θ_{MRW}) umgerechnet:

$$\Theta_{MRW} = \frac{\Theta \times 1322}{\text{Na,K}-\text{ATPase (M)}} \qquad \text{Einheit: grad cm}^2\text{ / dmol} \qquad (1)$$

Der Umrechnungsfaktor entspricht dem Mittelwert der Summe der Aminosäureanzahl der α- und β-Untereinheit der Na,K-ATPase verschiedener Spezies ($\alpha+\beta$ = 1322 (34)), da die Aminosäuresequenz des Enzyms aus der Salzdrüse des Dornhais nicht bekannt ist.

Der jeweilige Gehalt eines angegebenen Sekundärstrukturgehaltes im Verhältnis zum Gesamtgehalt aller Sekundärstrukturanteile ist nicht als Absolutwert anzusehen, da die Summe der Gehalte durch das Programm CONTIN intern auf 100% normiert wurde.

2.14 Elektronenmikroskopie

Ein Tropfen der gereinigten Na,K-ATPase (0,1 mg/ml) in 30 mM Histidin/HCl, 25% (w/w) Glycerin pH 6,8 wurde auf ein mit Formvar® befilmtes Netz plaziert. Nach der Adsorption der Membranfragmente an die Formvar-Folie wurde mit 1% (w/v) Glutaraldehyd in PBS für 5 min bei Raumtemperatur fixiert. Anschließend wurde 3 × 1 min mit H_2O gewaschen, dann mit 2% (w/v) Uranylacetat kontrastiert. Dazu wurde, ohne die Probe trockenfallen zu lassen, das H_2O mit einem Filterpapier abgezogen, und dann ein Tropfen Uranylacetat (2 × 1 min) aufgegeben. Zuletzt wurde die Uranylacetat-Lösung vollständig abgezogen, das Netz getrocknet und die Probe in einem Elektronenmikroskop (Modell EM 300, Phillips) untersucht.

PBS:

$Na_2HPO_4 \times 2\,H_2O$------------------ 10 mM   pH 7,4 (25°C)

KH_2PO_4---------------------------- 1,5 mM

NaCl---------------------------------137 mM

KCl ---------------------------------- 2,7 mM

2.15 Herstellung und Lagerung der Polyethylenglycol-mono-n-alkylether-Lösungen

Die Polyethylenglykolkette der Polyethylenglycol-mono-n-alkylether ist außerordenlich empfindlich gegenüber Luftoxidation. Die dabei entstehenden, hochreaktiven Peroxide können essentielle Sulfhydrylgruppen von Proteinen unter Ausbildung von Disulfidbrücken oxidieren. Das kann eine partielle Inaktivierung oder auch eine Aggregation des zu untersuchenden Enzyms bei dessen Solubilisierung zur Folge haben (52).
Deshalb wurde jeder Puffer, in dem ein Detergens gelöst werden sollte, zuvor für ca. 30 min unter Vakuum entgast (Membranpumpe N 726.3 FT.18, KNF Neuberger). Nach dem Lösen des Detergens unter lansamen Rühren (Vermeidung von Schaumbildung) wurde der Puffer mit N_2 abgeblasen und konnte bei 4°C im Dunkeln gelagert werden. Die stichprobenartige Überprüfung dieser detergenshaltigen Lösungen nach Peroxiden mit DTNB (52) verlief in jedem Fall negativ.

2.16 Reinigung und Reduktion von Brij®35

$C_{12}E_{23}$ war in Bezug auf die Anzahl der Polyethylenglykolgruppen nicht als chemisch einheitliches Produkt erhältlich (Kap. 3.2.1, S. 34 ff.). Aus diesem Grund wurde das kommerziell erhältliche Brij 35 (mit $C_{12}E_{23}$ als Hauptkomponente) bezüglich der Anzahl der Ethylenglykolgruppen säulenchromatographisch vereinheitlicht, und zugleich von Verunreinigungen (z. B. Peroxide o. a.), die ein Absorptionsmaximum bei 290 nm aufwiesen, befreit. Eventuell im Ausgangsmaterial enthaltene Peroxide, durch Luftoxidation aus den Polyetherketten hervorgehend, wurden in einem anschließenden Arbeitsschritt wieder reduziert.
Dazu wurde 1 g Brij 35 in 2 ml Methanol gelöst, und auf eine Säule (2,5 × 90 cm) mit Sephadex-LH 20 als stationärer Phase aufgetragen. Die Elution erfolgte mit Methanol bei einer Laufgeschwindigkeit von 65 ml / Stunde und 4°C (Mikroperpex 2232 S, LKB). Nach ca. 100 min wurden Fraktionen à 3,5 ml genommen, und diejenigen mit dem kleinsten Verunreinigungsanteil (höchstes Verhältnis von $OD_{220\ nm}$ / $OD_{290\ nm}$) vereinigt, und im Rotationsverdampfer (Rotavapor R, Büchi) unter Vakuum bei 30°C zur Trockene gebracht (Ausbeute ca. 40%). So wurde durch 5 Säulenläufe insgesamt 2,1 g Material gewonnen. Die anschließende Reduktion mit $SnCl_2$ erfolgte nach Ashani et al. (173) mit einer Ausbeute von ca. 95%. Das reduzierte Material wurde zuletzt unter Vakuum über P_2O_5 für 15 Stunden bei Raumtemperatur getrocknet, und unter Stickstoffatmosphäre bei 4°C im Dunkeln gelagert. Peroxide waren in dem so behandelten Material nicht nachweisbar.

3. Ergebnisse (I)

3.1 Strukturelle Eigenschaften der Na,K-ATPase in der Membranphase

3.1.1 Sekundärstruktur und thermische Stabilität

Die Bestimmung der Sekundärstruktur und der thermischen Stabilität der Na,K-ATPase aus der Salzdrüse des Dornhais während verschiedener Aufreinigungsstadien sowie nach ihrer Solubilisierung mit Detergens sollte Aufschluß darüber geben, ob während einem dieser Arbeitsschritte Strukturänderungen im Protein auftreten. Des weiteren sollte gezeigt werden, ob konformationsabhängige Unterschiede im CD-Spektrum der Na,K-ATPase detektierbar sind.

Abb. 10 zeigt das CD-Spektrum der gereinigten Na,K-ATPase in 2 mM NaH_2PO_4/Na_2HPO_4 pH 6,8. Dieses Puffersystem wurde gewählt, da im gesamten, untersuchten Wellenlängenbereich keine intensive Eigenabsorption vorlag. Aufgrund der durch den Puffer vorgegebenen Na^+-Konzentration von ca. 3 mM lag das Enzym praktisch vollständig im $E1 \cdot Na^+_3$-Zustand vor. Die CONTIN-Auswertung ergab einen α-Helix Anteil von 27%, einen β-Faltblatt Anteil von 25%, und für verbleibende Sekundärstrukturformen, wie β-turn, coil-Strukturen oder andere, nicht repetitive Strukturen einen Anteil von 48%. Die Fehlerangaben der Sekundärstrukturanteile schließen eine Ungenauigkeit der Proteinkonzentration von ± 10% ein.

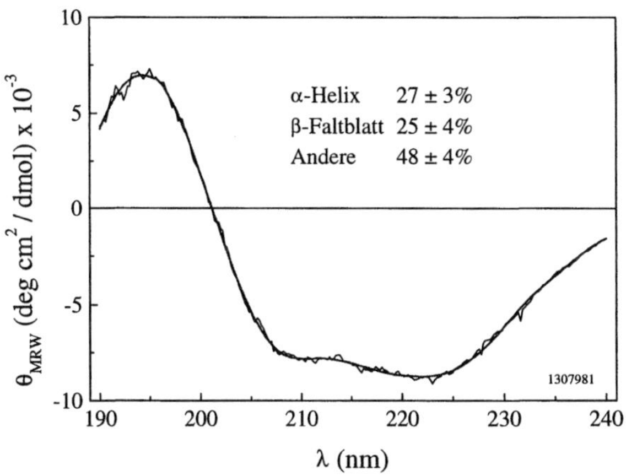

Abb. 10. CD-Spektrum der gereinigten Na,K-ATPase (0,33 µM) in 2 mM NaH_2PO_4/Na_2HPO_4 pH 6,8. Das Spektrum wurde aus 15 Einzelmessungen gemittelt und ist ungeglättet. Die Absorption der Meßprobe betrug bei einer Wellenlänge von 200 nm ca. 0,9 (Schichttiefe 0,1 cm). Die durchgezogene Linie repräsentiert die CONTIN-Anpassung nach (169).

Das CD-Spektrum der gereinigten Na,K-ATPase in KH_2PO_4/K_2HPO_4, bei dem sich das Enzym praktisch vollständig im $E2\cdot(K^+_2)$-Zustand befand, war mit dem des im 2 mM NaH_2PO_4/Na_2HPO_4-Puffer aufgenommenem praktisch deckungsgleich (nicht gezeigt), und führte unter Berücksichtigung der Unsicherheiten, die aus der Proteinbestimmung resultieren, zu gleichen Sekundärstrukturgehalten. Um sicherzustellen, daß die Membranbestandteile der gereinigten Na,K-ATPase (ca. 0,3 g Cholesterin und ca. 1,5 g Phospholipide pro g Na,K-ATPase, Kap. 2.2, S. 14) das CD-Spektrum des Enzyms nicht beeinflussen, wurden jeweils die CD-Spektren der in 0,33 µM Enzym erwarteten Konzentrationen an Cholesterin und, stellvertretend für die Phospholipide, POPC in Methanol aufgenommen. Hierbei konnten unter gleichen Meßbedingungen keine Cotton-Effekte detektiert werden.

Neben der Sekundärstrukturbestimmung wurde die thermische Stabilität der Na,K-ATPase während verschiedener Aufreinigungsstadien mit Hilfe der dynamischen Differenzkalorimetrie (DSC)[(1)] bestimmt, was ergänzende Informationen zur Proteinstruktur erbringen sollte. Abb. 11 zeigt typische Thermogramme der Salzdrüse, der mikrosomalen Fraktion und der gereinigten Na,K-ATPase des Dornhais, die mit dem Setaram MicroDSC(II)-Instrument aufgenommen wurden.

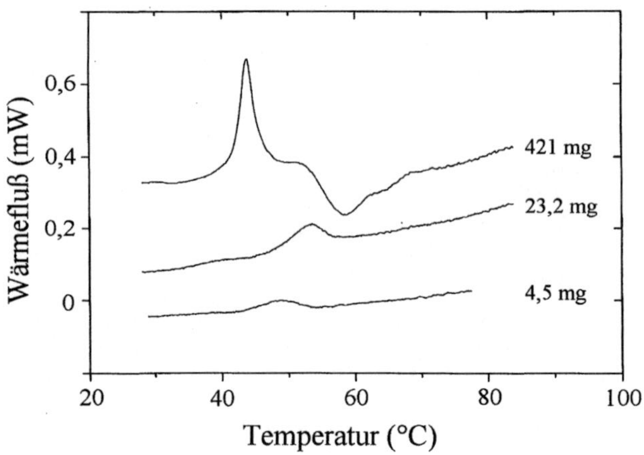

Abb. 11. Thermogramme der Salzdrüse (420,8 mg) in Puffer S[(2)], der mikrosomalen Fraktion (23,2 mg) in Puffer S, und der gereinigten Na,K-ATPase (4,5 mg) des Dornhais in 30 mM Histidin/HCl, 25% (w/w) Glycerin, 0,1 mM EDTA pH 6,8, gemessen mit dem Setaram MicroDSC(II)-Instrument.

---

(1) Korrekte Bezeichnung der dynamischen Differenzkalorimetrie lautet nach DIN 51005 DDK

(2) Puffer S: 30 mM Histidin/HCl, 5 mM Imidazol, 250 mM Saccharose, 1 mM EDTA, 0,2 mM DTT pH 7,2

Das Thermogramm der Salzdrüse zeigte eine scharfe, endotherme und irreversible Umwandlung mit einer Enthalpie von ca. 0,5 J/g bei 43,9°C (Halbwertsbreite 2,5°C). Dieser Prozeß wurde der thermischen Denaturierung eines Großteils der im Drüsengewebe enthaltenen Proteine zugeordnet. Es folgten mindestens 2 weitere, exotherme Prozesse, wobei der erste Prozeß eine Umwandlungstemperatur von 52,6°C (Halbwertsbreite 8°C) besaß. Beim zweiten, und eventuell dritten exothermen Prozeß war die jeweilige Umwandlungstemperatur und die dazugehörige Enthalpie nicht sinnvoll zu ermitteln, da sie sehr nahe beieinander lagen. Über die Ursache dieser exothermen Prozesse wurden im Rahmen dieser Arbeit keine weiteren Untersuchungen durchgeführt.

Neben einer wenig intensiven und breiten, endothermen Umwandlung bei ca. 39°C dominierte im Thermogramm der mikrosomalen Fraktion ein endothermer Prozeß mit einer Enthalpie von ca. 2,9 J/g bei einer Umwandlungstemperatur von 53,5°C (Halbwertsbreite 5°C), der der Denaturierung des Haupanteils der in der mikrosomalen Fraktion enthaltenen Proteine zugeordnet wurde. Durch aufeinander folgendes, mehrmaliges Scannen der Probe zeigte sich, daß beide endothermen Umwandlungen irreversibel waren. Da das SDS-PAG der mikrosomalen Fraktion neben den Banden der α- und der β-Untereinheit der Na,K-ATPase noch eine Vielzahl an Banden enthielt, die nicht den Untereinheiten der Na,K-ATPase zugeordnet werden konnten (Abb. 8, Spur 1, S. 16), wurde die erste, breite und flache Umwandlung einer Denaturierung eines Teils des in dieser Fraktion enthaltenen Fremdproteins zugeordnet.
Das Thermogramm der gereinigten Na,K-ATPase zeigte neben einer breiten, endothermen Umwandlung zwischen 30°C und 40°C eine weitere, endotherme Umwandlung mit einer Enthalpie von 6,9 J/g bei einer Temperatur von 48,6°C (Halbwertsbreite 4°C). Aufgrund des hohen Gehaltes der Na,K-ATPase in dieser Präparation (ca. 85-90%) wurde der größere endotherme Prozeß der thermischen Denaturierung des Enzyms zugeordnet, dabei betrug die Enthalpie ca. 1,0 MJ/mol Na,K-ATPase. Durch mehrmaliges, aufeinanderfolgendes Scannen der Enzymprobe konnte gezeigt werden, daß beide endothermen Prozesse irreversibel waren.

Um die endothermen Umwandlungen der gereinigten Na,K-ATPase genauer zu untersuchen, wurden DSC-Läufe mit dem empfindlicheren Microcal DSC-Instrument durchgeführt (Abb. 12). Das Auftreten eines exothermen Meßartefakts bei 48°C, wie er bei früheren Messungen an der Na,K-ATPase aus der Schweineniere mit diesem Instrument auftrat (174), wurde durch eine spezielle Fülltechnik der Kapillarmeßzelle vermieden.
Das Thermogramm zeigte ebenfalls 2 irreversible, endotherme Umwandlungen. Die erste Umwandlung lag bei 37,5°C (Halbwertsbreite 4,2°C), und besaß eine Enthalpie von ca. 0,8 J/g, die zweite Umwandlung lag bei 49,5°C (Halbwertsbreite 6,2°C). Diese Umwandlung wurde der thermischen Denaturierung der Na,K-ATPase zugeordnet. Die Enthalpie dieser Umwandlung betrug ca. 1,4 MJ/mol Na,K-ATPase. Der der eigentlichen thermischen Denaturierung des Enzyms vorgelagerte Prozeß bei 37,5°C war von der Intensität her stark präparationsabhängig. Da jedoch die Reinheit der gereinigten Na,K-ATPase gut reproduzierbar war, konnte diese Umwandlung demnach nicht durch in dieser Präparation enthaltenem Fremdprotein verursacht worden sein. Eine mögliche Erklärung wäre eine frühere thermische Denaturierung von partiell denaturiert vorliegender Na,K-ATPase, die präparationsabhängig in verschiedenen Gehalten vorhanden sein könnte. Des weiteren wäre

aber auch eine Dissoziation von in dieser Präparation aggregiert vorliegenden Membranfragmenten eine weitere, mögliche Erklärung für diesen Prozeß.

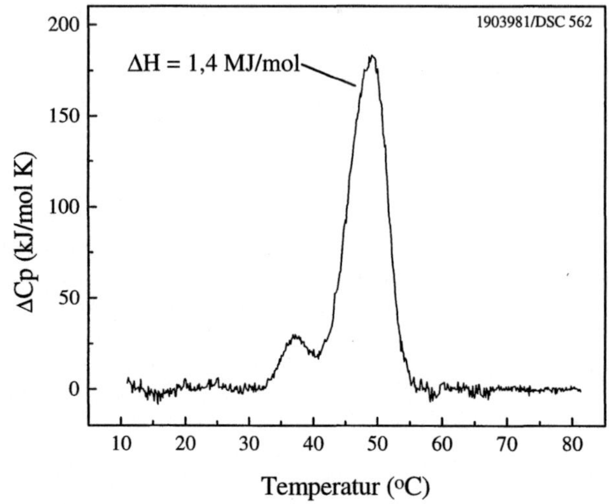

Abb. 12. Thermogramm der gereinigten Na,K-ATPase aus der Dornhaidrüse (10 µM) in 30 mM Histidin/HCl, 25% (w/w) Glycerin, 0,1 mM EDTA pH 6,8, gemessen mit dem Microcal DSC-Instrument.

3.1.2 Vergleichende Bestimmung der Sekundärstruktur und der thermischen Stabilität der Na,K-ATPase aus der Schweineniere

Aus dem CD-Spektrum der Na,K-ATPase der Schweineniere (nicht gezeigt) resultierte eine sehr ähnliche Sekundärstrukturzusammensetzung wie beim Enzym aus der Dornhaidrüse.

Abb. 13 zeigt ein typisches Thermogramm der gereinigten Na,K-ATPase aus der Schweineniere. Im Gegensatz zu den DSC-Läufen mit dem Enzym aus der Haidrüse trat hier nur ein sehr scharfer, endothermer Prozeß mit einer Umwandlungstemperatur von 57,0°C (Halbwertsbreite 3,3°C) auf, der irreversibel war und der Denaturierung des Enzyms zugeordnet wurde. Die Denaturierungsenthalpie betrug, in guter Übereinstimmung mit dem Enzym aus der Dornhaidrüse, ca. 1,6 MJ/mol Na,K-ATPase. Diese Werte stimmen außerdem gut mit den in der Literatur gemachten Angaben zur Umwandlungstemperatur und -enthalpie der gereinigten Na,K-ATPase aus der Schweineniere überein, die allerdings aus Messungen in 25 mM Imidazol/HCl pH 6,5 resultieren (174).

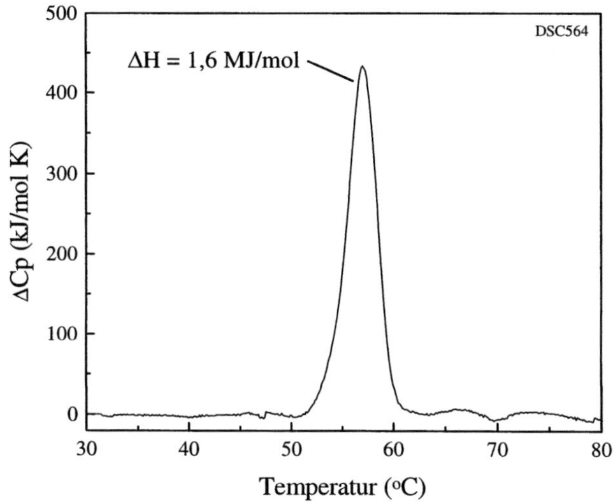

Abb. 13. Thermogramm der gereinigten Na,K-ATPase aus der Schweineniere (10,3 μM) in 30 mM Histidin/HCl, 25% (w/w) Glycerin, 0,1 mM EDTA pH 6,8, gemessen mit dem Microcal DSC-Instrument.

3.2 Die Solubilisierung der gereinigten Na,K-ATPase: Thermodynamische und kinetische Aspekte der Überführung des Enzyms von der Membranphase in die Mizellphase

3.2.1 Einführung

Auf der Suche nach einem geeigneten Detergens für die Solubilisierung eines integralen Membranproteins muß eine Vielzahl von Aspekten beachtet werden. Zunächst müssen die physikochemischen Eigenschaften des Detergens verträglich mit den experimentellen Bedingungen, wie z. B. der Temperatur, dem pH-Wert und der Ionenstärke des Solubilisierungspuffers sein. Das Detergens sollte das Protein in den anzuwendenden Konzentrationen nicht denaturieren, und die quantitative Überführung des Proteins in die Mizellphase sollte bei möglichst niedriger Detergenskonzentration gleichzeitig hoch sein. Weiterhin dürfen die Eigenschaften des zu verwendenden Detergens die mit dem solubilisierten Protein vorgesehenen Untersuchungen nicht störend beeinflussen. Im Falle von spektralphotometrischen Untersuchungen sollte das Detergens beispielsweise keine chromophore Gruppe besitzen, die im interessiernden Wellenlängenbereich absorbiert. Bei Untersuchungen, wie elektrischen Feldsprungstudien, die z. B. zur Bestimmung der Relaxationszeiten schneller, vom elektrischen Feld abhängigen Prozessen eingesetzt werden, dürfen zu den im zu untersuchenden System natürlich vorkommenden, geladenen Gruppen (z. B. vom Protein) keine zusätzlichen Ladungen durch das Detergens eingeführt werden.

Besonders geeignet für die Solubilisierung integraler Membranproteine bei gleichzeitiger Erhaltung ihrer funktionellen Eigenschaften scheinen die nichtionischen Polyethylenglycol-detergenzien zu sein, und unter diesen besonders diejenigen mit einer unverzweigten Alkylkette von 12 C-Atomen, die sogenannten Polyethylenglycol-mono-n-alkylether (C_nE_x).

$$(CH_3)\text{-}(CH_2)_n\text{-}(O\text{-}CH_2\text{-}CH_2)_x\text{-}OH$$

Abb. 14. Strukturformel der Detergenzien des Typs C_nE_x (Polyethylenglycol-mono-n-alkylether).

Kürzere Alkylketten (C < 12) dringen nur unzureichend in die Membran ein, um diese effizient, das heißt bei möglichst geringer Detergenskonzentration, zu solubilisieren. Längere Alkylketten (C > 12) dagegen wirken stärker denaturierend, da sie die dreidimensionale Struktur hydrophober Bereiche von Proteinen leichter zerstören. Die Anzahl der Ethylenglycolgruppen der Polyethylenglycol-mono-n-alkylether zur Solubilisierung integraler Membranproteine reicht in der Literatur meist von 8 (133) bis 23 (175), sie hat bei konstanter Kohlenstoffanzahl der Alkylgruppen einen wesentlichen Einfluß auf die Aggregationszahl und somit auf die Größe der Mizellen, was auch eine wichtige Rolle für die erfolgreiche Solubilisierung spielt.

In der Literatur wurde die Na,K-ATPase, abgesehen von wenigen Ausnahmen (112, 131), mit bestimmten Polyethylenglycol-mono-n-alkylethern solubilisiert, die zwischen 8 und 10 Ethylenglycolgruppen besaßen (133,135).

Für die in dieser Arbeit vorgesehenen Untersuchungsmethoden schienen die unverzweigten Polyethylenglycol-mono-n-alkylether ebenfalls gut geeignet zu sein, da sie zum einen nur eine geringe Tendenz zeigen, Proteine zu denaturieren, zum anderen im UV- und im sichtbaren Wellenlängenbereich nur eine geringe Eigenabsorption aufweisen.
Aufgrund der zuvor genannten Argumente wurden zur Untersuchung der Solubilisierung der gereinigten Na,K-ATPase unter dem Gesichtspunkt höchstmöglicher Effizienz bei gleichzeitig hoher spezifischer Aktivität Polyethylenglycol-mono-n-alkylether mit einer Alkylkettenlänge von C = 12 gewählt, wobei die optimale Anzahl der Ethylenglycolgruppen experimentell zu ermitteln war.

Die Solubilisierung der gereinigten Na,K-ATPase aus der Salzdrüse des Dornhais wurde im Rahmen dieser Arbeit mit folgenden $C_{12}E_x$-Detergenzien untersucht:

$\mathbf{C_{12}E_6}$

$\mathbf{C_{12}E_8}$

$\mathbf{C_{12}E_{10}}$

$\mathbf{C_{12}E_{23}}$ (üblicher Handelsname Brij®35)

$C_{12}E_6$ und $C_{12}E_8$ waren als chemisch reine Substanzen erhältlich. $C_{12}E_{10}$ und Brij 35 waren dagegen nicht als chemische reine Substanzen erhältlich, das heißt, bei diesen Produkten unterlag die Anzahl der Ethylenglycolgruppen synthesebedingt einer gewissen Streuung ($E_{x \pm y}$). Sämtliche Versuche zur Solubilisierung der gereinigten Na,K-ATPase wurden in 30 mM Histidin/HCl, 25% (w/w) Glycerin, 0,1 mM EDTA pH 6,8 durchgeführt. Der hohe Glyceringehalt diente dabei zur Stabilisierung der Funktionalität des Enzyms während und nach der Solubilisierung (14).

3.2.2 Reinigung und Reduktion von Brij 35

Vor weiteren Untersuchungen wurde von jedem zu verwendenden Detergens ein Absorptionsspektrum aufgenommen. Bei der Betrachtung des Absorptionsspektrums einer methanolischen Lösung des Brij 35 fiel auf, daß eine Absorptionsbande bei ca. 290 nm auftrat (Abb. 15 A). Diese wurde einer Verunreinigung zugeordnet, da das Detergens selbst keine chromophoren Gruppen enthält, die in diesem Wellenlängenbereich absorbieren.
Durch eine säulenchromatographische Auftrennung sollte die im Ausgangsmaterial vorhandene Verunreinigung beseitigt, sowie gleichzeitig eine Vereinheitlichung des Ausgangsprodukts bezüglich der Molekularmasse erreicht werden. Dabei wurden die aus der säulenchromatographischen Trennung erhaltenen Fraktionen mit dem höchsten Verhältnis der Absorption bei 220 nm (Streulichtanteil des Brij 35) zur Absorption bei 290 nm (Verunreinigung) vereinigt. In einem weiteren Schritt wurden die durch Luftoxidation aus den Polyethylenglycolgruppen hervorgehenden, eventuell enthaltenen Peroxide (Kap. 2.16, S. 28) wieder reduziert.
Das Absorptionsspektrum des resultierenden Materials wurde vom Streulichtanteil dominiert, was keine Hinweise mehr auf Verunreinigungen ergab (Abb. 15 B).

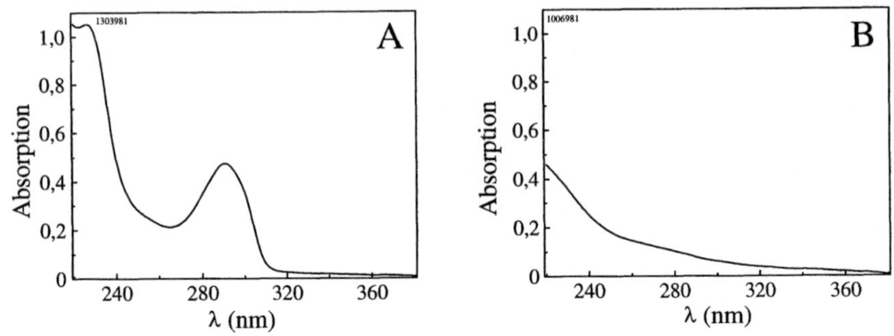

Abb. 15. Absorptionsspektren von je 0,25 g/ml Brij 35: (A) Ausgangsmaterial; (B) gereinigtes und anschließend reduziertes Material, jeweils in Methanol.

Ein Elektronenspray-Massenspektrum (nicht gezeigt) des gereinigten und anschließend reduzierten Brij 35 zeigte, daß dessen Hauptbestandteil das $C_{12}E_{23}$ war, jedoch weitere Komponenten mit einer Ethylenglycolgruppenanzahl von 17 bis 29 vorhanden waren ($E_{23 \pm 6}$).

3.2.3 Bestimmung der kritischen Mizellkonzentration (CMC)

Vor allen weiteren Untersuchung mußte die CMC der verwendeten $C_{12}E_x$-Detergenzien in dem Puffer (30 mM Histidin/HCl, 25% (w/w) Glycerin, 0,1 mM EDTA pH 6,8) bestimmt werden, in dem später die Solubilisierung der Na,K-ATPase beabsichtigt war, da sich Literaturangaben über kritische Mizellkonzentrationen nur auf rein wäßrige Lösungen beziehen, die kein Glycerin enthalten.

Die CMCs wurden durch Demizellierungsexperimente kalorimetrisch bestimmt (Abb. 16). Dazu wurde eine mizellare Pufferlösung, deren Konzentration weit über der CMC des jeweilig untersuchten Detergens lag, in den in der Meßzelle vorgelegten, detergensfreien Puffer titriert. Die Detergenskonzentration wurde dabei so gewählt, daß im Verlauf der Titration die CMC im Puffer in der Meßzelle zunächst durch die extrem starke Verdünnung der mizellaren Stammlösung unterschritten, und dann im weiteren Titrationsverlauf überschritten wurde.
Die Integration der Peaks der zeitabhängig aufgenommenen Reaktionswärmen und eine anschließende Konzentrationsnormierung ergibt die beobachtete Titrationsenthalpie (q_{obs})/mol Titrant (hier $C_{12}E_x$), die in Abhängigkeit von der Gesamt-$C_{12}E_x$-Konzentration in der Meßzelle aufgetragen wird.

Bei der Auswertung der Meßdaten aller folgenden Titrationen sollte der jeweils erste Meßpunkt mit Vorsicht betrachtet werden, da das tatsächliche Volumen der ersten Titrantenzugabe gerätebedingt vom eingegebenen Soll-Volumen abweichen konnte.

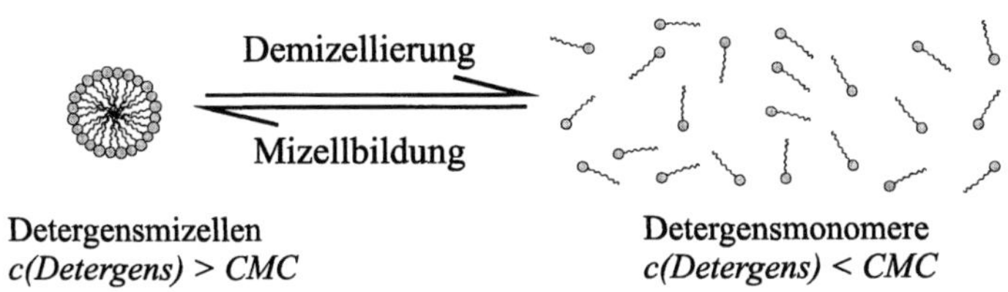

Abb. 16. Schematische Darstellung des Demizellierungsprozesses und der Mizellbildung

Abb. 17 A zeigt ein kalorimetrisches Demizellierungsexperiment am Beispiel des $C_{12}E_8$. Gerätebedingte Reaktionswärmen, die nicht durch chemische Vorgänge während einer Titration verursacht werden, wurden in einem Referenzexperiment durch das sukzessive Mischen identischer Puffer im Kalorimeter untersucht (Abb. 17 A, R). Dabei zeigte sich, daß die detektierten, gerätebedingten Reaktionswärmen so gering waren, daß sie bei allen folgenden Titrationen nicht berücksichtigt werden brauchten.

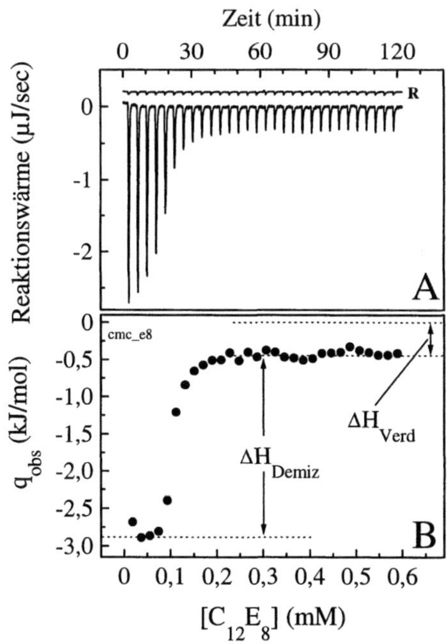

Abb. 17. Kalorimetrische Titration von 30 mM Histidin/HCl, 25% (w/w) Glycerin, 0,1 mM EDTA pH 6,8 mit einer mizellaren, 5 mM $C_{12}E_8$-Lösung (30 × 5µl) bei 25°C. (A) Gemessene Reaktionswärme in Abhängigkeit der Zeit. Die Referenztitration (Mischung identischer Lösungen) wurde mit einem Offset von 0,2 µJ/sec abgebildet (R). (B) Konzentrationsnormierte Titrationsenthalpie q_{obs} in Abhängigkeit der $C_{12}E_8$-Gesamtkonzentration in der Meßzelle. ΔH_{Verd}: Verdünnungsenthalpie, ΔH_{Demiz}: Demizellierungsenthalpie.

Die bis zu einer Konzentration von ca. 75 µM $C_{12}E_8$ aufgetretenen, alle in etwa gleich intensiven Reaktionswärmen (exotherm) wurden durch den vollständigen Zerfall der Mizellen in Detergensmonomere aufgrund der Unterschreitung der CMC verursacht (Demizellierungsenthalpie). Zwischen 75 und 200 µM wurden die detektierbaren Reaktionswärmen mit jeder Zugabe geringer. Die zutitrierten Mizellen zerfielen in diesem Konzentrationsbereich nicht mehr in ihrer Gesamtheit, da der Puffer mit Detergensmonomeren nahezu gesättigt war. Über 200 µM fand aufgrund der Überschreitung der CMC keine Demizellierung mehr statt, es wurden nur noch Reaktionswärmen beobachtet, die aus der Verdünnungsenthalpie der zutitrierten Mizellen resultierten. Durch Integration und Konzentrationsnormierung der Peakflächen wurde die beobachtete Titrationsenthalpie q_{obs} in Abhängigkeit der $C_{12}E_8$-Konzentration in der Meßzelle erhalten, wie in Abb. 17 B dargestellt. Für die Verdünnungsenthalpie der $C_{12}E_8$ Mizellen wurde in diesem Experiment ein Wert von ΔH_{Verd} = -0,4 kJ/mol errechnet. Die Demizellierungsenthalpie betrug, nach Subtraktion der Verdünnungsenthalpie, ΔH_{Demiz} = -2,5 kJ/mol. Die CMC wurde durch die Anpassung einer sigmoidalen Funktion an die Meßdaten ermittelt, sie liegt definitionsgemäß im Wendepunkt der ersten Ableitung der Funktion (155), und betrug für das $C_{12}E_8$ ca. 105 µM.

In Tab.1 sind die kalorimetrisch ermittelten CMCs sowie die Demizellierungs- und Verdünnungsenthalpien der vier untersuchten $C_{12}E_x$-Detergenzien aufgeführt. Die zugehörigen Meßdaten für das $C_{12}E_{10}$ und das Brij 35 sind im Anhang (Abb. A1, A2, S. 167, 168) aufgeführt. Wie sich im Verlauf mehrer durchgeführter, kalorimetrischer Titrationen zeigte, konnte die CMC sowie die Verdünnungs- und Demizellierungsenthalpie mit einem Fehler von jeweils ca. ± 10% angegeben werden

	$C_{12}E_6$	**$C_{12}E_8$**	**$C_{12}E_{10}$**	**Brij 35**
CMC (µM)	ca. 100	105	120	465
ΔH_{Demiz}(kJ/mol)	ca. -0,8	-2,5	-1,6	-3,2
ΔH_{Verd} (kJ/mol)	ca. -0,7	-0,4	-0,3	-0,4

Tab. 1. Titrationskalorimetrisch bestimmte CMCs, Demizellierungs- und Verdünnungsenthalpien von $C_{12}E_6$, $C_{12}E_8$, $C_{12}E_{10}$, und gereinigtem Brij 35 in 30 mM Histidin/HCl, 25% (w/w) Glycerin, 0,1 mM EDTA pH 6,8 (25°C).

Wurden die angepaßten Titrationskurven des $C_{12}E_8$, $C_{12}E_{10}$ und des gereinigten Brij 35 auf die relative CMC normiert, so war deutlich erkennbar, daß die CMC beim $C_{12}E_8$ wesentlich schärfer charakterisiert ist, als beim $C_{12}E_{10}$ und dem Brij 35 (Abb. 18). Diese Eigenschaft kann mit der chemischen Reinheit und folglich der sehr einheitlichen Zusammensetzung und Größe der $C_{12}E_8$-Mizellen im Gegensatz zu den Mizellen beider anderer Detergenzien erklärt werden.

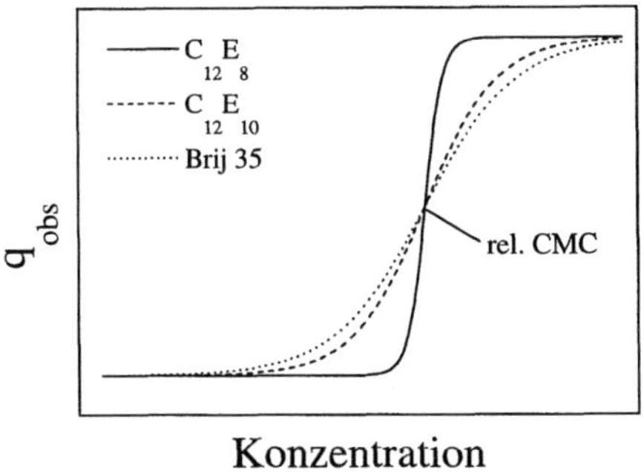

Abb. 18. Auf die relative CMC normierte, angepaßte Titrationskurven der ITC-Demizellierungsexperimente von $C_{12}E_8$, $C_{12}E_{10}$ und Brij 35.

Der Titrationsverlauf des $C_{12}E_6$ zeigte, verglichen mit den zuvor genannten Detergenzien, ein komplizierteres Verhalten (Abb. 19), denn im Gegensatz zu diesen stieg beim $C_{12}E_6$ während der ersten 5 Zugaben die Intensität der zu beobachtenden Reaktionswärmen zunächst an, bevor sie dann im weiteren Titrationsverlauf zu sinken begann. Außerdem war das Verhältnis der erkennbaren Demizellierungswärme im Vergleich zur Verdünnungswärme viel geringer. Der Anstieg der Reaktionswärmen nach den ersten 4 Zugaben wurde als eine Superposition eines konzentrationsabhängigen endothermen Prozesses mit exothermen Prozessen, resultierend aus der Demizellierungsenthalpie, interpretiert. Titrationskalorimetrisch konnte deshalb für die CMC des $C_{12}E_6$ durch eine Extrapolation unter Vernachlässigung der ersten 4 Zugaben nur eine Größenordnung ermittelt werden, die im Bereich von ca. 100 µM lag.

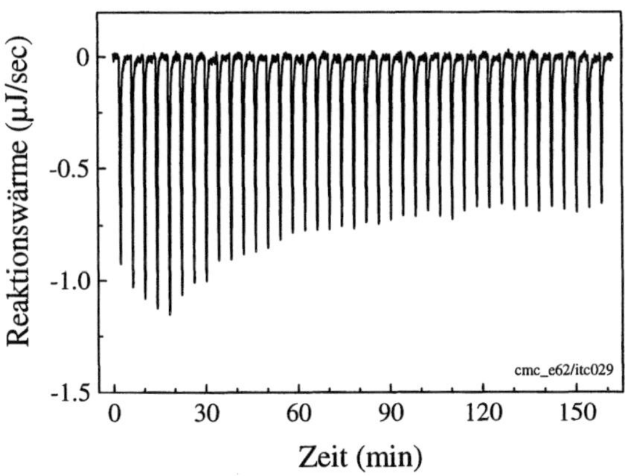

Abb. 19. Kalorimetrische Titration von 30 mM Histidin/HCl, 25% (w/w) Glycerin, 0,1 mM EDTA pH 6,8 mit einer mizellaren, 5 mM $C_{12}E_6$-Lösung (40 x 5µl) bei 25°C.

Zur genaueren Bestimmung der kritischen Mizellkonzentration des $C_{12}E_6$ wurde eine fluorimetrische Bestimmung nach Brito und Vaz (185) durchgeführt. Der hierbei eingesetzte Fluorophor NPN zeigt in wäßrigem Milieu eine nur sehr geringe Fluoreszenzquantenausbeute. Bei Überschreitung der CMC des zu untersuchenden Detergens inkorporiert das NPN in das hydrophobere Mizellinnere, wobei unter anderem die Fluoreszenzquantenausbeute drastisch zunimmt. Die Bestimmung der CMC erfolgte durch die Ermittlung des Schnittpunktes zweier Geraden, die jeweils durch lineare Regression an die Meßdaten angepaßt wurden (siehe Anhang, Abb. A3, S. 169). Die so ermittelte CMC des $C_{12}E_6$ betrug, in guter Übereinstimmung mit dem Ergebnis der kalorimetrischen Titration, 100 µM.

3.2.4. Die kontrollierte Solubilisierung der gereinigten Na,K-ATPase mit Polyethylenglycol-mono-n-dodecylethern ($C_{12}E_x$): Einfluß der Größe der polaren Kopfgruppe auf das Solubilisierungsverhalten

Die kontrollierte Überführung der gereinigten Na,K-ATPase von der Membranphase in die Mizellphase durch $C_{12}E_x$-Detergenzien wurde in dieser Arbeit durch eine Kombination verschiedener experimenteller Methoden untersucht.

Der Zerfall der großen Membranfragmente während der Solubilisierung in wesentlich kleinere, gemischte Mizellen wurde anhand von Absorptionsänderungen, bedingt durch die Abnahme der Lichtstreuung bei gleichzeitiger Bestimung der spezifischen pNPPase-Aktivität nach jeder Detergenszugabe verfolgt. Unter vergleichbaren Bedingungen wurden in Parallelversuchen die mit den Interaktionen des jeweiligen Detergens mit der Membran und / oder dem Protein einhergehenden, thermischen Prozesse titrationskalorimetrisch detektiert. Die gemeinsame Betrachtung der Ergebnisse sollte zeigen, welches der $C_{12}E_x$-Detergenzien sich besonders gut zur funktionellen Solubilisierung der gereinigten Na,K-ATPase aus der Salzdrüse des Dornhais eignet.

3.2.4.1. Photometrische $C_{12}E_x$-Titrationen mit Parallelbestimmung der enzymatischen Aktivität

Abb. 20 zeigt die Absorptionsspektren der gereinigten und der präparativ solubilisierten Na,K-ATPase bei gleicher Proteinkonzentration. Im Spektrum des gereinigten Enzyms dominierte der Streulichtbeitrag, hervorgerufen durch die Membranfragmente (mittlerer Durchmesser ca. 250 nm, S. 15). Die Absorptionsbande der aromatischen Aminosäuren bei 280 nm war nur andeutungsweise zu erkennen. Da die Streuintensität eines Partikels proportional zu dessen Größe ist, war der Streulichtbeitrag im Spektrum der präparativ solubilisierten Na,K-ATPase, die in Form von gemischten Mizellen vorlag (mittlerer Durchmesser ca. 10-20 nm, S. 58), deutlich reduziert. Hier dominierte die Absorptionsbande der aromatischen Aminosäuren.

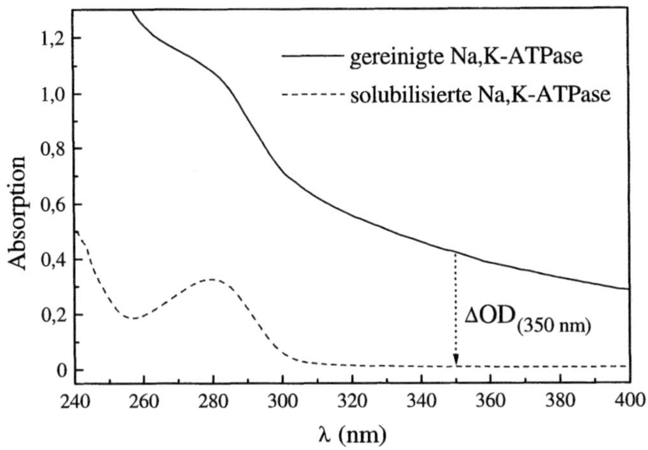

Abb. 20. Absorptionsspektren (d = 1cm) der gereinigten und der mit $C_{12}E_8$ präparativ solubilisierten Na,K-ATPase (je 2 µM) in 30 mM Histidin/HCl, 25% (w/w) Glycerin, 0,1 mM EDTA pH 6,8.

Die Auswertung der folgenden, photometrischen Titrationen erfolgte daher bei einer Wellenlänge von 350 nm, da die Spektren hier nur durch den Streulichtanteil charakterisiert sind. Die Titrationen erfolgten in der Weise, daß zu der in der Küvette vorliegenden Enzymsuspension die jeweilige Detergenslösung schrittweise zugegeben wurde. Alle Titrationen wurden bei identischen Enzymausgangskonzentrationen durchgeführt, um den direkten Vergleich verschiedener Versuche zu ermöglichen. Die folgenden Titrationen werden im folgenden auf der Basis von Streuintensitäten besprochen, die proportional zur Absorption ($OD_{350\,nm}$) sind.

Abb. 21 A zeigt den photometrisch detektierten Solubilisierungsprozeß der gereinigten Na,K-ATPase mit $C_{12}E_6$, $C_{12}E_8$, $C_{12}E_{10}$ und gereinigtem Brij 35 ($C_{12}E_{23}$). Als vollständige Solubilisierung des Enzyms wurde das Erreichen eines im Verhältnis zur Ausgangsstreuintensität niedrigeren, stabilen Streuintensitätsniveaus bei der dazu minimal einzusetzenden Detergenskonzentration gewertet. Die im folgenden gezeigten Titrationskurven wurden, wenn möglich, mit der Hill-Gleichung (Gleichung 10, S. 91) ausgewertet. Die so ermittelten, scheinbaren Gleichgewichtskonstanten (K_{05}) beziehen sich auf das molare Detergens/Protein-Verhältnis. Diese sind daher dimensionslos und ein Maß für die Effizienz eines zur Solubilisierung eingesetzten Detergens (je kleiner K_{05}, umso effizienter das Detergens). Die spezifische pNPPase-Aktivität wurde unter identischen Bedingungen in Abhängigkeit der Detergenskonzentration bestimmt (Abb. 21 B). In Tab. 2 (S. 43) sind die Ergebnisse dieser Experimente zusammengefaßt.

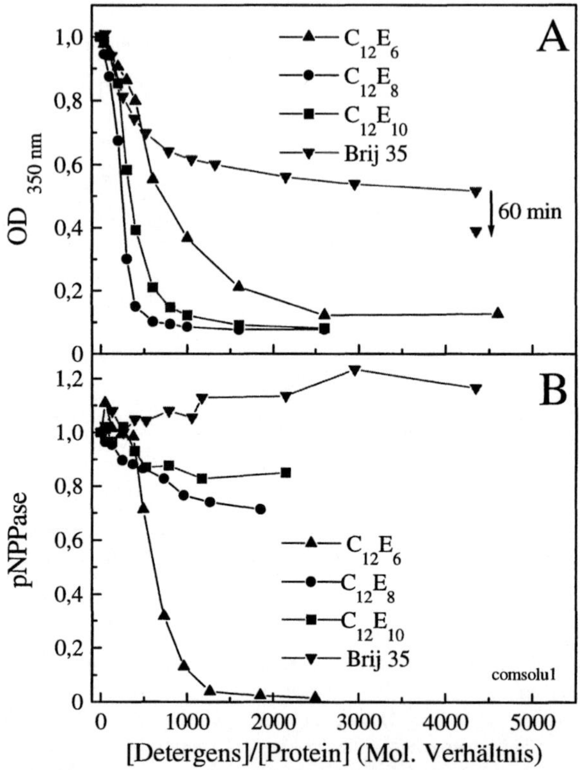

Abb. 21. Photometrische Titrationen der gereinigten Na,K-ATPase (je 4 µM) mit $C_{12}E_6$, $C_{12}E_8$, $C_{12}E_{10}$ und Brij 35 in 30 mM Histidin/HCl, 25% (w/w) Glycerin, 0,1 mM EDTA pH 6,8 (25°C). Auf die gleiche Ausgangsabsorption normierte, verdünnungskorrigierte Absorptionsänderungen bei 350 nm (A). Nach jeder $C_{12}E_x$-Zugabe wurde für 3 min äquilibriert, dann ein Aliquot entnommen, die spezifische pNPPase-Aktivität bestimmt, und auf die gleiche Ausgangsaktivität normiert aufgetragen (B).

$C_{12}E_8$ und $C_{12}E_{10}$:

Die Streuintensität begann bereits mt der ersten Detergenszugabe steil abzufallen, und ging oberhalb eines molaren Detergens/Protein-Verhältnisses von 500 ($C_{12}E_8$), bzw. 1300 ($C_{12}E_{10}$) in eine Sättigung über. Die Auswertung der Titrationskurven durch die Anpassung der Hill-Gleichung ergab für das $C_{12}E_8$ eine scheinbare Gleichgewichtskonstante von K_{05} = 250 und einen Hill-Koeffizienten n = 3,6. Für die Titration der gereinigten Na,K-ATPase mit $C_{12}E_{10}$ wurde für K_{05} = 330 und n = 3,0 ermittelt. Das bedeutet, daß die Bindung von $C_{12}E_8$ und $C_{12}E_{10}$ jeweils kooperativ erfolgt. Die Streuintensität nach der vollständigen Solubilisierung betrug in beiden Fällen ca. 10%, bezogen auf den Ausgangswert. Die Messung der pNPPase-

Aktivitäten ergab, daß die spezifische Aktivität bei Erreichen der maximal erreichbaren Solubilisierung beim $C_{12}E_8$ mit ca. 75% der Ausgangsaktivität etwas niedriger lag als beim $C_{12}E_{10}$ (85%).

$C_{12}E_6$:

Der Solubilisierungsverlauf glich dem von $C_{12}E_8$ und $C_{12}E_{10}$. Die Auswertung der Titration nach Hill ergab für K_{05} = 700 und n = 2,2, die Bindung von $C_{12}E_6$ an die Na,K-ATPase-Membranfragmente erfolgte also auch hier kooperativ. Die Streuintensität bei der mit $C_{12}E_6$ maximal erreichbaren Solubilisierung betrug noch ca. 15% des Ausgangsniveaus. Die spezifische pNPPase-Aktivität begann im Verlauf der Titration bereits bei einem Verhältnis von ca. 400 stark abzufallen. Das vollständig solubilisierte Enzym war völlig inaktiv.

Brij 35:

Die Streuintensität stieg anfangs bis zu einem molaren Brij 35/ Protein Verhältnis von 40 - 50 um ca. 2% an (siehe Anhang, Abb. A4, S. 169). Danach setzte ein Streuintensitätsabfall ein, der aber bis zu einem molaren Brij 35/Protein-Verhältnis von 4500 kein stabiles Endniveauiveau erreichte. Des weiteren lag die minimal erreichbare Streuintensität hier mit ca. 50% des Ausgangsniveaus deutlich höher als bei den anderen Detergenzien. Aus diesem Grund wurde eine Anpassung der Hill-Gleichung nicht als sinnvoll erachtet, denn von einer effektiven Solubilisierung im Sinne einer gesamthaften Überführung des Enzyms in die mizellare Phase durch Brij 35 konnte nicht ausgegangen werden. Eine Inkubationszeit von 60 min nach der letzten Brij 35-Zugabe zeigte, daß die Streuintensität innerhalb dieses Zeitraumes um weitere 10% auf einen Endwert von ca. 40% des Ausgangsniveaus abfiel (Abb. 21 A). Dieser Effekt trat bei der Solubilisierung mit den 3 anderen $C_{12}E_x$-Detergenzien nicht auf.

Bemerkenswerterweise lag die spezifische pNPPase-Aktivität über den gesamten Titrationsbereich bei ca. 100% der Ausgangsaktivität, auch noch nach der 60 minütigen Inkubationszeit.

	$C_{12}E_6$	$C_{12}E_8$	$C_{12}E_{10}$	Brij 35
scheinbare Hill-Gleichgewichtskonstante K_{05}	700	250	330	n. d.
Hill-Koeffizient n	2,2	3,6	3,0	n. d.
spez. pNPPase-Aktivität bei maximaler Solubilisierung in (%) der Ausgangsaktivität	0	ca. 75	ca. 85	[100]

Tab. 2. Vergleichende Auftragung der scheinbaren Gleichgewichtskonstanten K_{05} für die Solubilisierung der gereinigten Na,K-ATPase mit $C_{12}E_x$, ermittelt aus der Anpassung der Hill-Gleichung (Gleichung 10, S. 91) an die Titrationskurven aus Abb. 21 A, sowie der spezifischen pNPPase-Aktivität des vollständig solubilisierten Enzyms.

Um den langsam verlaufenden Streuintensitätsabfall aus Abb. 21 A genauer zu charakterisieren, wurde in einem weiteren Versuch die gereinigte Na,K-ATPase durch eine einzige Zugabe mit Brij 35 versetzt (molares Brij 35/Protein-Verhältnis ca. 23.000). Dabei trat ein sofortiger, im Photometer zeitlich nicht auflösbarer, ca. 30%-iger Streuintensitätsabfall ein. Diesem folgte ein weiterer, ebenfalls 30%-iger Streuintensitätsabfall, der eine Halbwertszeit von ca. 70 min besaß (Abb. 22).

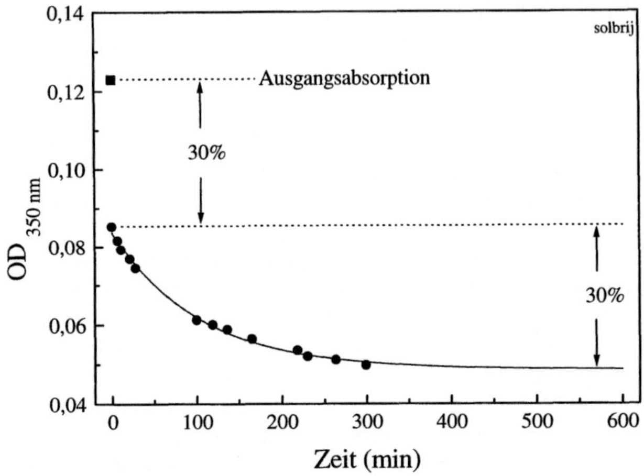

Abb. 22. Kinetik der Solubilisierung der gereinigten Na,K-ATPase (0,7 µM) in 30 mM Histidin/HCl, 25% (w/w) Glycerin, 0,1 mM EDTA pH 6,8 mit Brij 35 (16 mM) bei 25°C. Die Brij 35-Zugabe erfolgte in einem einzigen Schritt. Die Absorptionswerte sind verdünnungskorrigiert. Die durchgezogene Linie repräsentiert eine monoexponentielle Anpassung.

Im Titrationsverlauf der schrittweisen Solubilisierung der gereinigten Na,K-ATPase mit Brij 35 (Abb. 21 A) trat jedoch bereits bei einem viel niedrigerem Brij 35/Protein-Verhältnis ein Streuintensitätsabfall von ca. 60% auf (molares Brij 35/Protein-Verhältnis ca. 4000-4500). Deshalb mußte davon ausgegangen werden, daß dort eine Überlagerung von schnellen Streuintensitätsabfällen, wie sie auch mit den anderen Detergenzien beobachtet wurden, mit dem für das Brij 35 spezifischen, langsameren Streuintensitätsabfall stattfand. Das Streuintensitätsniveau von ca 40% des Ausgangswertes nach der einstündigen Inkubation korrelierte gut mit dem End-Streuintensitätsniveau nach der Solubilisierung durch nur eine hochkonzentrierte Brij 35-Zugabe. Aufgrund dieser Überlagerung der schnellen und langsamen, Brij 35-induzierten Streuintensitätsänderungen konnte der erhaltene Titrationsverlauf (Abb. 21 A) nicht mit denen der anderen Detergenzien verglichen werden.

3.2.4.2. Kalorimetrische $C_{12}E_x$-Titrationen

Für die Titrationen wurde die Enzymsuspension in der Meßzelle des Kalorimeters vorgelegt, und die jeweilige Detergenslösung sukzessiv zugegeben. Die Detergenskonzentration wurde dabei so gewählt, daß im Verlauf der Titration die jeweils maximal erreichbare Solubilisierung der Na,K-ATPase erzielt wurde. Alle Titrationen wurden bei identischen Enzymkonzentrationen durchgeführt, um den direkten Vergleich verschiedener Versuche zu ermöglichen. Die Referenztitrationen wurden mit identischen Lösungen, jedoch ohne Protein durchgeführt.

Die Integration der Peaks der zeitabhängig aufgenommenen Reaktionswärmen und eine anschließende Konzentrationsnormierung nach Subtraktion der entsprechenden Reaktionswärmen, die in der Referenztitration ermittelt wurden, ergab die beobachtete Titrationsenthalpie q_{obs}/mol Titrant (hier $C_{12}E_x$), die in Abhängigkeit vom $C_{12}E_x$/Protein-Verhältnis aufgetragen wurde.

$C_{12}E_8$:

Abb. 23 A zeigt die detektierten Reaktionswärmen der Titration der gereinigten Na,K-ATPase mit $C_{12}E_8$ sowie der dazugehörigen Referenztitration, die in Abwesenheit von Protein durchgeführt wurde (R).

Abb. 23 B zeigt die konzentrationsnormierten Titrationsenthalpien in Abhängigkeit des $C_{12}E_8$/Protein-Verhältnisses. Der resultierende Titrationsverlauf konnte grob in 3 Bereiche eingeteilt werden:

- Bis zu einem molaren $C_{12}E_8$/Protein-Verhältnis von ca. 450 traten intensive endotherme Titrationsenthalpien auf, die mit jeder $C_{12}E_8$-Zugabe an Intensität abnahmen.
- Die endothermen Titrationsenthalpien durchliefen bei einem molaren $C_{12}E_8$/Protein-Verhältnis von ca. 450 ein Minimum.
- Es folgte ein flacher Anstieg der endothermen Titrationsenthalpien und ein Durchlaufen eines breiten Maximums bei einem molaren $C_{12}E_8$/Protein-Verhältnis von ca. 950. Oberhalb eines molaren $C_{12}E_8$/Protein-Verhältnisses von ca. 2300 waren keine Titrationsenthalpien mehr zu detektieren.

Bei der genaueren, zeitabhängigen Betrachtung der detektierten Reaktionswärmen war zu erkennen, daß im Minimum des Titrationsverlaufs bei einem einem molaren $C_{12}E_8$/Protein-Verhältnis von ca. 450 jeder dominierenden, endothermen Reaktionswärme jeweils eine geringe, exotherme Reaktionswärme folgte (Abb. 23 C, Pfeile: 5. -11. $C_{12}E_8$-Zugabe). Dieser Effekt konnte nach weiteren Detergenszugaben nicht mehr detektiert werden.

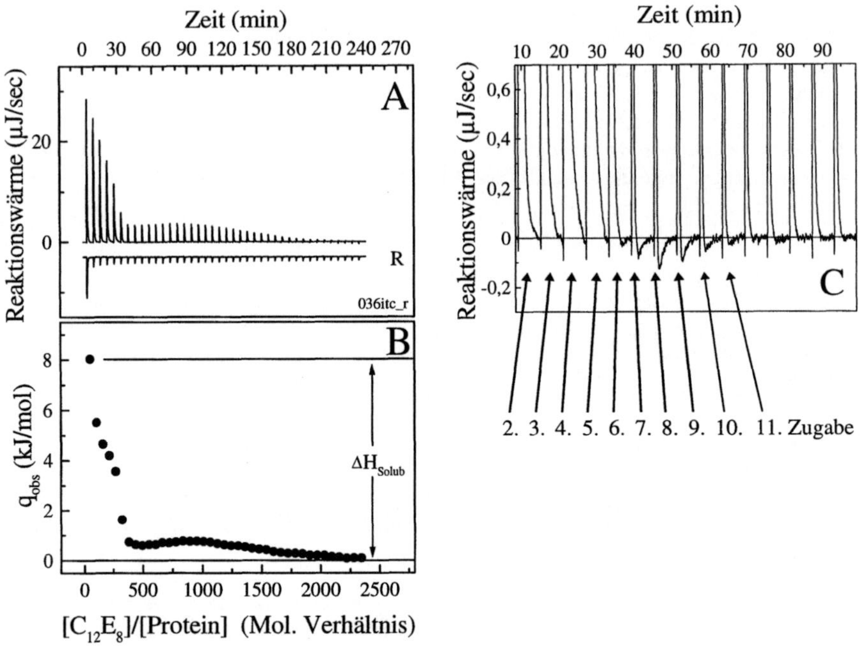

Abb. 23. Kalorimetrische Titration der gereinigten Na,K-ATPase (2,5 µM) mit 30 mM $C_{12}E_8$ (40 × 6 µl) in 30 mM Histidin/HCl, 25% (w/w) Glycerin, 0,1 mM EDTA pH 6,8 bei 25°C. (A) Gemessene Reaktionswärme in Abhängigkeit der Zeit. Die Referenztitration (R) wurde mit einem Offset von -3 µJ/sec aufgetragen. (B) Beobachtete Titrationsentahlpie (q_{obs}) in Abhängigkeit vom $C_{12}E_8$/Protein-Verhältnis in der Meßzelle nach Subtraktion der Referenztitration. (C) Vergrößerter Ausschnitt der Titration aus (A).

Aus der Auftragung der beobachteten Titrationsenthalpie q_{obs} gegen das molare $C_{12}E_8$/Protein-Verhältnis konnte eine apparente Solubilisierungsenthalpie ΔH_{Solub} von 8 kJ/mol für die Solubilisierung der gereinigten Na,K-ATPase bestimmt werden.

$C_{12}E_{10}$:

Abb. 24 A zeigt die gemessenen Reaktionswärmen der Titration der gereinigten Na,K-ATPase mit $C_{12}E_{10}$ sowie der dazugehörigen Referenztitration (R). Der resultierende Titrationsverlauf (Abb. 24 B) konnte grob in 2 Bereiche eingeteilt werden:

- Zu Beginn traten intensive, endotherme Titrationsenthalpien auf, die bis zu einem molaren $C_{12}E_{10}$/Protein-Verhältnis von ca. 450 linear abnahmen.

- Darauf folgte ein weiteres, lineares Abfallen der endothermen Titrationsenthalpien, wobei die Steigung nun wesentlich geringer war. Oberhalb eines molaren $C_{12}E_{10}$/Protein-Verhältnisses von ca. 2700 waren keine Titrationsenthalpien mehr detektierbar.

Nur bei der sehr genauen, zeitabhängigen Betrachtung der gemessenen Reaktionswärmen zeigte sich im Übergangsbereich zwischen den beiden oben genannten Phasen des Titrationsverlaufs, daß auf die dominierenden, endothermen Reaktionswärmen noch geringe, exotherme Reaktionswärmen folgten (nicht gezeigt). Diese waren bezüglich der Intensität vergleichbar mit den exothermen Reaktionswärmen bei der Titration mit $C_{12}E_8$ (Abb. 23 C).

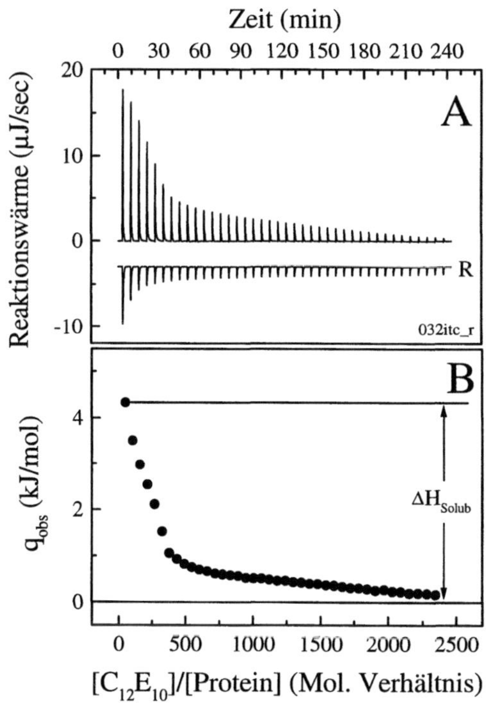

Abb. 24. Kalorimetrische Titration der gereinigten Na,K-ATPase (2,5 µM) mit 30 mM $C_{12}E_{10}$ (40 × 6 µl) in 30 mM Histidin/HCl, 25% (w/w) Glycerin, 0,1 mM EDTA pH 6,8 bei 25°C. (A) Gemessene Reaktionswärme in Abhängigkeit der Zeit. Die Referenztitration (R) wurde mit einem Offset von -3 µJ/sec aufgetragen. (B) Beobachtete Titrationsenthalpie (q_{obs}) in Abhängigkeit vom $C_{12}E_{10}$/Protein-Verhältnis in der Meßzelle nach Subtraktion der Referenztitration.

Für die apparente Solubilisierungsenthalpie ΔH_{Solub} wurde ein Wert von 4,5 kJ/mol ermittelt.

$C_{12}E_6$:

Abb. 25 A zeigt die gemessenen Reaktionswärmen der Titration der gereinigten Na,K-ATPase mit $C_{12}E_6$ sowie der dazugehörigen Referenztitration (R). Der resultierende Titrationsverlauf (Abb. 25 B) konnte grob in 3 Bereiche eingeteilt werden:

- Bis zu einem molaren $C_{12}E_6$/Protein-Verhältnis von ca. 500 traten intensive, endotherme Titrationsenthalpien auf, die mit jeder $C_{12}E_6$-Zugabe linear an Intensität abnahmen.
- Zwischen einem molaren $C_{12}E_6$/Protein-Verhältnis von ca. 500 bis ca. 750 fielen die endothermen Titrationsenthalpien mit jeder $C_{12}E_6$-Zugabe ebenfalls linear, aber mit größerer Steilheit als zuvor, ab.
- Zwischen einem molaren $C_{12}E_6$/Protein-Verhältnis von ca. 750 bis ca. 2000 wurden exotherme Titrationsenthalpien beobachtet.

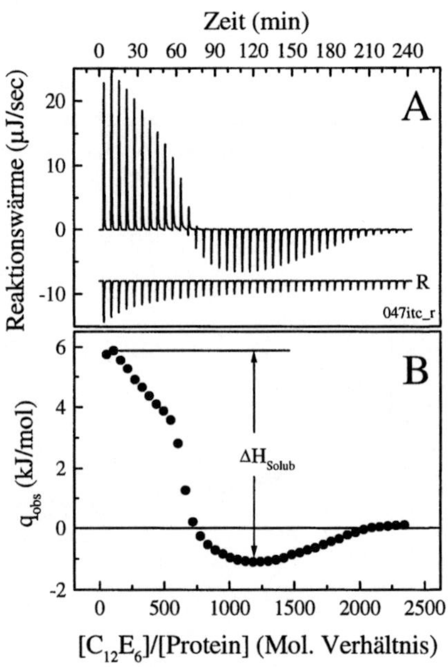

Abb. 25. Kalorimetrische Titration der gereinigten Na,K-ATPase (2,5 µM) mit 30 mM $C_{12}E_6$ (40 × 6 µl) in 30 mM Histidin/HCl, 25% (w/w) Glycerin, 0,1 mM EDTA pH 6,8 bei 25°C. (A) Gemessene Reaktionswärme in Abhängigkeit der Zeit. Die Referenztitration (R) wurde mit einem Offset von -8 µJ/sec aufgetragen. (B) Beobachtete Titrationsenthalpie (q_{obs}) in Abhängigkeit vom $C_{12}E_6$/Protein-Verhältnis in der Meßzelle nach Subtraktion der Referenztitration.

Für die apparente Solubilisierungsenthalpie ΔH_{Solub} wurde ein Wert von 7 kJ/mol ermittelt.

Brij 35:

Abb. 26 A zeigt die gemessenen Reaktionswärmen der Titration der gereinigten Na,K-ATPase mit Brij35 sowie der dazugehörigen Referenztitration (R). Der resultierende Titrationsverlauf ist in Abb. 26 B gezeigt.

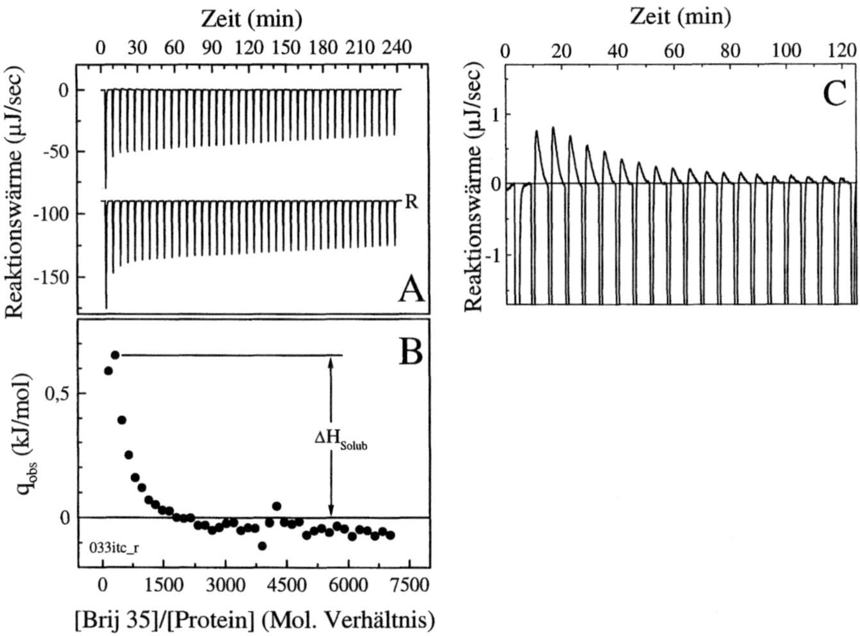

Abb. 26. Kalorimetrische Titration der gereinigten Na,K-ATPase (2,5 µM) mit 90 mM Brij 35 (40×6 µl) in 30 mM Histidin/HCl, 25% (w/w) Glycerin, 0,1 mM EDTA pH 6,8 bei 25°C. (A) Gemessene Reaktionswärme in Abhängigkeit der Zeit. Die Referenztitration (R) wurde mit einem Offset von -80 µJ/sec aufgetragen. (B) Beobachtete Titrationsenthalpie (q_{obs}) in Abhängigkeit vom $C_{12}E_6$/Protein-Verhältnis in der Meßzelle nach Subtraktion der Referenztitration. (C) Vergrößerter Ausschnitt aus (A).

Auffallend war, daß sich die Titration des gereinigten Enzyms und die Referenztitration sehr ähnlich waren. Dies resultierte aus den unter diesen Versuchsbedingungen aufgetretenen, großen Verdünnungswärmen der zutitrierten Brij 35-Mizellen (exotherm, ca. -45 bis -50 µJ/sec). Diese überlagerten dominierend die Reaktionswärmen (endotherm), die aus der Solubilisierung der gereinigten Na,K-ATPase resultierten. Dies zeigt auch Abb. 26 C. Dort ist zu erkennen, daß (abgesehen von der ersten Zugabe) mit jeder Brij 35 Zugabe nach einer dominierenden, exothermen Reaktionswärme (schnell) eine schwächere, endotherme Reaktionswärme (langsam) detektiert wurde.

Erfolgte die Auftragung der beobachteten Titrationsenthalpie nach der Korrektur durch die Referenztitration, so zeigten sich mit jeder Brij 35-Zugabe endotherme Titrationsenthalpien, die im Verlauf der Titration exponentiell abnahmen. Das geringfügige Unterschreiten der Nullinie oberhalb eines molaren Brij 35/Protein-Verhältnisses von ca. 2000 wurde vermutlich durch gerätebedingt stattfindende Reaktionswärmen verursacht (siehe auch Abb. 17, S. 37).
Die Auftragung der beobachteten Titrationsenthalpie q_{obs} gegen das molare Brij 35/Protein-Verhältnis ergab eine apparente Solubilisierungsenthalpie ΔH_{Solub} von ca. 0,7 kJ/mol für die Solubilisierung der gereinigten Na,K-ATPase. Dieser Wert ist aber aus zuvor genannten Gründen nicht repräsentativ.

Zusammenfassend sind die titrationskalorimetrisch ermittelten, apparenten Solubilisierungsenthalpien ΔH_{Solub} für die Solubilisierung der gereinigten Na,K-ATPase mit den untersuchten $C_{12}E_x$-Detergenzien in Tab. 3 dargestellt.

	$C_{12}E_6$	**$C_{12}E_8$**	**$C_{12}E_{10}$**	**Brij 35 ($C_{12}E_{23}$)**
ΔH_{Solub} (kJ/mol)	ca. 7	ca. 8	ca. 4,5	[ca. 0,7]

Tab. 3. Titrationskalorimetrisch bestimmte, apparente Solubilisierungsenthalpien (ΔH_{solub}) für die Solubilisierung der gereinigten Na,K-ATPase mit $C_{12}E_x$-Detergenzien in 30 mM Histidin/HCl, 25% (w/w) Glycerol, 0,1 mM EDTA pH 6,8 (25°C).

3.2.4.3 Selektion eines geeigneten $C_{12}E_x$-Detergens zur funktionellen Solubilisierung der gereinigten Na,K-ATPase

Aufgrund der zuvor durchgeführten, photometrischen und kalorimetrischen $C_{12}E_x$-Titrationen sollte ermittelt werden, welches dieser Detergenzien besonders zur Solubilisierung der gereinigten Na,K-ATPase aus der Salzdrüse des Dornhais unter Erhaltung ihrer funktionellen Eigenschaften geeignet ist.
Von den untersuchten $C_{12}E_x$-Detergenzien wurde das $C_{12}E_6$ und das gereinigte Brij 35 zur funktionellen Solubilisierung der gereinigten Na,K-ATPase aus der Salzdrüse des Dornhais als ungeeignet angesehen, denn das mit $C_{12}E_6$ vollständig solubilisierte Enzym war völlig inaktiv, und mit Brij 35 konnte die gereinigte Na,K-ATPase nicht vollständig solubilisiert werden (Abb. 21, S. 42, Tab. 2, S. 43).

Dagegen war die vollständige Solubilisierung der gereinigten Na,K-ATPase mit $C_{12}E_8$ und $C_{12}E_{10}$ ohne drastische Einbußen der spezifischen pNPPase-Aktivität möglich. Das $C_{12}E_8$ wurde als besonders geeignet zur funktionellen Solubilisierung der gereinigten Na,K-ATPase aus der Salzdrüse des Dornhais beurteilt, denn:

- Das minimal einzusetzende $C_{12}E_8$/Protein-Verhältnis zur vollständigen Solubilisierung der Na,K-ATPase war niedriger als beim $C_{12}E_{10}$, wie die photometrischen Detergens-Titrationen zeigten (Abb. 21, S. 42, Tab. 2, S. 43).
- Die spezifische pNPPase-Aktivität des mit $C_{12}E_8$ solubilisierten Enzyms lag zwar im Mittel um ca. 5-10% niedriger als die des mit $C_{12}E_{10}$ solubilisierten, aber dafür war das $C_{12}E_8$ im Gegensatz zum $C_{12}E_{10}$ in chemisch reiner Form erhältlich. Da die Anzahl der Ethylenglycolgruppen des $C_{12}E_{10}$ synthesebedingt schwanken kann und nur einen Mittelwert darstellt (Kap. 3.2.1, S. 34), ist eine gleichbleibende Eigenschaft dieses Detergens nicht immer garantiert. Wie die Ergebnisse der Kap. 3.2.4.1 und 3.2.4.2 zeigten, können jedoch schon relativ geringe Unterschiede bezüglich der Anzahl der Ethylenglycolgruppen der $C_{12}E_x$-Detergenzien erheblichen Einfluß auf die Funktionalität der solubilisierten Na,K-ATPase ausüben (vergleiche dazu $C_{12}E_6$ und $C_{12}E_8$). Aus diesem Grund wurde die chemische Reinheit des $C_{12}E_8$ als entscheidender Vorteil gegenüber dem $C_{12}E_{10}$ bei gleichzeitiger Tolerierung der etwas niedrigeren, spezifischen pNPPase-Aktivität des solubilisierten Enzyms gewertet. Dabei muß erwähnt werden, daß die präparative Solubilisierung der gereinigten Na,K-ATPase im Gegensatz zu den hier gezeigten Solubilisierungsversuchen nicht bei 25°C, sondern bei 0-4°C stattfand, wodurch die denaturierende Wirkung des $C_{12}E_8$ geschwächt wird. Das so solubilisierte Enzym beasß, im Vergleich zum membrangebundenen Zustand eine praktisch unveränderte enzymatische Aktivität (Kap. 2.3, S. 16).

Aus den vorgenannten Gründen wurde die gereinigte Na,K-ATPase im weiteren Verlauf dieser Arbeit, wenn nicht ausdrücklich anders erwähnt, nur noch mit $C_{12}E_8$ solubilisiert.

3.2.5 Die kontrollierte Solubilisierung der gereinigten Na,K-ATPase mit $C_{12}E_8$

3.2.5.1 Solubilisierung der gereinigten Na,K-ATPase mit $C_{12}E_8$ bei verschiedenen Proteinkonzentrationen

Die Solubilisierung der gereinigten Na,K-ATPase wurde bei 5 verschiedenen Proteinkonzentrationen (0,62, 1,25, 2,5, 5,0 und 10 µM) untersucht. Dabei sollte überprüft werden, ob die eingesetzte Proteinkonzentration Einfluß auf den Titrationsverlauf nimmt. Die hier der besseren Übersichtlichkeit wegen nicht dargestellten Titrationen sind im Anhang abgebildet (Abb. A5, A6, S. 170, 171).

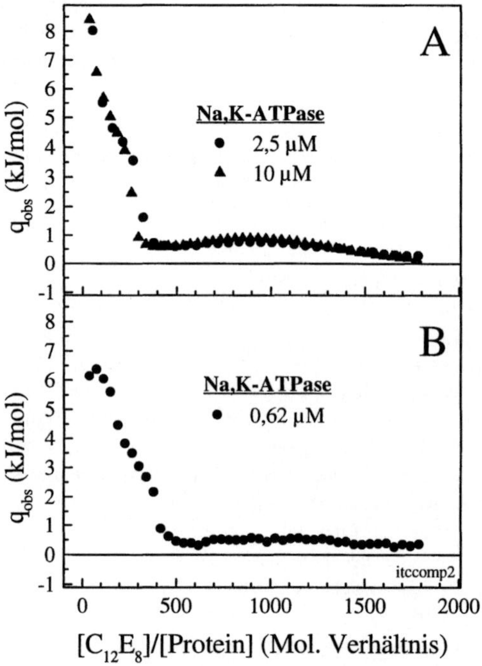

Abb. 27. Kalorimetrische Titration der gereinigten Na,K-ATPase mit $C_{12}E_8$ in 30 mM Histidin/HCl, 25% (w/w) Glycerin, 0,1 mM EDTA pH 6,8 bei verschiedenen Proteinkonzentrationen (25°C). Beobachtete Titrationsenthalpien (q_{obs}) in Abhängigkeit des $C_{12}E_8$ zu Protein-Verhältnisses in der Meßzelle nach Subtraktion der Referenztitration bei 2,5 und 10 µM Na,K-ATPase (A), bzw. 0,62 µM Na,K-ATPase (B).

Die Solubilisierung der gereinigten Na,K-ATPase hatte bei der Vervierfachung der Proteinkonzentration von 2,5 auf 10 µM keine signifikanten Veränderungen des Titrationsverlaufs zu Folge (Abb 27 A). In beiden Fällen wurde nach einem anfänglichem Abfallen der intensiven, endothermen Titrationsenthalpien das Minimum des Titrationsverlaufs bei einem molaren $C_{12}E_8$/Protein-Verhältnis von ca. 450 erreicht. Das darauf folgende, breite Maximum (molares $C_{12}E_8$/Protein-Verhältnis ca. 950) zeigte auch keine Verschiebung, jedoch war es bei der höheren Proteinkonzentration deutlicher ausgeprägt. Die apparente Solubilisierungsenthalpie ΔH_{Solub} betrug, unabhängig von der eingesetzten Proteinkonzentration, ca. 8 kJ/mol.
Bei der Solubilisierung unter 2,5 µM Na,K-ATPase zeigte der Titrationsverlauf ebenfalls keine drastischen Unterschiede zu den oben aufgeführten Titrationsverläufen. Jedoch wurde das Minimum der beobachteten Titrationsenthalpien zu einem etwas höheren, molaren $C_{12}E_8$/Protein-Verhältnis von ca. 500 verschoben (Abb. 27 B). Das breite Maximum lag, ähnlich wie bei den Titrationen, die bei höheren Proteinkonzentrationen durchgeführt wurden, im Bereich von ca. 800-1000, war hier aber deutlich schwächer ausgeprägt. Die apparente Solubilisierungsenthalpie ΔH_{Solub} betrug ca. 8 kJ/mol (1,25 µM gereinigte Na,K-ATPase), bzw. ca. 7 kJ/mol (0,62 µM gereinigte Na,K-ATPase). Diese Ergebnisse zeigten, daß die Solubilisierung der gereinigten Na,K-ATPase mit $C_{12}E_8$ über einen großen Protein-Konzentrationsbereich durchgeführt werden kann, ohne daß dabei Veränderungen im kalorimetrischen Titrationsverlauf auftreten. Unterhalb einer gewissen Protein-Mindestkonzentration fand aber aufgrund einer anfänglichen Unterschreitung der CMC des $C_{12}E_8$ in der Protein/Detergens-Mischung durch eine nicht mehr zu vernachlässigende Superposition der Demizellierungswärme mit der Solubilisierungswärme eine leichte Veränderung des Titrationsverlaufs statt. Aus diesem Grund sollten zukünftige, kalorimetrische $C_{12}E_8$-Titrationen bei einer Protein- Mindestkonzentration von 2 µM Na,K-ATPase durchgeführt werden.

3.2.5.2 Bindung von $C_{12}E_8$ an die gereinigte Na,K-ATPase unter nicht solubilisierenden Bedingungen

Um die thermischen Prozesse der Bindung von $C_{12}E_8$-Monomeren an die Na,K-ATPase-Membranfragmente zu untersuchen, wurde das Enzym in 30 mM Histidin/HCl, 25%(w/w) Glycerin, 0,1 mM EDTA, 37,5 µM $C_{12}E_8$ pH 6,8 titriert (Abb. 28). Da bereits die $C_{12}E_8$-Anfangskonzentration (37,5 µM) hierbei deutlich unterhalb ihrer CMC (105 µM) lag, wurde angenommen, daß im Verlauf dieses Experiments keine Solubilisierung stattfindet, sondern nur die thermischen Prozesse, resultierend aus der Bindung von $C_{12}E_8$-Monomeren an die Membran und/oder das Protein, detektiert werden. Es muß hierbei angemerkt werden, daß aufgrund der sehr niedrigen $C_{12}E_8$- und Enzymkonzentrationen die detektierbaren Reaktionswärmen während der Titration äußerst gering waren. Dies erklärt das in diesem Versuch ungünstige Signal/Rausch-Verhältnis.
Erkennbar war jedoch deutlich, daß mit jeder $C_{12}E_8$-Zugabe ein endothermer Prozeß auftrat, der mit jedem weiteren Titrationsschritt kleiner wurde. Die detektierten Titrationsenthalpien wurden der Bindung der $C_{12}E_8$-Monomere an die gereinigte Na,K-ATPase zugeordnet.

Wurde die gleiche Titration bei höherer $C_{12}E_8$-Anfangskonzentration (z. B. 50 µM) in der Meßzelle durchgeführt, so war der Titrationsverlauf sehr ähnlich (nicht gezeigt). Jedoch endete die Titration bei einer konstanten, endothermen Titrationsenthalpie. Diese war umso größer, je höher die in der Meßzelle vorgelegte $C_{12}E_8$-Konzentration war. Der Grund dafür ist wahrscheinlich eine partiell einsetzende Solubilisierung der Na,K-ATPase-Membranfragmente bereits unter der CMC des $C_{12}E_8$. Dies ist nicht auszuschließen, da beispielsweise die CMC gemischter $C_{12}E_8$/Lipid-Mizellen geringer als die des reinen $C_{12}E_8$ sein könnte, was eine partielle Solubilisierung ermöglichen würde. Die Solubilisierung wäre in diesem Fall, wie die Bindung des $C_{12}E_8$, ebenfalls endotherm.

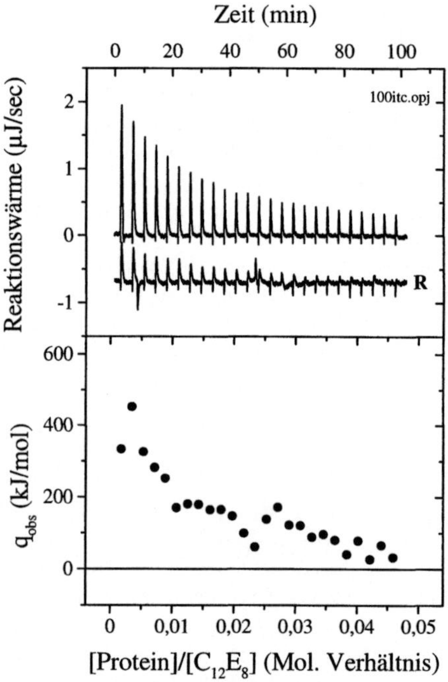

Abb. 28. Kalorimetrische Titration von 30 mM Histidin/HCl, 25% (w/w) Glycerin, 0,1 mM EDTA, 37,5 µM $C_{12}E_8$ pH 6,8 mit 22,2 µM gereinigter Na,K-ATPase (25 × 4 µl) bei 25°C. (A) Gemessene Reaktionswärme in Abhängigkeit der Zeit. Die Referenztitration (Titration von 22,2 µM gereinigter Na,K-ATPase in oben aufgeführten Puffer, jedoch ohne $C_{12}E_8$) wurde mit einem Offset von -0,7 µJ/sec aufgetragen. (B) Beobachtete Titrationsenthalpie (q_{obs}) in Abhängigkeit vom Protein/$C_{12}E_8$-Verhältnis in der Meßzelle nach Subtraktion der Referenztitration.

Die Ergebnisse der Untersuchungen mit den anderen $C_{12}E_x$-Detergenzien zeigten in Übereinstimmung, daß sowohl deren Bindung, als auch der darauf folgende Zerfall der Na,K-ATPase-Membranfragmente in gemischte Mizellen ebenfalls endotherm sind.

3.2.5.3 Vergleichende, kontrollierte Solubilisierung der gereinigten Na,K-ATPase aus der Schweineniere mit $C_{12}E_8$

Um zu untersuchen, ob die aus den photometrischen $C_{12}E_8$-Titrationen (Kap. 3.2.4.1, S. 40) und den kalorimetrischen Titrationen (Kap. 3.2.4.2, S. 45) erhaltenen Titrationsveräufe der Solubilisierung der gereinigten Na,K-ATPase von der artspezifischen Herkunft des Enzyms abhängig sind, wurde auch die Solubilisierung der gereinigten Na,K-ATPase aus der Schweineniere mit $C_{12}E_8$ untersucht.

Dabei konnte gezeigt werden, daß sich die unter identischen Versuchsbedingungen erhaltenen, kalorimetrischen Titrationsverläufe der Solubilisierung der gereinigten Na,K-ATPase aus der Salzdrüse des Dornhais, bzw. aus der Schweineniere mit $C_{12}E_8$ deutlich voneinander unterscheiden (Abb. 29 A). Der für die Solubilisierung der Na,K-ATPase aus der Salzdrüse des Dornhais charakteristische Titrationsverlauf mit seinem Minimum und dem darauf folgenden breiten, flachen Maximum der endothermen Titrationsenthalpien wurde für die Solubilisierung des Enzyms aus der Schweineniere nicht ermittelt. Statt dessen nahmen hier die endothermen Titrationsenthalpien mit jeder $C_{12}E_8$-Zugabe ohne Ausbildung eines Minimums der Titrationsenthalpie ab, um deckungsgleich mit dem Haienzym bei einem molaren $C_{12}E_8$/Protein-Verhältnis von ca. 2300 gegen null zu gehen.
Die photometrische Analyse des Solubilisierungsvorganges (Abb. 29 B) zeigte, daß der Hauptabsorptionsabfall bei der Solubilisierung der Na,K-ATPase aus der Schweineniere, bereits bei einem niedrigeren, molaren $C_{12}E_8$/Protein-Verhältnis (ca. 200) stattfand als beim Enzym aus der Salzdrüse des Dornhais (ca. 500).

Weiterhin betrug die apparente Solubilisierungsenthalpie ΔH_{Solub} ca. 6 kJ/mol beim Schweinenierenenzym, gegenüber ca. 8 kJ/mol beim Enzym aus der Salzdrüse des Dornhais (vergl. Tab. 3, S. 50).

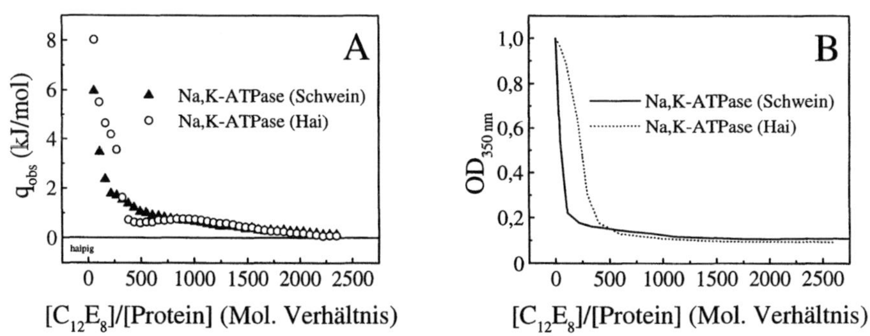

Abb. 29. Vergleichende Solubilisierung der Na,K-ATPase aus der Schweineniere und der Salzdrüse des Dornhais (je 2,5 µM) mit $C_{12}E_8$ in 30 mM Histidin/HCl, 25% (w/w) Glycerin, 0,1 mM EDTA pH 6,8 (25°C). (A) Kalorimetrische Titrationen und (B) auf identische Ausgangsabsorption normierte, photometrischen Titrationen.

3.2.5.4 Kinetische Aspekte der Solubilisierung der gereinigten Na,K-ATPase mit $C_{12}E_8$

Die kinetische Untersuchung der Solubilisierung der gereinigten Na,K-ATPase mit $C_{12}E_8$ erfolgte mit Hilfe der stopped-flow Methode. Die Messungen erfolgten in der Weise, daß das gereinigte Enzym in der stopped-flow-Apparatur schnell mit verschiedenen Konzentrationen an $C_{12}E_8$ gemischt wurde. Die Detektion des Solubilisierungsvorgangs erfolgte, analog zu den photometrischen Titrationen, über die Abnahme der Absorption bei 350 nm.

Abb. 30 A und B zeigen typische Meßkurven eines stopped-flow Experiments der Solubilisierung der gereinigten Na,K-ATPase mit $C_{12}E_8$. Die Meßkurven aller Experimente ließen sich monoexponentiell anpassen. Dabei lag der maximal zu erreichende, kinetisch auflösbare Absorptionsabfall bei ca. 85%, was gut mit dem maximal erreichbaren Absorptionsabfall, der durch die photometrische $C_{12}E_8$-Titration ermittelt wurde (ca. 90%, Abb. 21 A, S. 42), korrelierte. Das bedeutet, daß der gesamte, in der photometrischen Titration detektierte Absorptionsabfall kinetisch aufgelöst werden konnte.

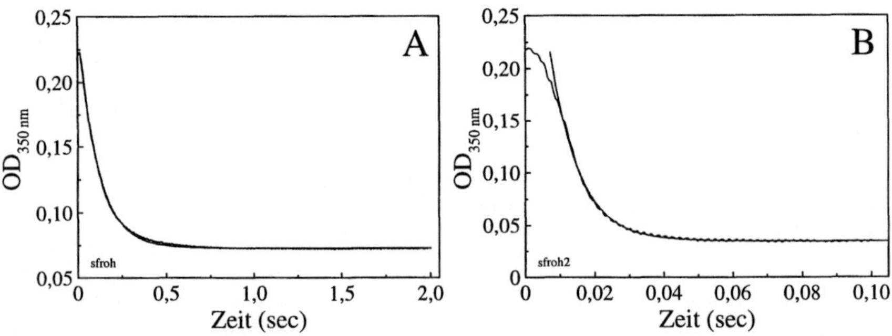

Abb. 30. Typisches stopped-flow-Experiment der Solubilisierung von 1 µM gereinigter Na,K-ATPase mit 0,4 mM (A) und 10 mM (B) $C_{12}E_8$ in 30 mM Histidin/HCl, 25% (w/w) Glycerin pH 6,8 bei 25°C (Konzentrationen nach dem Mischen). Die durchgezogene Linie repräsentiert jeweils die monoexponentielle Anpassung mit $k_{obs} = 8,85 \pm 0,04\ sec^{-1}$ (A) und $k_{obs} = 162 \pm 1,4\ sec^{-1}$ (B).

Bei der schrittweisen Erhöhung der $C_{12}E_8$-Konzentration zeigte sich bei den monoexponentiellen Absorptionsabfällen, daß diese erst nach einer zeitlichen Verzögerung, die $C_{12}E_8$-konzentrationsunabhängig zwischen 5-10 msec lag, einsetzten (Abb. 30 B). Dieser Befund wird in der Diskussion (Kap. 4.3.2.4, S. 81) erläutert. In Abb. 31 sind die bei verschiedenen $C_{12}E_8$-Konzentrationen bestimmten reziproken Abklingzeiten ($1/\tau = k_{obs}$) abhängig vom molaren $C_{12}E_8$/Protein-Verhältnis aufgetragen. Dabei ist erkennbar, daß ein Sättigungsverhalten vorliegt, wobei k_{obs}^{max} ca. 250-300 sec^{-1} beträgt.

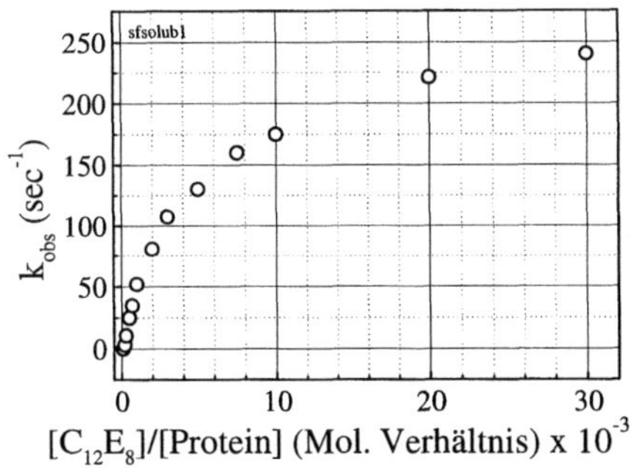

Abb. 31. Abhängigkeit der reziproken Abklingzeit k_{obs} vom molaren $C_{12}E_8$/Protein-Verhältnis für die Solubilisierung der gereinigten Na,K-ATPase (1 µM) in 30 mM Histidin/HCl, 25% (w/w) Glycerin, 0,1 mM EDTA pH 6,8 (25°C).

3.3 Strukturelle Eigenschaften der präparativ solubilisierten Na,K-ATPase

Für die Untersuchung der Eigenschaften der Na,K-ATPase in der Mizellphase wurde das Enzym, wie in Kap. 2.3 (S. 16) beschrieben, präparativ mit $C_{12}E_8$ solubilisiert, und danach durch die anschließende Zentrifugation bei 280.000 × g von unlöslichen, sedimentierenden Bestandteilen befreit. Eine durchgeführte SDS-PAGE des Sediments zeigte, daß dieses im wesentlichen aus Fremdprotein bestand (Abb. 32, Spur 1). Interessant war, daß, obwohl im Bereich der Bande der α-Untereinheit hier so gut wie kein Protein nachgewiesen werden konnte, im Bereich der β-Untereinheit der Na,K-ATPase 2 Banden detektiert wurden. Da aber die Bande der β-Untereinheit des präparativ solubilisierten Enzyms im Vergleich zur Bande der α-Untereinheit geringfügig an Intensität abnahm (Abb. 32, Spur 2), wurde davon ausgegangen, daß es sich bei den Banden im Sediment ebenfalls um Fremdprotein, und nicht um die β-Untereinheit des Enzyms handelte.

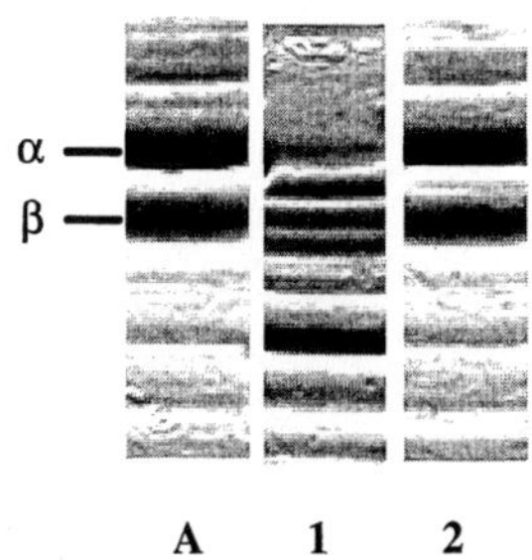

Abb. 32. SDS-PAG des Sediments der Zentrifugation bei 280.000 × g (1) und der präparativ solubilisierten Na,K-ATPase (2). Auf der linken Seite des Gels wurde zum Vergleich die gereinigte Na,K-ATPase aufgetragen (A).

Eine Gesamtphosphatbestimmung nach Bartlett (188) ergab, daß ca. 30% der Phospholipide, die in der gereinigten Na,K-ATPase-Fraktion enthalten waren, nach der 280.000 × g-Zentrifugation im Sediment auftraten. Die restlichen 70% der Phospholipide mußten also im Überstand, zusammen mit der präparativ solubilisierten Na,K-ATPase in Form von gemischten Mizellen vorliegen.

3.3.1 Bestimmung der Partikelgrößenverteilung

Die dynamische Streulichtmessung mit dem Brookhaven-Gerät zeigte, daß die Partikelgrößenzusammensetzung der präparativ solubilisierten Na,K-ATPase sehr heterogen war (Abb. 33). Es wurden sowohl Partikel mit einer Größe im Bereich von 10 - 20 nm, als auch Partikel mit einer Größe zwischen 80 - 300 nm ermittelt, die streuintensitätsgewichtet dominierten. Da die Streuintensität kugelförmiger Partikel proportional zur sechsten Potenz ihres Durchmessers ist, dominierten anzahlmäßig jedoch die kleineren Partikel stark.

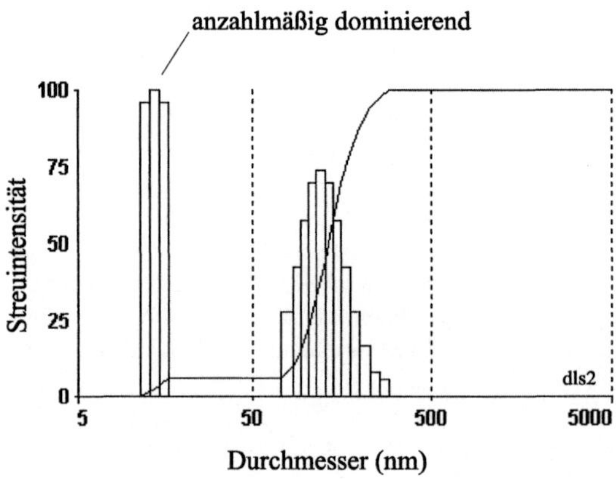

Abb. 33. Streuintensitätsgewichtete Größenverteilung der präparativ solubilisierten Na,K-ATPase (33,8 µM) in 30 mM Histidin/HCl, 25%(w/w) Glycerin, 0,1 mM EDTA pH 6,8, gemessen mit dem Brookhaven-Gerät (25°C). Die Größenverteilung wurde aus der Normierung und Mittelung von 10 Einzelmessungen à 1 min erhalten.

3.3.2 Sekundärstruktur und thermische Stabilität

Das CD-Spektrum der präparativ solubilisierten Na,K-ATPase, die sich aufgrund der im 2 mM NaH_2PO_4/Na_2HPO_4 pH 6,8-Puffer vorliegenden Na^+-Konzentration von ca. 3 mM zum Großteil im $E1 \cdot Na^+_3$-Zustand befand, war dem des gereinigten Enzyms ähnlich. Die CONTIN-Auswertung ergab einen α-Helix Anteil von 21%, einen β-Faltblatt Anteil von 36%, und für verbleibende Sekundärstrukturformen einen Anteil von 43%. Das CD-Spektrum des $E2 \cdot (K^+_2)$-Zustandes der präparativ solubilisierten Na,K-ATPase unterschied sich nicht signifikant von dem des $E1 \cdot Na^+_3$-Zustandes.
In Tab. 4 sind die ermittelten Sekundärstrukturgehalte der gereinigten, der präparativ solubilisierten und der hochreinen, solubilisierten Na,K-ATPase vergleichend aufgetragen.

	gereinigte Na,K-ATPase	**präparativ solubilisierte Na,K-ATPase**	**hochreine, solubilisierte Na,K-ATPase**
α-Helix (%)	27±3	21±4	20±5
β-Faltblatt (%)	25±4	36±6	34±4
Andere (%)	48±4	43±5	46±4

Tab. 4. Zirkulardichroitisch ermittelte Sekundärstrukturgehalte der gereinigten, der präparativ solubilisierten, und der hochreinen, solubilisierten Na,K-ATPase

Im Thermogramm der präparativ solubilisierten Na,K-ATPase war im Gegensatz zum gereinigten Enzym nur eine einzige, irreversible, endotherme Umwandlung zu detektieren (Abb 34). Die Umwandlungstemperatur betrug 40,5°C (Halbwertsbreite 5,8°C), für die Enthalpie wurde ein Wert von 1,4 MJ/mol Na,K-ATPase ermittelt.

Verglichen mit der gereinigten Na,K-ATPase stimmte die für das präparativ solubilisierte Enzym ermittelte Enthalpie der thermischen Denaturierung gut überein, die Halbwertsbreite nahm um ca. 0,4°C ab. Dies spricht dafür, daß die Struktur des Enzyms durch dessen Überführung von der Membranphase in die Mizellphase mit $C_{12}E_8$ praktisch nicht verändert wird. Auffallend war die drastische Erniedrigung der Umwandlungstemperatur um 9°C gegenüber dem gereinigten Enzym, was auf einen stabilisierenden Effekt der natürlichen Membranumgebung auf das Enzym durch Lipid-Protein-Wechselwirkungen deutet.

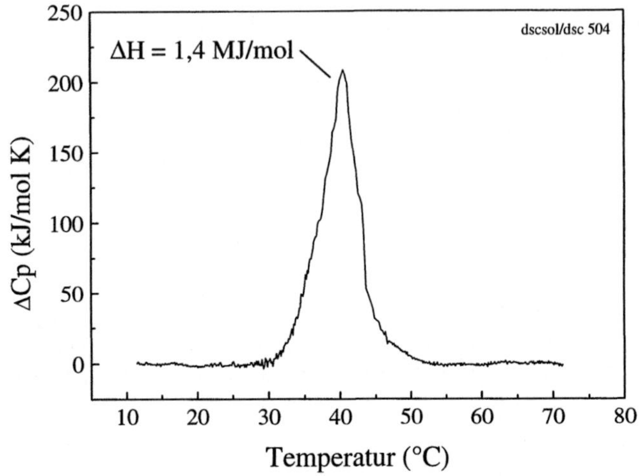

Abb. 34. Thermogramm der präparativ solubilisierten Na,K-ATPase (20,5 µM) in 30 mM Histidin/HCl, 25% (w/w) Glycerin, 0,1 mM EDTA, 1,25 mM $C_{12}E_8$ pH 6,8, gemessen mit dem Microcal DSC-Instrument.

3.4 Die gemischte Na,K-ATPase/$C_{12}E_8$-Mizelle

3.4.1 Isolation gemischter Na,K-ATPase/$C_{12}E_8$-Mizellen

Über möglichst einfache Trennverfahren sollte versucht werden, die solubilisierte Na,K-ATPase bezüglich der Partikelgrößenzusammensetzung und der Reinheit in präparativen Mengen zu vereinheitlichen, um funktionelle Studien durchzuführen zu können. Außerdem waren Experimente zur detaillierten Bestimmung der Größenverteilung mittels dynamischer Lichtstreuung und zur Bestimmung des Streumassenradius mittels Röntgen-Kleinwinkelstreuung vorgesehen.

3.4.1.1 Trennung nach Partikelgröße über Gelfiltrationschromatographie

Bis heute ist keine ionische Substanz bekannt, die nicht mit der Na,K-ATPase in Wechselwirkung tritt. Somit wird die Anwesenheit von Salzen jeglicher Art, die zur Einstellung einer bestimmten Pufferionenstärke erforderlich sind, Einflüsse auf die Ergebnisse funktioneller Untersuchungen an der Na,K-ATPase ausüben. Die im zweiten Ergebnisteil der Arbeit dargestellten, funktionellen Untersuchungen erforderten deshalb ein Enzym, welches in einem z. B. KCl-, NaCl- oder ChoCl-freien Puffer vorliegt. Aus diesem Grund wurde hier im

Gegensatz zu den in der Literatur erwähnten, chromatographischen Auftrennungen (14, 122) bewußt auf die Addition eines Salzes zur Einstellung einer Mindestionenstärke von 80-100 mM, wie sie im allgemeinen für die Gelfiltrationschromatographie angestrebt wird, verzichtet. Eine Alternative, nämlich die säulenchromatographische Auftrennung bei hoher Ionenstärke mit einer anschließenden Dialyse zur Entfernung des Salzes, wurde verworfen, denn die Dialyse ist sehr zeitaufwendig, und das aufgetrennte, solubilisierte Enzym nur zeitlich begrenzt funktionell stabil. Aufgrund der niedrigen Ionenstärke konnte die verwendete Sephacryl S-1000 Säule nicht mit Eichproteinen charakterisiert werden, da sich durch deren unterschiedliche Adsorptionsverhalten an die Säulenmatrix unter diesen Bedingungen keine lineare Abhängigkeit bei halblogarithmischer Auftragung des Molekulargewichts in Abhängigkeit vom Elutionsvolumen ergab. Lediglich das Ausschlußvolumen der verwendeten Säule (ca. 47 ml) wurde mit Latexpartikeln (Durchmesser 453 nm) bestimmt.

Abb. 35 zeigt ein typisches Elutionsdiagramm der säulenchromatographischen Auftrennung der präparativ solubilisierten Na,K-ATPase über Sephacryl S-1000.

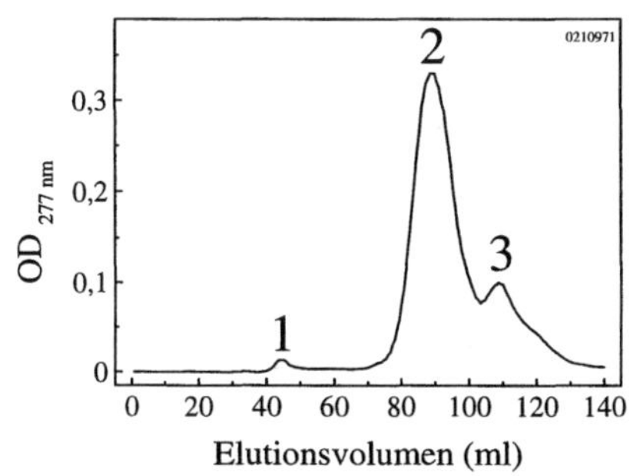

Abb. 35. Typisches Elutionsprofil der säulenchromatographischen Auftrennung der präparativ solubilisierten Na,K-ATPase (6 mg) über Sephacryl S-1000 (4°C).
Elutionspuffer: 30 mM Histidin/HCl, 0,1 mM EDTA, 185 µM $C_{12}E_8$ pH 6,8.

Einem ersten, kleinen Peak mit einem Elutionsvolumen von ca. 45 ml (entspricht dem Ausschlußvolumen) folgte ein Hauptpeak (Elutionsvolumen ca. 90 ml), und ein weiterer, kleinerer Peak (ca. 110 ml). Die Auftrennung der präparativ solubilisierten Na,K-ATPase wurde gelelektrophoretisch charakterisiert.

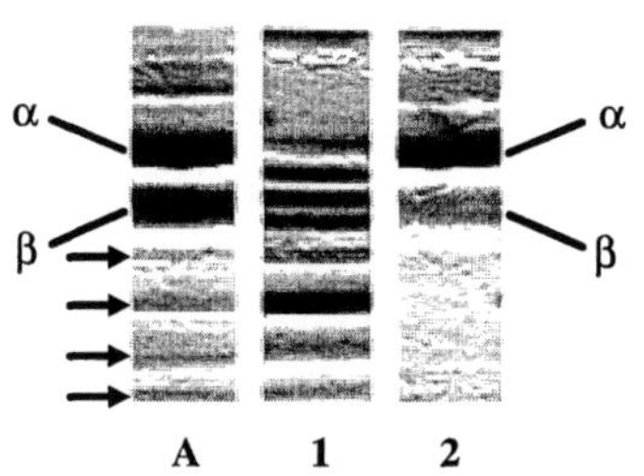

Abb. 36. SDS PAG der präparativ solubilisierten Na,K-ATPase (A), des Peak 1 und des Peak 2 der säulenchromatographischen Auftrennung.

Das SDS-PAG der präparativ solubilisierten Na,K-ATPase zeigte neben den Banden ihrer α- und β-Untereinheit noch Verunreinigungen mit niedrigeren Molekulargewichten (Abb. 36,

Pfeile in Spur A). Im Peak 1, der im Bereich des Ausschlußvolumens der Säule lag, dominierten die Banden der Verunreinigungen (Spur 1), die auch im Pellet der 280.000 × g-Zentrifugation des präparativ solubilisierten Enzyms gefunden wurden. Auch hier konnten wieder 2 Banden mit Molekularmassen identifiziert werden, die im Bereich der β-Untereinheit der Na,K-ATPase lagen (vergl. Abb. 32, S. 57). Eine ATPase-Aktivität war in Peak 1 nicht nachzuweisen. Die Bestimmung der Größenverteilung dieses Materials durch die dynamische Streulichtmessung zeigte, daß es sich hierbei um größere Aggregate mit einem mittleren Partikeldurchmesser von ca. 300 nm handelte (nicht gezeigt).
Im SDS-PAG im Zentrum des Peak 2 waren nur noch die Banden der α- und β-Untereinheit der Na,K-ATPase zu detektieren (Abb. 36, Spur 2). Im folgenden wird dieses säulenchromatographisch aufgereinigte Enzym deshalb als **hochreine, solubilisierte Na,K-ATPase** bezeichnet. Ihre spezifische ATPase-Aktivität betrug 100%, bezogen auf das präparativ solubilisierte Enzym. Die Bestimmung der Größenverteilung der hochreinen, solubilisierten Na,K-ATPase mittels der dynamischen Lichtstreuung ergab eine monomodale Verteilung mit einem Partikeldurchmesser zwischen 11 - 16 nm (Abb. 37).
Peak 3 enthielt keine Proteinkomponenten und war ein Detektionsartefakt, resultierend aus der Differenz der Brechungsindices der aufgetragenen Probe (enthaltend 25% (w/w) Glycerin) und dem Elutionspuffer. Enthielt der Elutionspuffer ebenfalls 25% (w/w) Glycerin, so trat Peak 3 nicht auf.

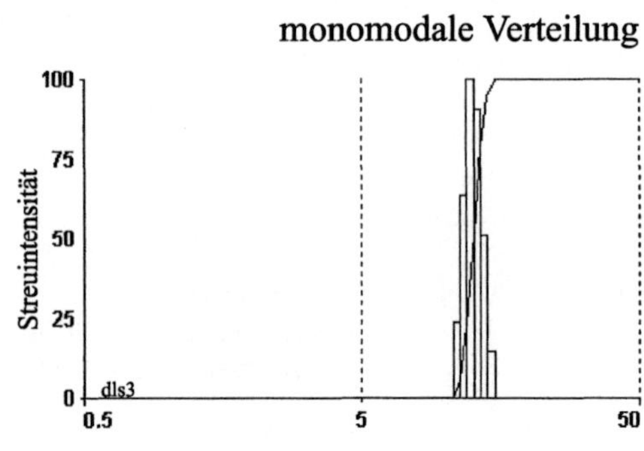

Abb. 37. Streuintensitätsgewichtete Größenverteilung der hochreinen, solubilisierten Na,K-ATPase (2,8 µM) in 30 mM Histidin/HCl, 0,1 mM EDTA, 185 µM $C_{12}E_8$ pH 6,8, gemessen mit dem Brookhaven-Gerät. Die Größenverteilung wurde aus der Normierung und Mittelung von 10 Einzelmessungen à 1 min erhalten.

Die in Anwesenheit von 25% (w/w) Glycerin eluierte Na,K-ATPase konnte auf Eis bei einem Abfall der spezifischen ATPase-Aktivität von weniger als 20% pro Tag aufbewahrt werden. Wurde in Abwesenheit von Glycerin eluiert, so fiel die spezifische ATPase-Aktivität innerhalb von 24 Stunden maximal um ca. 50% ab.

3.4.1.2 Trennung nach Dichte über isopyknische Zentrifugation

Abb. 38 zeigt die typische Proteinverteilung auf einem Dichtegradienten nach erfolgter Zentrifugation der aufgetragenen, präparativ solubilisierten Na,K-ATPase.

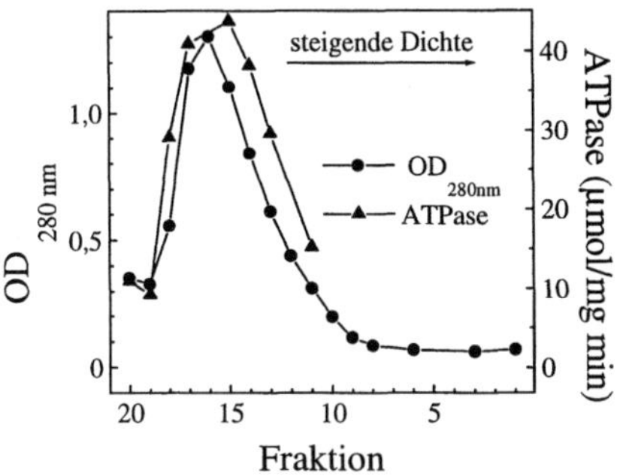

Abb. 38. Proteinverteilung auf dem Glycerin-Dichtegradienten nach erfolgter Zentrifugation. Die Dichte nimmt von links nach rechts zu. Die Auftragung der solubilisierten Na,K-ATPase erfolgte linksseitig.

Das SDS-PAG der Fraktion 14 enthielt neben den Banden der α- und der β-Untereinheit keine detektierbaren Verunreinigungen und entsprach dem der hochreinen, solubilisierten Na,K-ATPase (Abb. 36, Spur 2). Diese Fraktion wird im folgenden als **hochaktive, solubilisierte Na,K-ATPase** bezeichnet, da ihre spezifische ATPase-Aktivität in der Regel mit ca. **40 µmol/mg min** um ca. 30 - 40% höher als die des gereinigten Enzyms lag. Die hochaktive, solubilisierte Na,K-ATPase konnte auf Eis bei einem Abfall der spezifischen Aktivität von weniger als 5% pro Tag gelagert werden.

Die dynamische Streulichtmessung ergab, daß die Partikelgrößenzusammensetzung der hochaktiven, solubilisierten Na,K-ATPase nicht so homogen wie die des hochreinen, solubilisierten Enzms war (Abb. 39). Hier wurden sowohl Partikel mit einer Größe im Bereich von ca. 15 nm, als auch im Bereich von ca. 115 nm ermittelt. Anzahlmäßig dominierten jedoch die kleineren Partikel stark.

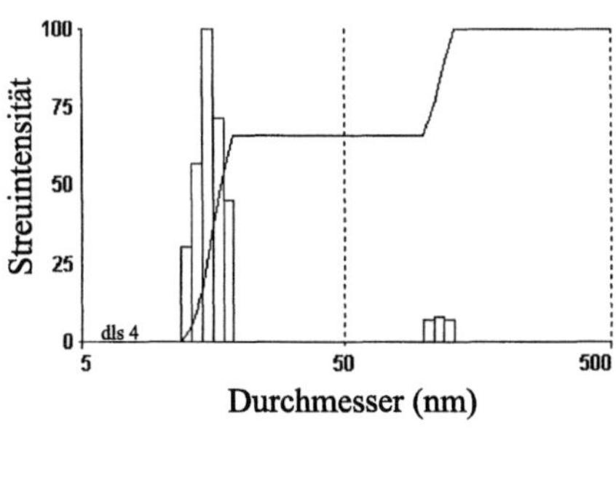

Abb. 39. Streuintensitätsgewichtete Größenverteilung der hochaktiven, solubilisierten Na,K-ATPase (8,7 µM) in 30 mM Histidin/HCl, 185 µM $C_{12}E_8$, 0,1 mM EDTA pH 6,8, gemessen mit dem Brookhaven-Gerät. Die Größenverteilung wurde aus der Normierung und Mittelung von 10 Einzelmessungen à 1 min erhalten.

3.5 Die strukturelle Charakterisierung der hochreinen, solubilisierten Na,K-ATPase

Da die chromatographische Aufreinigung der präparativ solubilisierten Na,K-ATPase über die Sephacryl S-1000 Säule bezüglich der Größenverteilung im Vergleich zur Auftrennung über den Glycerin-Dichtegradienten zu einem einheitlicheren Produkt führte, wurden folgende Untersuchungen mit der hochreinen, solubilisierten Na,K-ATPase durchgeführt.

3.5.1 Detaillierte Charakterisierung der Größenverteilung

Es sollte ein detaillierteres Bild über die Größe der gemischten Protein/Detergensmizelle erhalten werden. Dazu wird allerings ein wesentlich höheres Signal/Rausch-Verhältnis benötigt, was nur durch sehr lange Meßzeiten im Bereich von mehreren Stunden erreicht werden konnte. Dies war mit dem Brookhaven-Gerät nicht möglich. Des weiteren war die mit dem Brookhaven-Gerät zu erhaltende, maximale Auflösung einer Größenverteilung relativ grob. Aus diesen Gründen wurde die folgende Untersuchung mit einem Präzisions-Photonen-Korrelations-Spektrometer durch Dr. H. Ruf durchgeführt.

Die CONTIN-Anpassung (165-168) führte zu einer monomodalen Größenverteilung mit einem Maximum bei 15 nm Durchmesser (Abb. 40, durchgezogene Linie). Dieses Resultat stimmte gut mit dem Ergebnis der Messung mit dem Brookhaven-Gerät überein (Abb. 37, S. 62).

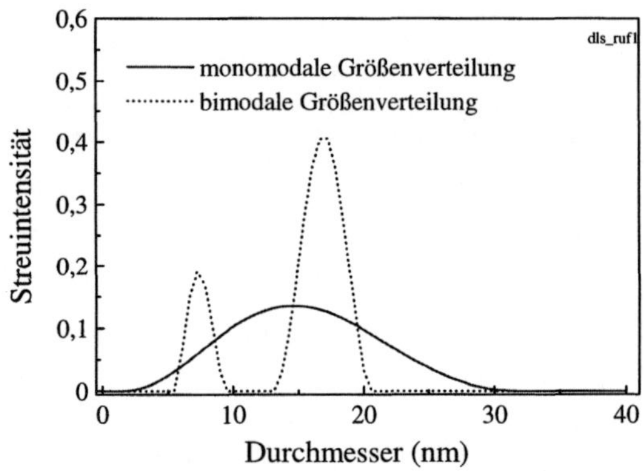

Abb. 40. Streuintensitätsgewichtete Größenverteilung der hochreinen, solubilisierten Na,K-ATPase (2,8 µM) in 30 mM Histidin/HCl, 0,1 mM EDTA, 185 µM $C_{12}E_8$ pH 6,8 (25°C). Die Größenverteilung wurde aus der Normierung und Mittelung von 240 Einzelmessungen à 1 min erhalten.

Ohne eine signifikante Erhöhung der Summe der Fehlerquadrate konnte aber auch eine bimodale Größenverteilung mit Maxima bei 7 nm und 17 nm Durchmesser angepaßt werden (Abb. 40, gestrichelte Linie). Dabei war ihre theoretische Autokorrelationsfunktion kaum von der der monomodalen Größenverteilung zu unterscheiden. In Abbildung 41 ist die Differenz der beiden theoretischen Autokorrelationsfunktionen dargestellt (gestrichelte Linie). Dabei wurde deutlich, daß keine der beiden Lösungen favorisiert werden konnte, da bei einer Meßzeit von 240 min das Rauschen der Meßdaten (durchgezogene Linie) nicht gering genug war.

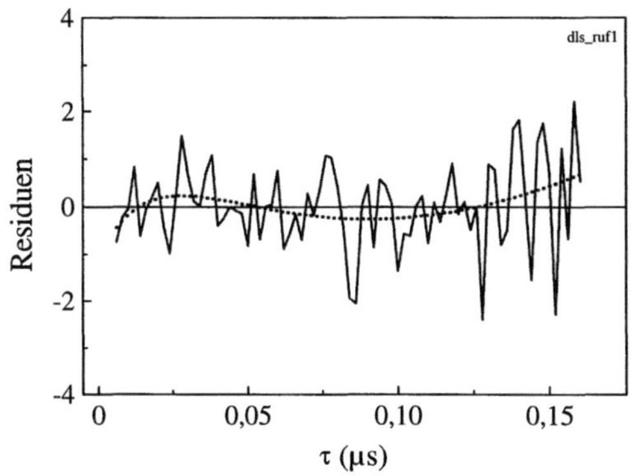

Abb. 41. Residuen der Anpassung der theoretischen Autokorrelationsfunktion der monomodalen Verteilung an die Meßdaten (durchgezogene Linie) und der Differenz zwischen den theoretischen Autokorrelationsfunktionen der monomodalen und der bimodalen Größenverteilung (gestrichelte Linie).

Wie an der Halbwertsbreite des Peaks der monomodalen Größenverteilung (ca. 15 nm, Abb. 40) und der bimodalen Größenverteilung (ca. 5-8 nm) deutlich zu erkennen ist, kann nicht erwartet werden, daß Konformationsänderungen von Proteinen durch dynamische Streulichtmessungen detektierbar sind (siehe dazu auch Kap. 6.2.2, S. 147 ff.).

3.5.2 Charakterisierung der Sekundärstruktur und der thermischen Stabilität

Abb. 42 zeigt das CD-Spektrum der hochreinen, solubilisierten Na,K-ATPase in 2 mM NaH_2PO_4/Na_2HPO_4, 185 µM $C_{12}E_8$ pH 6,8. Das Enzym befand sich aufgrund der durch den Puffer vorgegebenen Na^+-Konzentration (ca. 3 mM) zum Großteil im $E1 \cdot Na^+_3$-Zustand. Die CONTIN-Auswertung ergab einen α-Helix Anteil von 20%, einen β-Faltblatt Anteil von 34%, und für verbleibende Sekundärstrukturformen einen Anteil von 46%. Dieses Ergebnis stimmt gut mit dem Resultat der präparativ solubilisierten Na,K-ATPase überein (Tab. 4, S. 59). Wurde das Enzym anstelle des oben genannten Puffers in 2 mM KH_2PO_4/K_2HPO_4, 185 µM $C_{12}E_8$ pH 6,8 untersucht ($E2 \cdot (K^+_2)$-Zustand), so war das gemessene CD-Spektrum praktisch deckungsgleich mit dem des Enzyms im $E1 \cdot Na^+_3$-Zustand (nicht gezeigt).

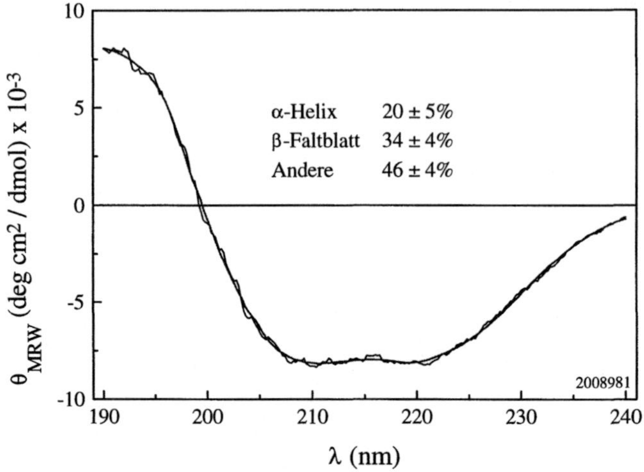

Abb. 42. CD-Spektrum der hochreinen, solubilisierten Na,K-ATPase (0,18 µM) in 2 mM NaH_2PO_4/Na_2HPO_4 pH 6,8. Das Spektrum wurde aus 15 Einzelmessungen gemittelt und ist ungeglättet. Die Absorption der Meßprobe betrug bei einer Wellenlänge von 200 nm ca. 0,7 (Schichttiefe 0,1 cm). Die durchgezogene Linie repräsentiert die CONTIN-Anpassung.

Das Thermogramm der DSC-Messung der hochreinen, solubilisierten Na,K-ATPase (nicht gezeigt) entsprach dem des präparativ solubilisierten Enzyms. Die Umwandlungstemperatur betrug auch hier 40,5°C, (Halbwertsbreite. 7,5 °C). Die Denaturierungsenthalpie war mit der des gereinigten und des präparativ solubilisierten Enzyms vergleichbar (ca. 1,4 MJ/mol).

3.5.3 Charakterisierung des Streumassenradius

Die Bestimmung des Streumassenradius der gemischten Na,K-ATPase/$C_{12}E_8$-Mizellen erfolgte durch Röntgen-Kleinwinkelstreuungsmessungen. Die Versuche wurden in Zusammenarbeit mit Dr. M. Kriechbaum und Prof. P. Laggner am Institut für Biophysik und Röntgenstrukturforschung in Graz durchgeführt.

Wie sich zeigte, erforderte die Bestimmung des Streumassenradius eine zumindest partielle Abtrennung der phospholipidhaltigen Mizellen von den proteinhaltigen Mizellen. Wurde diese Abtrennung nicht durchgeführt, so fand aufgrund der polydispersen Partikelzusammensetzung eine Überlagerung der Streukurven verschiedener Mizelltypen statt, die eine Streumassenradiusbestimmung der interessierenenden, proteinhaltigen Mizellen nicht ermöglichte. Aus diesem Grund erfolgte die Messung mit der hochreinen, solubilisierten Na,K-ATPase (1,4 µM) in 30 mM Histidin/HCl, 0,1 mM EDTA, 185 µM $C_{12}E_8$ pH 7,0 bei 4°C (λ = 0,154 nm, Schichttiefe der Quarzkapillare 1 mm). Da die Streukurven mehrerer, aufeinander folgender, jeweils zweistündiger Messungen derselben Enzymprobe unverändert waren, konnte mit hoher Wahrscheinlichkeit ausgeschlossen werden, daß das Protein einer signifikanten Strukturveränderung während der Messung durch Röntgenstrahlung unterlag. Weiterhin wurde auch der Puffer ohne Protein, aber mit 185 µM $C_{12}E_8$ untersucht. Dabei zeigte sich, daß die Streuintensität der reinen $C_{12}E_8$-Mizellen gegenüber der der proteinhaltigen, gemischten Mizellen vernachlässgbar gering ist. Nach Subtraktion der gemessenen, winkelabhängigen Streuintensitäten der Referenz von denen der Probe erfolgte die Bestimmung des Streumassenradius der Partikel unter der vereinfachenden Annahme einer homogenen Elektronenverteilung durch die Guinier-Auftragung nach der Gleichung (2) in Verbindung mit einer linearen Regression im Anfangsbereich (Abb. 43).

Guinier-Formel: $$I = I_0 \times e^{-(R_G^2 \times h^2/3)} \quad (2)$$

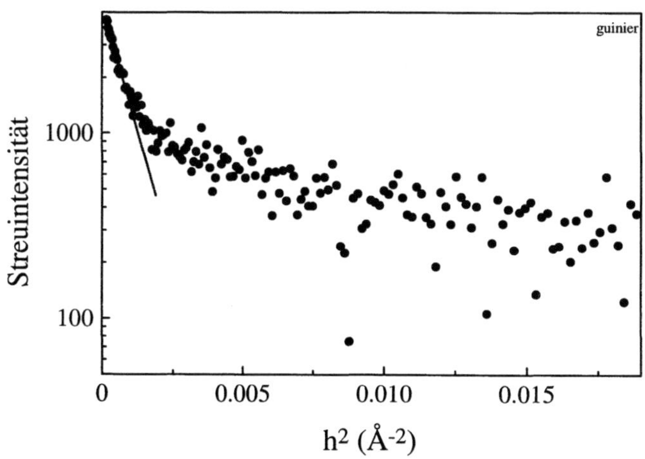

Abb. 43. Halblogarithmische Auftragung der Streuintensität in Abhängigkeit von h^2 (Guinier-Auftragung) mit $h = 4\,\pi \sin\theta / \lambda$, wobei θ = halber Streuwinkel und λ = Wellenlänge der Röntgenstrahlung (0,154 nm). Die Messung dauerte 2 Stunden (4°C).

Der ermittelte Streumassenradius (R_G) betrug 5,6 nm. Wird bei den gemischten Mizellen eine Kugelform angenommen, so kann nach Kratky (132) mit folgender Beziehung der Partikeldurchmesser d berechnet werden:

$$d = 2R_G\sqrt{\frac{5}{3}} \quad (3)$$

Der Partikeldurchmesser der hochreinen, solubilisierten Na,K-ATPase betrug demnach d = 14,5 nm, was in guter Übereinstimmung mit dem Ergebnis der dynamischen Streulichtmessungen steht (vergl. Abb. 37, S. 62 und Abb. 40, S. 64). Hierbei muß allerdings berücksichtigt werden, daß bei der Berechnung des Partikelradius die die gemischte Mizelle umgebende Hydrathülle nicht berücksichtigt wird.

4. Diskussion (I)

Für die Aufreinigung bis zur Homogenität sowie für die detaillierte bio- und physikochemische Charakterisierung eines integralen Membranproteins ist dessen Solubilisierung unerläßlich. Aber gerade dieser entscheidende Arbeitsschritt, nämlich die vollständige Überführung des Proteins von der Membranphase in die Mizellphase unter Erhaltung der strukturellen und funktionellen Eigenschaften erweist sich oftmals als außerordentlich problematisch, denn es fehlt das Verständnis für diese Phasenumwandlung auf molekularer Ebene, nicht zuletzt weil es an experimentellen Untersuchungsmethoden mangelt. Detaillierte Studien zu Detergens-Lipid-Interaktionen und des molekularen Mechanismus der Solubilisierung wurden bis heute oft nur an einfachen Lipid-Modellsystemen durchgeführt, die kein Protein enthielten (140, 156, 214).
Im Rahmen dieser Arbeit wurde erstmals die kontrollierte Solubilisierung der gereinigten Na,K-ATPase mit ausgewählten Polyethylenglycol-mono-n-dodecylethern durch die kombinierte Anwendung verschiedener experimenteller Methoden systematisch untersucht. Die vergleichende Bestimmung der Sekundärstruktur und der thermischen Stabilität der membrangebundenen und der solubilisierten der Na,K-ATPase, auch während verschiedener Aufreinigungsstadien, sollte zeigen, ob während einem dieser Arbeitsschritte größere Strukturänderungen im Protein auftreten.

4.1 Isolierung der gereinigten Na,K-ATPase aus der Salzdrüse des Dornhais

Aufgrund der leichten Zugänglichkeit wird für viele strukturelle und funktionelle Untersuchungen die Na,K-ATPase aus der Niere verschiedener Säugetiere, besonders des Schweins, unter Verwendung von SDS in membrangebundener Form isoliert. Jedoch ist es infolge der geringen Stabilität der gereinigten Na,K-ATPase aus der Schweineniere in Gegenwart nichtionscher Detergenzien nicht möglich, dieses Enzym unter dem vollen Erhalt seiner strukturellen und funktionellen Eigenschaften zu solubilisieren. Als sehr viel stabiler während der Überführung von der Membranphase in die Mizellphase mit geeigneten, nichtionischen Detergenzien erwies sich dagegen die gereinigte Na,K-ATPase aus der Salzdrüse des Dornhais *Squalus acanthias* (202). Aus diesem Grund wird von verschiedenen Arbeitsgruppen (13, 113, 114, 122-124), und auch im Rahmen der vorliegenden Arbeit das Enzym dieser Spezies zur Solubilisierung benutzt. Laut Literaturangaben wird das Enzym aus der Salzdrüse des Dornhais üblicherweise in einer relativ arbeitsaufwendigen Prozedur durch differenzielle Zentrifugation und die Behandlung mit DOC/Saponin isoliert (72). Da die hier ermittelten funktionellen Eigenschaften der Na,K-ATPase zum Teil direkt mit denen des Enzyms aus der Schweineniere verglichen werden sollten, und der Einfluß des während der Isolation eingesetzten Detergens auf die Funktionalität des gereinigten Enzyms nicht bekannt ist, wurde hier nicht mit DOC/Saponin, sondern analog zum Enzym aus der Schweineniere mit SDS isoliert. Weiterhin wurde die Isolierungsmethode von Jørgensen (73) modifiziert. Dabei konnte bei einer Verringerung des Arbeitsaufwandes eine mit den Angaben in der Literatur vergleichbare Proteinreinheit von 85-90% erreicht werden (Kap. 2.2, S. 14).

Weiterhin lag die spezifische ATPase-Aktivität des so isolierten Enzyms mit 30-34 µmol/mg min deutlich über den in der Literatur angegebenen Werten (26-27 µmol/mg min (13, 14, 72, 215)), was einen wichtigen Fortschritt darstellt.

Wenn nicht ausdrücklich anders erwähnt, beziehen sich alle dargestellten Ergebnisse in dieser Arbeit nur auf das Enzym aus der Salzdrüse des Dornhais.

4.2 Sekundärstruktur und thermische Stabilität der gereinigten Na,K-ATPase

Auf der Basis des von Goldshleger et al. (62) und Kuntzweiler et al. (63) vorgeschlagenen, topologischen Modells der Na,K-ATPase (Abb. 2, S. 5) müßte unter der Voraussetzung, daß die in der Membran lokalisierten Proteindomänen vollständig als α-Helix vorliegen, mindestens ein α-helicaler Anteil von ca. 20% existieren. Dies steht in guter Übereinstimmung mit der Analyse des CD-Spektrums der gereinigten Na,K-ATPase, aus der ein Anteil von 27% α-Helix an der Gesamtheit der Sekundärstrukturanteile berechnet wurde (Tab. 4, S. 59). Gresalfi et al. ermittelten ebenfalls einen α-Helix-Gehalt von 27% (198), allerdings für die Na,K-ATPase aus der Meerschweinchenniere. Auch die Gehalte an β-Faltblatt- und Coil-Strukturen stimmen unter Berücksichtigung der bei ihrer quantitativen Bestimmung bestehenden Unsicherheiten mit den Literaturangaben überein.

In der Literatur existieren kontroverse Ergebnisse bezüglich der zirkulardichroitischen Detektierbarkeit der unterschiedlichen Konformationszustände E1 und E2 der Na,K-ATPase. Während Gresalfi et al. (198) eine Verschiebung des Gehaltes α-helicaler Strukturanteile zugunsten von β-Faltblattstrukturen zwischen dem E1 und dem E2 -Zustand der gereinigten Na,K-ATPase aus der Meerschweinchenniere von ca. 7% diskutierten, konnten Hastings et al. (199) diese Ergebnisse am gereinigten Enzym aus der Schweineniere nicht bestätigen. Die IR-Spektren der zuvor genannten Konformationszustände der gereinigten Na,K-ATPase aus der Schweineniere zeigten ebenfalls keinen signifikanten Unterschied (200). Auch die CD-Spektren verschiedener Konformationszustände der Ca^{2+}-ATPase, die wie die Na,K-ATPase zur Familie der P-Typ ATPasen gehört, unterscheiden sich nicht voneinander (203).

Trotz der im Vergleich zur Literatur (198, 199) sehr guten Qualität der in dieser Arbeit gemessenen CD-Spektren bezüglich des Signal/Rausch-Verhältnisses (Abb. 10, S. 29 u. Abb. 42, S. 66) konnten auch hier keine signifikanten Unterschiede zwischen den CD-Spektren des E1 und dem E2-Zustandes der Na,K-ATPase detektiert werden. Das muß allerdings nicht bedeuten, daß zwischen beiden Konformationszuständen nur sehr geringe Strukturunterschiede bestehen, da beispielsweise eine relative Lageveränderung gesamthafter α-Helices oder β-Faltblattstrukturen zueinander, wie in Abb. 44 gezeigt, keine großen Änderungen im CD-Spektrum erwarten lassen. Dies steht in guter Übereinstimmung mit einem von Tanford (201) vorgeschlagenen Modell für den aktiven Transport von Ionen durch integrale Membranproteine, in dem eine räumliche Umorientierung gesamthafter, membrandurchspannender α-Helices untereinander postuliert wurde. Tanford erwartete aufgrund seiner Annahmen keine signifikanten Unterschiede der CD-Spektren verschiedener Konformationszustände der Na,K-ATPase.

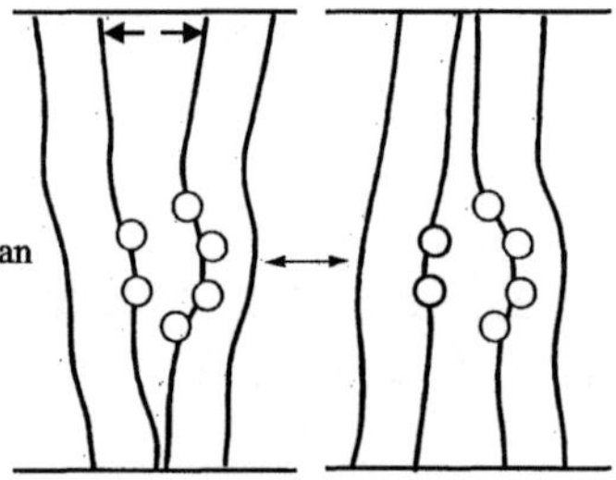

Abb. 44. Schematische Darstellung einer möglichen, räumlichen Umorientierung transmembraler α-Helices bei der E1-E2- Konformationsumlagerung der Na,K-ATPase (modifiziert nach Tanford (201)). Die Kreise symbolisieren negativ geladene Aminosäureseitengruppen, die die Kationenbindungsstellen bilden. Nur 2 der 8-10 Transmembranhelices der Na,K-ATPase sind gezeigt.

Im sehr komplexen Thermogramm der intakten Salzdrüse des Dornhais (Abb. 11, S. 30) können aufgrund der Vielzahl der enthaltenen Proteine bezüglich der verschiedenen Umwandlungen keine sicheren Zuordnungen getroffen werden. Lediglich die irreversible, endotherme Umwandlung bei ca. 44°C könnte der Denaturierung von im Drüsengewebe enthaltenem Kollagen zugeordnet werden. Dafür spricht einerseits die Denaturierungstemperatur, die beim Kollagen von Kaltblütern zwischen 40 und 50°C liegt (8), andererseits die geringe Halbwertsbreite dieser Umwandlung, die auf einen hochkooperativen Denaturierungsprozeß, der für das Schmelzen der Tripelhelix des Kollagens charakteristisch ist, hindeutet.
Im Thermogramm der mikrosomalen Fraktion ist diese Umwandlung nicht mehr zu detektieren, da unlösliche Bestandteile des homogenisierten Gewebes, wie Zellorganellen oder Gewebefetzen durch differenzielle Zentrifugation entfernt worden sind (Kap. 2.2, S. 14). Die thermische Denaturierung der Na,K-ATPase trägt hier zur endothermen Umwandlungtemperatur bei ca. 54°C bei, wobei aber der Großteil des in dieser Fraktion enthaltenen Proteins nicht durch die Na,K-ATPase repräsentiert wird. Da die mikrosomale Fraktion ohne den Einsatz von Detergens, also nur durch differenzielle Zentrifugation gewonnen wurde, kann davon ausgegangen werden, daß die native Membranstruktur dieser Präparation unverändert vorliegt.
Im Thermogramm der gereinigten Na,K-ATPase kann die endotherme Umwandlung bei ca. 49°C aufgrund der hohen Reinheit dieser Präparation (ca. 90%) eindeutig der thermischen Denaturierung des Enzyms zugeordnet werden. Legt man bei der Denaturierung eines Proteins pro Aminosäure eine mittlere Denaturierungsenthalpie von ca. 1,1 kJ/mol zugrunde (203), so würde man bei einer Aminosäureanzahl von ca. 1320 pro Na,K-ATPase-Molekül (αβ) einen Wert von etwa 1,4-1,5 MJ/mol erwarten. Die hier ermittelte Denaturierungsenthalpie (1,4 MJ/mol, Abb. 12, S. 32) spricht demnach für eine vollständige Denaturierung des Enzyms, und nicht nur für eine lokale Entfaltung. Beim Vergleich der Thermogramme der

mikrosomalen Fraktion und dem gereinigten Enzym fällt auf, daß die Umwandlungstemperatur mit steigendem Aufreinigungsgrad von ca. 54°C auf ca. 49°C sinkt (Abb. 11, S. 30). Das deutet darauf hin, daß die gegenüber der mikrosomalen Fraktion durch den Einsatz von SDS modifizierte Membran der gereinigten Na,K-ATPase aufgrund ihrer geänderten Zusammensetzung oder veränderten physikalischen Eigenschaften nicht mehr den gleichen stabilisierenden Effekt auf das Enzym ausübt, wie die native Plasmamembran. Weiterhin wäre aber auch denkbar, daß die Na,K-ATPase durch andere Plasmamembranproteine thermisch stabilisiert wird. Durch die fast vollständige Abwesenheit von Fremdprotein würde dieser Effekt in der gereinigten Na,K-ATPase-Präparation weitgehend entfallen.

Die Denaturierungstemperatur der gereinigten Na,K-ATPase aus der Salzdrüse des Dornhais liegt bei einer vergleichbaren Enthalpie gegenüber der des Enzyms aus der Schweineniere um ca. 7°C niedriger (vergl. Abb. 12, S. 32 und Abb. 13, S. 33). Dies erscheint plausibel, da das Enzym des Dornhais aufgrund der gegenüber des Schweins wesentlich niedrigeren Körpertemperatur thermisch weniger stabil zu sein braucht. Weiterhin könnte aber auch die unterschiedliche Lipidzusammensetzung der gereinigten Na,K-ATPase beider Spezies verschieden stark stabilisierend auf das Enzym wirken. Überraschend erscheint die niedrigere thermische Stabilität der Na,K-ATPase aus der Salzdrüse des Dornhais jedoch in anderer Hinsicht, und zwar weil dieses Enzym in Anwesenheit bestimmter nichtionischer Detergenzien, wie dem $C_{12}E_8$, bezüglich seiner Funktionalität stabiler als das der Schweineniere ist (202). Diese Stabilität ist demnach offensichtlich nicht thermisch bedingt, sondern könnte z. B. auf einer geringeren Oxidationsempfindlichkeit, besonders im solubilisierten Zustand beruhen.

Die große Halbwertsbreite der thermischen Umwandlung der Na,K-ATPase aus der Salzdrüse des Dornhais (6,2°C) gegenüber der des Schweinenierenenzyms (3,3°C) spricht für eine gewisse Inhomogenität dieser Enzympräparation. Da ihre Reinheit bezüglich der Anwesenheit von Fremdprotein jedoch vergleichbar mit der des Schweinenierenenzyms ist, könnten z. B. Na,K-ATPase-Isoformen mit leicht unterschiedichen Umwandlungstemperaturen zu einer größeren Halbwertsbreite beitragen. Dies ist nicht auszuschließen, da in der Literatur Hinweise auf Isoformen der Hai-Na,K-ATPase vorliegen, die auf einer Aminosäurequenz-bestimmung eines tryptischen Fragments der α-Untereinheit basieren (217).

4.3 CMC der $C_{12}E_x$-Detergenzien und die kontrollierte Solubilisierung der gereinigten Na,K-ATPase

4.3.1 CMC-Bestimmungen

Die titrationskalorimetrisch ermittelten CMCs für $C_{12}E_6$, $C_{12}E_8$, $C_{12}E_{10}$ und gereinigtem Brij 35 stimmen unter der Berücksichtigung, daß die CMC je nach der Art der Bestimmungsmethode leicht variieren kann, gut mit den Literaturangaben überein, die sich allerdings nur auf rein wäßrige Systeme beziehen (156, 204, 205). Die für alle (mit Ausnahme des $C_{12}E_6$) hier untersuchten $C_{12}E_x$-Detergenzien bestimmten, negativen Demizellierungsenthalpien ΔH_{Demiz} zwischen -1,6 und -3 kJ/mol bei 25°C (Tab. 1, S. 38)

können durch eine verstärkte Hydratisierung der polaren Kopfgruppen der Detergensmonomere in wäßriger Lösung gegenüber im Mizellverband erklärt werden. Der Vergleich der Demizellierungsenthalpie für $C_{12}E_8$-Mizellen in 30 mM Histidin, 25% (w/w) Glycerin, 0,1 mM EDTA pH 6,8 mit den Literturangaben zeigt, daß diese in rein wäßrigen Medien bedeutend größer ist (-16 kJ/mol (156)). Vermutlich wird dies durch die in zuvor genanntem Puffer sehr hohe Glycerinkonzentration (25% (w/w), entspricht ca. 2,7 M) verursacht. Die Interpretation dieses Effektes auf molekularer Ebene ist schwierig. Denkbar wäre jedoch, daß das Glycerin in den Hydratisierungsprozeß während der Demizellierung eingreift, oder daß $C_{12}E_8$-Mizellen in Anwesenheit hoher Glycerinkonzentrationen nicht in Monomere dissoziieren, sondern z. B. in Oligomere, die mit Glycerinmolekülen über ihre Kopfgruppe durch Wasserstoffbrückenbindungen vernetzt vorliegen.
Die Demizellierungs- und Verdünnungsenthalpien, die in dieser Arbeit für das $C_{12}E_6$ ermittelt wurden, sind vermutlich nicht repräsentativ, da dieses Detergens bei 25°C neben Mizellen konzentrationsabhängig auch noch größere, nicht näher definierte Aggregate bilden kann (176). Dies erklärt auch den im Gegensatz zu den anderen untersuchten Detergenzien komplizierteren Titrationsverlauf, der hier nicht im Detail diskutiert wird.

Zusammenfassend zeigen die Ergebnisse der CMC-Bestimmungen, daß die Titrationskalorimetrie eine einfache und zugleich sehr sensitive Methode darstellt, um in einem einzigen Experiment die CMC, die Demizellierungsenthalpie ΔH_{Demiz} und die Verdünnungsenthalpie ΔH_{Verd} direkt zu bestimmen. Dabei kann ausgeschlossen werden, daß mögliche Störeinflüsse, hervorgerufen z. B. durch den Einsatz eines Fluorophors bei der indirekten fluorimetrischen CMC-Bestimmung (S. 40), den ermittelten Wert verfälschen. Gewisse Einschränkungen der titrationskalorimetrischen Bestimmung thermodynamischer Parameter mizellarer Systeme bestehen nur, wenn die Differenz der Enthalpien ΔH_{Demiz} und ΔH_{Verd} sehr klein ist (Abb. 19, S. 39). Als problematisch erweist sich die Titrationskalorimetrie jedoch, wenn neben einfachen Mizellen noch andere (größere) Aggregate vorliegen, deren Bildung oder Zerfall den eigentlich zu detektierenden Demizellierungsprozeß störend beeinflussen können.

4.3.2 Die kontrollierte Solubilisierung der gereinigten Na,K-ATPase

Laut Literaturangaben wird die gereinigte Na,K-ATPase bei hoher Ionenstärke (100-200 mM KCl oder NaCl) solubilisiert, da sich das Enzym in Anwesenheit dieser Kationen bezüglich der enzymatischen Aktivität stabiler verhält. Dieser Effekt beruht vermutlich auf der Erhöhung der Denaturierungstemperatur der Na,K-ATPase um 2-4°C in Anwesenheit verschiedener Kationen, wie direkt durch DSC-Studien (174), bzw. indirekt durch zeitabhängige Inaktivierungsstudien, basierend auf Aktivitätsmessungen, unabhängig voneinander gezeigt wurde (206, 207). Da jedoch mit dem solubilisierten Enzym in dieser Arbeit unter anderem Untersuchungen zur Kationenbindung vorgesehen waren, und sich diese Salze nach der Solubilisierung nicht ohne größeren Zeitaufwand wieder restlos entfernen lassen, wurde hier nur bei niedriger Ionenstärke, das heißt in Abwesenheit von Na^+ oder K^+ solubilisiert.

Zur ausführlichen Diskussion der Ergebnisse der kontrollierten Solubilisierung der gereinigten Na,K-ATPase mit den in dieser Arbeit untersuchten $C_{12}E_x$-Detergenzien ist es erforderlich, den Solubilisierungsvorgang nicht nur als Gesamtprozeß, sondern als die Summe einer bestimmten Anzahl von Teilreaktionen zu betrachten. Für die Solubilisierung von reinen Lipidmembranen wird in der Literatur grundsätzlich ein Modell vorgeschlagen, das eine Sequenz von 3 abgrenzbaren, aufeinander folgenden Teilabschnitten beinhaltet (136-138, 140, 210).

I. ***Detergens-Bindung***
Das Detergens wird in die Lipiddoppelschicht inkorporiert, die physikalischen Eigenschaften der Membran verändern sich.

II. ***Lamellar-mizellare-Phasenumwandlung (graduelle Solubilisierung)***
Ist die Lipiddoppelschicht mit Detergensmonomeren gesättigt, beginnt die graduelle Phasenumwandung, bei der sich gemischte Mizellen bilden. Diese bestehen aus einer Mischung von Lipid- und Detergensmolekülen. Während dieser Phase ist eine Koexistenz lamellarer Strukturen, wie der Lipiddoppelschicht, und mizellarer Strukturen zu beobachten. Die graduelle Phasenumwandung schreitet bei weiterer Erhöhung der Detergenskonzentraton zugunsten der mizellaren Strukturen fort.

III. ***Vollständige Solubilisierung***
Die vollständige Phasenumwandlung hat stattgefunden, eine weitere Detergenszugabe verschiebt nur noch das Detergens/Lipid-Gleichgewicht in den gemischten Mizellen.

Die Detergenskonzentrationen, bei denen die Sättigung der Lipiddoppelschicht sowie die vollständige Solubilisierung stattfinden, stellen für ein jeweiliges Detergens/Lipid-System charakteristische Werte dar.
Werden, wie dieser Arbeit, Na,K-ATPase-Membranfragmente solubilisiert, so muß dieses Modell erweitert werden, denn neben den erwähnten Detergens-Lipid-Interaktionen finden auch noch Detergens-Protein-Interaktionen statt. Weiterhin könnten im Verlauf der Solubilisierung Zwischenprodukte, z. B. Na,K-ATPase-Diprotomere, entstehen, die bei einer weiteren Detergenskonzentrationserhöhung in Monoprotomere zerfallen könnten.
Die während der kontrollierten Soubilisierung der Na,K-ATPase durch die photometrische und kalorimetrische Detektion erhaltenen Ergebnisse werden im folgenden anhand des vorgestellten Modells diskutiert.

4.3.2.1 Photometrische $C_{12}E_x$-Titrationen mit Parallelbestimmung der enzymatischen Aktivität

Die Zuordnung der bei den photometrischen Detergens-Titrationen der gereinigten Na,K-ATPase detektierten Streuintensitätsänderungen zu einem der 3 zuvor genannten Teilabschnitte des Solubilisierungsmodells ist eindeutig. Da die Streuintensität eines Partikels proportional zu dessen Größe ist, wird der während der Titration zu beobachtende Streuintensitätsbfall durch den Zerfall der großen Membranfragmente (mittlerer Durchmesser ca. 250 nm, Abb. 7, S. 15) in die im Verhältnis dazu kleinen, gemischten Mizellen (Durchmesser 10-20 nm, Abb. 33, S. 58) verursacht. Prinzipiell ist auch die Sättigung der

Na,K-ATPase-Membranfragmente mit Detergens photometrisch zu verfolgen (z. B. mit Brij 35, Kap. 3.2.4.1, S. 43). Dieser Prozeß zeichnet sich dadurch aus, daß bis zu einer bestimmten Detergens-Schwellenkonzentration keine große Streuintensitätsänderung stattfindet, da keine signifikante Größenveränderung der Membranfragmente erfolgt.

Die durch die kontrollierte Solubilisierung der gereinigten NA,K-ATPase ermittelten Titrationskurven sind, mit Ausnahme des Brij 35, bei sehr ähnlichem Verlauf im wesentlichen nur konzentrationsverschoben (Abb. 46, S. 77,), was sich in einer Differenz bezüglich der ermittelten, scheinbaren $C_{12}E_x$-Assoziationskonstanten äußert (Tab. 2, S. 43). Das bedeutet, daß sich die untersuchten $C_{12}E_x$-Detergenzien trotz ihrer vergleichbaren CMCs in ihrer Effizienz (Mindestkonzentration zur vollständigen Solubilisierung) deutlich unterscheiden. Bezüglich dieser Effizienz besteht folgende Abhängigkeit von der Größe ihrer hydrophilen Kopfgruppe:

$$\textbf{\textit{Brij 35}}\ (C_{12}E_{23}) \ll C_{12}E_{10} < C_{12}E_{8}$$

Die Diskussion dieses Befundes erfolgt später. Das $C_{12}E_6$ folgt dieser Reihe jedoch nicht. Ein Grund dafür könnte die für dieses Detergens bekannte Ausbildung großer, nicht näher definierter Aggregate bei Raumtemperatur sein (176), die die Effizienz des $C_{12}E_6$ in unbekannter Weise beeinflussen.
Ein weiteres Maß für die Effizienz eines Detergens ist neben seiner Affinität zur Membran und/oder zum Protein seine Fähigkeit, wie vollständig es die Membran und/oder das Protein zu solubilisieren vermag. Dies ist an dem im Vergleich zur Ausgangs-Streuintensität im Verlauf der Solubilisierung minimal zu erreichenden Endwert zu erkennen (Abb. 46, S. 77). Dieser ist für das $C_{12}E_8$ und das $C_{12}E_{10}$ von vergleichbarer Größe, das $C_{12}E_6$ ist gerinfügig ineffizienter. Das Brij 35 zeigt auch hier eine deutlich niedrigere Effizienz, denn mit diesem ist es auch bei extrem hohen Konzentrationen nicht möglich, die gereinigte Na,K-ATPase vollständig in die mizellare Phase zu überführen (Abb. 46, S. 77).

Deutlich erkennbar ist auch, daß eine Abhängigkeit der inhibierenden Wirkung der untersuchten $C_{12}E_x$-Detergenzien auf die enzymatische Aktivität der Na,K-ATPase vorliegt. Dabei nimmt diese inhibitorische Wirkung mit Verkleinerung der hydrophilen Kopfgruppe zu:

$$\textbf{\textit{Brij 35}}\ (C_{12}E_{23}) \ll C_{12}E_{10} \approx C_{12}E_{8} < C_{12}E_{6}$$

Das Brij 35 zeigt als einziges der untersuchten Detergenzien auch bei extrem hohen Konzentrationen keinen inhibierenden Effekt (Abb. 21, S. 42). Dieser Aspekt wird später diskutiert. $C_{12}E_8$ und $C_{12}E_{10}$ hatten bis zu einem molaren Detergens/Protein-Verhältnis von ca. 1000 eine vergleichbare inhibierende Wirkung (ca. 20%), bei weiterer Konzentrationserhöhung war diese beim $C_{12}E_8$ jedoch etwas stärker ausgeprägt. Das $C_{12}E_6$ hatte, im Gegensatz zu den anderen Detergenzien bei solubilisierenden Konzentrationen eine drastische Inhibition der enzymatischen Aktivität zur Folge.

Für die Diskussion der Unterschiede bezüglich der Effizienz und der inhibierenden Wirkung der hier untersuchten $C_{12}E_x$-Detergenzien muß zunächst ihr molekularer Aufbau genauer betrachtet werden.

Da alle hier untersuchten Detergenzien einen Alkylrest mit 12 C-Atomen besitzen, müssen die oben genannten, unterschiedlichen Eigenschaften auf der unterschiedlichen Größe ihrer hydrophilen Kopfgruppe beruhen. Dabei reicht der Durchmesser der hydrophilen Kopfgruppe unter der Annahme, daß die Polyethylenglycolkette als zufällig orientiertes Knäuel vorliegt, von ca. 1,1 nm beim $C_{12}E_6$ bis ca. 2,5 nm beim Brij 35 (208). Wie aus Abb. 45 gut ersichtlich ist, hat diese Größendifferenz bei einer Alkylkettenlänge von ca. 1,6 nm einen erheblichen Einfluß auf die Gesamtgestalt des $C_{12}E_x$-Moleküls.

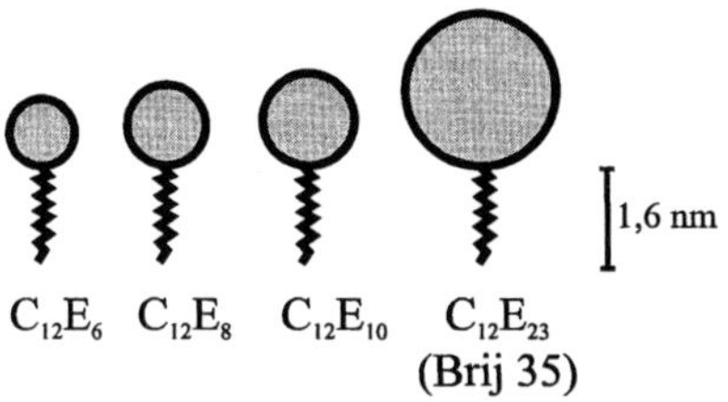

Abb. 45. Vergleich des ungefähren Durchmessers der hydrophilen Kopfgruppe verschiedener $C_{12}E_x$-Detergenzien. Die Größenverhältnisse zwischen der Kopfgruppe (Zufallsknäuel-Struktur) und dem Alkylrest sind gewahrt.

Die allgemein stärker denaturierende Wirkung von nichtionischen Detergenzien mit kleinen hydrophilen Kopfgruppen - wie dem $C_{12}E_6$ - auf integrale Membranproteine ist bereits in der Literatur beschrieben worden (130, 176). Die stark denaturierende Wirkung des $C_{12}E_6$ auf die enzymatische Aktivität der Na,K-ATPase (Tab. 2, S. 43) könnte z. B. auf seiner sehr kleinen Kopfgruppe beruhen. Diese könnte es dem $C_{12}E_6$ ermöglichen, in gewisse Proteinbereiche zu gelangen (z. B. Substratbindungsstellen), und dort die native Proteinstruktur zu stören. Die Veränderung bestimmter Eigenschaften eines integralen Membranproteins durch die direkte Detergens-Bindung an bestimmte, nicht membranständige Domänen ist schon lange bekannt. Huang et al. diskutierten z. B. die reversible Bindung von $C_{12}E_8$ an die niederaffine ATP-Bindungsstelle der Na,K-ATPase aus der Kaninchenniere unter nicht solubilisierenden Bedingungen, was die Verschiebung des E1/E2-Konformations-gleichgewichtes des Enzyms zugunsten von E1 bewirken soll (209). Für $C_{12}E_x$-Detergenzien mit größeren Kopfgruppen, z. B. dem Brij 35, könnten diese Proteinbereiche aufgrund einer sterischen Hinderung dagegen nur eingeschränkt zugänglich sein. Dies wäre auch eine plausible Erklärung für die fehlende inhibitorische Wirkung des Brij 35 (Tab. 2, S. 43).

Das Brij 35 nimmt aufgrund seines in mehreren Hinsichten stark abweichenden Verhaltens gegenüber den anderen untersuchten $C_{12}E_x$-Detergenzien eine Sonderstellung ein, denn:

- Bei niedrigen Brij 35/Protein-Verhältnissen unter 40-50 steigt die Streuintensität während der Titration der gereinigten Na,K-TPase zunächst um 2-3% an, bevor sie dann bei stufenweiser Erhöhung der Brij 35-Konzentration im weiteren Titrationsverlauf wieder zu sinken beginnt (Abb. A 4, S. 169). Das deutet darauf hin, daß die Na,K-ATPase-Membranfragmente durch die Inkorporation von Brij 35 an Größe zunehmen, bevor sie dann nach einer Sättigung bei einer weiteren Brij 35-Konzentrationserhöhung partiell in gemischte Mizellen zu zerfallen beginnen. Der Größenzuwachs der Na,K-ATPase-Membranfragmente ist nur mit dem Brij 35 erreichbar, vermutlich weil dieser mit den anderen untersuchten $C_{12}E_x$-Detergenzien, bedingt durch deren kleinere Kopfgruppen, geringer ausfällt. Dieser zuvor genannte Streuintensitätsanstieg ist auch schon bei der

Zugabe von subsolubilisierenden Konzentrationen von $C_{12}E_8$ zu reinen Lipidvesikeln beschrieben worden (140). Eine direkte Überprüfung des vermuteten Größenzuwachses der Na,K-ATPase-Membranfragmente durch dynamische Streulichtmessungen ist nicht möglich, da diese Methode zu insensitiv ist, um solche relativ geringen Größenunterschiede zu detektieren.

- Die mit dem Brij 35 minimal zu erreichende Steuintensität von 40% des Ausgangsniveaus zeigt, daß eine vollständige Solubilisierung mit diesem Detergens im Sinne einer gesamthaften Überführung des Enzyms von der Membranphase in die Mizellphase nicht möglich ist.
- Gegenüber den anderen $C_{12}E_x$-Detergenzien verläuft die Solubilisierung der gereinigten Na,K-ATPase mit Brij 35 biphasisch. Einem schnellen, im Photometer zeitlich nicht auflösbaren Streuintensitätsabfall folgt ein weiterer (Halbwertszeit ca. 70 min) mit gleicher Amplitude (Abb. 22, S. 44). Dafür ist vermutlich die voluminöse, hydrophile Kopfgruppe des Brij 35 verantwortlich. Da die Zusammensetzung des Brij 35 bezüglich der Polyethylenglycol-Kettenlänge heterogen ist ($C_{12}E_{23\,\pm\,6}$, Kap. 3.2.2, S. 35), könnten $C_{12}E_x$-Moleküle mit einer kleineren hydrophilen Kopfgruppe den schnellen Absorptionsabfall verursachen. Diejenigen mit einer voluminöseren Kopfgruppe könnten aufgrund sterischer Hinderungen beispielsweise nur langsam in die Membranfragmente inkorporieren und/oder an das Protein binden und würden somit für den langsameren Streuintensitätsabfall verantwortlich sein.

Wie die Ergebnisse der in Kap. 3.2.4.1 (S. 40 ff.) durchgeführten Experimente zeigen, bieten photometrische Detergens-Titrationen die Möglichkeit, die kontrollierte Solubilisierung der gereinigten Na,K-ATPase quantitativ zu untersuchen. In Verbindung mit der zu jedem Zeitpunkt der Titration möglichen Überprüfung der enzymatischen Aktivität ist eine schnelle und einfache Ermittlung eines geeigneten Detergens zur funktionellen Solubilisierung dieses Enzyms gegeben. Wie mit dem Brij 35 gezeigt wurde, ist es weiterhin prinzipiell auch mit anderen Detergenzien möglich, über photometrische Detergens-Titrationen die Teilbereiche der Detergensbindung und der lamellar-mizellaren Phasenumwandlung zu unterscheiden. Andere, an der Solubilisierung beteiligte Teilreaktionen, die nicht mit intensiven Größenänderungen einhergehen, sind nicht detektierbar. Es kann demnach nicht erwartet werden, daß der weitere Zerfall während der Titration eventuell auftretender Zwischenprodukte, wie z. B. Na,K-ATPase-Oligoprotomere in Diprotomere oder Monoprotomere durch Streuintensitätsänderungen nachzuweisen ist. Weiterhin muß erwähnt werden, daß photometrische Detergens-Titrationen keine Möglichkeiten bieten, um zwischen Detergens/Lipid- und Detergens/Protein-Interaktionen zu unterscheiden.

4.3.2.2 Kalorimetrische $C_{12}E_x$-Titrationen

Eine systematische, kalorimetrische Untersuchung der Solubilisierung eines integralen Membranproteins liegt in der Literatur bis heute nicht vor. Lediglich die Solubilisierung reiner Lipidvesikeln wurde kalorimetrisch eingehend untersucht (156). Ein Hauptgrund besteht vermutlich häufig in einem Mangel einer ausreichenden Menge an reinem Protein, die für die Titrationskalorimetrie benötigt wird. Hier bietet die gereinigte Na,K-ATPase ideale Untersuchungsmöglichkeiten, da dieses Enzm in ausreichender Menge und vor allem im Vergleich zu anderen integralen Membranproteinen in sehr guter Reinheit unter weitgehender Erhaltung der nativen Lipid-Protein-Wechselwirkungen isoliert werden kann (Kap. 2.2, S. 14). Weiterhin ist auch denkbar, daß in Anbetracht der zu erwartenden Komplexität der Ergebnisse solcher Untersuchungen eine sinnvolle Interpretation nicht für möglich gehalten wird.

Die kalorimetrischen Titrationen der gereinigten Na,K-ATPase mit $C_{12}E_x$-Detergenzien zeigen im Gegensatz zu den photometrischen Titrationen ein wesentliches differenzierteres Bild des Solubilisierungsvorganges (Abb. 46).

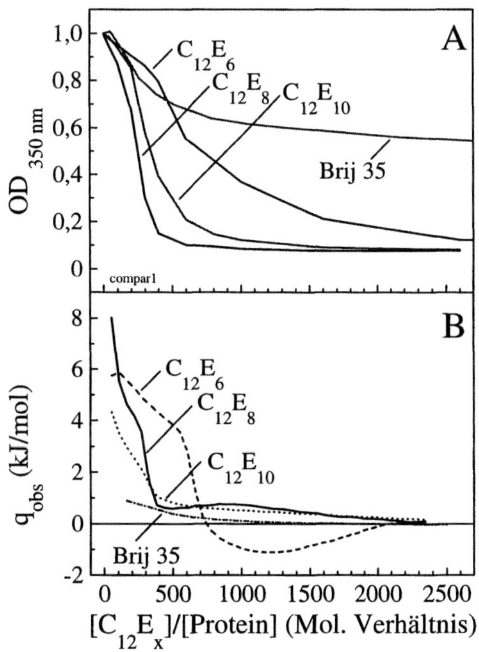

Abb. 46. Kontrollierte Solubilisierung der gereinigten Na,K-ATPase mit verschiedenen $C_{12}E_x$-Detergenzien. (A) Photometrische- und (B) kalorimetrische Detergens-Titrationen. Die genauen Versuchsbedingungen können Abb. 21, S. 42 und Abb. 24-26, S. 46-49 entnommen werden.

Während die photometrischen Titrationskurven der unterschiedlichen Detergenzien, mit Ausnahme des Brij 35, bei im wesentlichen gleichen Verlauf nur konzentrationsverschoben sind (Abb. 46 A), resultieren aus den kalorimetrischen Titrationsexperimenten völlig unterschiedliche Titrationsverläufe (Abb. 46 B). Vorwegnehmend muß für alle kalorimetrischen Titrationen erwähnt werden, daß, wie auch bei den photometrischen Detergens-Titrationen, beim jetzigen Wissensstand noch nicht eindeutig zwischen Detergens/Lipid und Detergens/Protein-Interaktionen unterschieden werden kann. Weiterhin sind eindeutige Zuordnungen der beobachteten Reaktionswärmen zu einzelnen Teilreaktionen des Gesamtsolubilisierungsvoranges im Gegensatz zu den photometrisch detektierten Detergens-Titrationen schwieriger zu treffen, denn verschiedene, möglicherweise gleichzeitig ablaufende Reaktionen können aufgrund ihrer jeweiligen Enthalpie entweder zu einer additivien oder zu einer kompensierenden Superposition der resultierenden Reaktionswärmen führen.

Da sich im Verlauf dieser Arbeit aufgrund der in Kap. 3.2.4.3 (S. 51) genannten Argumente das $C_{12}E_8$ als besonders geeignet für die Solubilisierung der gereinigten Na,K-ATPase unter Erhaltung ihrer funktionellen und strukturellen Eigenschaften herausstellte, soll im folgenden nur detailliert auf den kalorimetrischen Titrationsverlauf mit diesem Detergens eingegangen werden. Dazu muß sowohl die zeitabhängige Detektion der Reaktionswärmen (Abb. 23 A und C, S. 46), als auch die konzentrationsabhängige Titrationsenthalpie herangezogen werden (Abb. 23 B, S. 46). Die einfachste Annahme, die den kalorimetrischen Titrationsverlauf der kontrollierten Solubilisierung der gereinigten Na,K-ATPase mit $C_{12}E_8$ beschreiben kann, ist eine Superposition der thermischen Beiträge von 4 Teilreaktionen. Diese werden im folgenden einzeln erläutert:

1. und 2. Teilreaktion:

Die den ersten 6 $C_{12}E_8$-Zugaben bis zu einem molaren $C_{12}E_8$/Protein-Verhältnis von ca. 350 folgenden, endothermen Reaktionswärmen (Abb. 23 B, S. 46) können aufgrund des Ergebnisses aus Kap. 3.2.5.2 (S. 53) der $C_{12}E_8$-Bindung sowie dem anschließenden, partiellen Zerfall der Na,K-ATPase-Membranfragmente in gemischte Mizellen zugeordnet werden. Dies deckt sich gut mit der photometrischen Titration, bei der bis zu einem molaren $C_{12}E_8$/Protein-Verhältnis von ca. 400 der Hauptstreuintensitätsabfall stattfindet.

3. Teilreaktion:

Ab der sechsten $C_{12}E_8$-Zugabe tritt nach der endothermen Reaktionswärme jeweils noch eine exotherme Reaktionswärme auf (Abb. 23 C, S. 46), die nach jeder weiteren Zugabe geringer wird und nach der elften $C_{12}E_8$-Addition ($C_{12}E_8$/Protein-Verhältnis ca. 650) nicht mehr detektierbar ist. Die Ausbildung des Minimums der endothermen Titrationsenthalpien bei einem molaren $C_{12}E_8$/Protein-Verhältnis von ca. 500 (Abb. 23 B, S. 46) kann demnach durch eine Superposition eines schnelleren, endothermen Prozesses mit einem jeweils langsameren, exothermen Prozess erklärt werden. Diese exothermen Prozesse gehen aber nicht mit drastischen Größenveränderungen einher, da in diesem Stadium bei der photometrischen Titration nur noch geringe Streuintensitätsabfälle registriert werden (Abb. 46 A). Die Erklärung für diese exothermen Prozesse könnten beispielsweise $C_{12}E_8$-konzentrationsabhängige Umstrukturierungen verschiedenster Art innerhalb der gebildeten $C_{12}E_8$/Lipid/Protein-Mizellen sein.

4. Teilreaktion:

Ab der zwölften $C_{12}E_8$-Zugabe oberhalb eines molaren Detergens/Protein-Verhältnisses von ca. 650 treten nur noch endotherme Reaktionswärmen auf, die mit Erhöhung der Detergenskonzentration erst ein breites und flaches Maximum erreichen, und dann langsam ausklingen (Abb. 23 A, S. 46). Eine eindeutige Zuordnung dieser endothermen Reaktionswärmen in diesem Titrationsbereich kann zum jetzigen Zeitpunkt nicht getroffen werden. Es ist jedoch nicht auszuschließen, daß diese Reaktionswärmen aus dem weiteren Zerfall von gebildeten Zwischenprodukten (z. B. Na,K-ATPase-Diprotomere) in Endprodukte (z. B. Na,K-ATPase-Monoprotomere) resultieren. Gelänge es, die Na,K-ATPase in diesem Solubilisierungsstadium durch eine geeignete Aufreinigungsmethode vollständig von proteinfreien, gemischten $C_{12}E_8$/Lipid-Mizellen zu trennen, so könnte ein weiteres Titrationsexperiment klären, ob es sich hierbei um Reaktionswärmen, die aus Detergens/Lipid oder Detergens/Protein-Interaktionen resultieren, handelt.

Betrachtet man den kalorimetrischen Titrationsverlauf der Solubilisierung der gereinigten Na,K-ATPase mit $C_{12}E_{10}$, so fehlt im Gegensatz zu dem mit $C_{12}E_8$ erhaltenen nur die Ausbildung eines Minimums der endothermen Titrationsenthalpien beim molaren $C_{12}E_8$/Protein-Verhältnis im Bereich von etwa 500. Eine Erklärung dieses Phänomens liefert hier wiederum die detaillierte Betrachtung der zeitabhängigen Reaktionswärmen (Abb. 24, S. 47). Da die exothermen Reaktionswärmen in diesem Titrationsbereich bezüglich ihrer Intensität vergleichbar mit denen der Titration mit $C_{12}E_8$ sind (nicht gezeigt) sowie im gleichen Konzentrationsbereich auftreten, müssen hier folglich die endothermen Reaktionswärmen intensiver ausfallen. Das ist durchaus plausibel, wenn man berücksichtigt, daß bei einem molaren $C_{12}E_{10}$/Protein-Verhältnis in der photometrischen Titration von ca. 500 noch ein merklicher Zerfall der Na,K-ATPase-Membranfragmente in kleinere Partikel detektiert werden kann (Abb. 21, S. 42), der mit endothermen Reaktionswärmen einhergeht.

Der kalorimetrische Titrationsverlauf der Solubilisierung der gereinigten Na,K-ATPase mit $C_{12}E_6$ (Abb. 46, S. 77) ist im Gegensatz zu denen der zuvor besprochenen Detergenzien durch das Auftreten intensiver, exothermer Titrationsenthalpien gekennzeichnet, die bei einem molaren $C_{12}E_6$/Protein-Verhältnis von ca. 550 einsetzen, und so für einen extrem steilen Abfall der endothermen Titrationsenthalpien in diesem Titrationsbereich verantwortlich sind. Da die mit $C_{12}E_6$ vollständig solubilisierte Na,K-ATPase völlig inaktiv ist, wird das Auftreten großer exothermer Titrationsenthalpien während der Solubilisierung als ungünstig gewertet. Exotherme Prozesse könnten beispielsweise aus besonders intensiven $C_{12}E_6$-Protein-Wechselwirkungen resultieren, die für eine Störung der nativen Proteinstruktur des solubilisierten Enzyms verantwortlich sein könnten.

Der kalorimetrische Titrationsverlauf der Solubilisierung der gereinigten Na,K-ATPase mit Brij 35 soll hier nicht eingehend diskutiert werden, da bereits in Abb. 26 (S. 49) gezeigt wurde, daß eine Auswertung aufgrund des ungünstigen Verhältnisses der Verdünnungswärme zur aus der Solubilisierung resultierenden Reaktionswärme nicht sinnvoll erscheint.

Der Vergleich der systematischen, kalorimetrischen Untersuchung der Solubilisierung der gereinigten Na,K-ATPase zeigt nur partielle Übereinstimmungen mit der Solubilisierung von reinen Lipidvesikeln mit $C_{12}E_8$. Während die Bindung von $C_{12}E_8$ sowohl an Na,K-ATPase-

Membranfragmente, als auch an POPC-Vesikeln mit endothermen Titrationsenthalpien einhergeht, ist der Zerfall der Na,K-ATPase-Membranfragmente in gemischte Mizellen schwach endotherm, der der POPC-Vesikeln schwach exotherm (156). Dieser Unterschied sollte jedoch nicht zu hoch bewertet werden, da im Na,K-ATPase-System, wie schon zuvor erwähnt, immer eine Superposition der thermischen Effekte mehrerer gleichzeitig stattfindender Reaktionen beobachtet wird, und beim jetzigen Wissensstand hierbei nicht zwischen Detergens-Protein- und Detergens-Lipid-Wechselwirkungen unterschieden werden kann.

Zusammenfassend zeigen die Ergebnisse der titrationskalorimetrischen Experimente, daß durch diese Methode eine sehr viel differenzierte Untersuchung der Solubilisierung als durch die photometrische Detektion möglich ist. Mindestens 4 Teilreaktionen müssen an der Solubilisierung der gereinigten Na,K-ATPase mit $C_{12}E_8$ beteiligt sein, wobei die Zuordnung der thermischen Prozesse zu bestimmten Teilreaktionen beim jetzigen Kenntnisstand teilweise noch Schwierigkeiten bereitet. Weiterhin wird durch die kalorimetrische Untersuchung sehr deutlich erkennbar, daß die bei verschiedenen Detergens/Protein-Verhältnissen solubilisierte Na,K-ATPase durchaus sehr unterschiedliche strukturelle Eigenschaften aufweisen könnte, was letzlich drastischen Einfluß auf die Ergebnisse von Strukturbestimmungen durch Röntgen- oder Neutronen-Kleinwinkelstreuung nehmen kann. Da insbesondere die Züchtung von Kristallen membranintegraler Proteine nur mit einem homogenen und sehr gut definierten Ausgangsmaterial möglich ist, könnte die Titrationskalorimetrie in Verbindung mit anderen strukturellen Charakterisierungsmethoden diesbezüglich wertvolle Beiträge leisten.

4.3.2.3 Vergleichende, kontrollierte Solubilisierung der gereinigten Na,K-ATPase aus der Schweineniere mit $C_{12}E_8$

Die photometrische Detektion der vergleichenden, kontrollierten Solubilisierung der gereinigten Na,K-ATPase zeigt, daß das Enzym der Schweineniere im Vergleich zum Enzm aus der Salzdrüse des Dornhais bereits bei einem geringeren, molaren $C_{12}E_8$/Protein-Verhältnis vollständig solubilisiert wird. Weiterhin fällt bei der kalorimetrischen Titration auf, daß sich die Titrationsverläufe deutlich unterscheiden (Abb. 29, S. 55). Da aufgrund der Ergebnisse der funktionellen Untersuchungen im zweiten Teil dieser Arbeit mit hoher Wahrscheinlichkeit angenommen werden kann, daß die Na,K-ATPase beider Spezies strukturell sehr ähnlich ist, beruht das unterschiedliche Solubilisierungsverhalten vermutlich auf einer anderen Membranzusammensetzung. Erste Hinweise auf derartige Unterschiede wurden im Rahmen dieser Arbeit bereits beim Vergleich der Denaturierungstemperatur des Enzyms aus der Schweineniere und der Salzdrüse des Dornhais erhalten (S. 71).

4.3.2.4 Kinetische Aspekte der Solubilisierung der gereinigten Na,K-ATPase mit $C_{12}E_8$

Die Dynamik der Solubilisierung eines integralen Membranproteins ist in der Literatur bisher noch nicht eingehend beschrieben worden. Vermutlich sind dafür dieselben Gründe verantwortlich, die bereits in Kap. 4.3.2.2 (S. 77) angesprochen wurden.
Die Ergebnisse der kinetischen Experimente zeigen, daß der Zerfall der Na,K-ATPase-Membranfragmente, abhängig vom molaren $C_{12}E_8$/Protein-Verhältnis, im Sekunden- bis Millisekundenbereich erfolgt (k_{obs}^{max} 250-300 sec^{-1}, Abb. 30, S. 56). Dies ist aus der Sicht der stattfindenden, umfangreichen Phasenumwandlung der verhältnismäßig großen Na,K-ATPase-Membranfragmente (ca. 250 nm Durchmesser) in wesenlich kleinere, gemischte Mizellen (Durchmesser ca. 15 nm) ein überraschendes Ergebnis. Weiterhin zeigt die $C_{12}E_8$-konzentrationsabhängige Auftragung der reziproken Abklingzeiten (k_{obs}) aufgrund des hyperbolischen Kurvenverlaufs deutlich, daß kein einfacher 1-Schritt-Reaktionsprozeß vorliegt. In diesem Fall würde man eine lineare Konzentrationsabhängigkeit von k_{obs} erwarten. Das einfachste Reaktionsmodell, mit dem der hyperbolische Kurvenverlauf erklärt werden kann, ist ein Zweischritt-Reaktionsschema. Dieser besteht aus einem schnellen, mit der stopped-flow-Apparatur zeitlich nicht auflösbaren Bindungsschritt (***I***), der mit einem nachfolgenden, und zeitlich auflösbaren Reaktionsschritt (***II***) gekoppelt ist. Der erste Schritt könnte hierbei in der reversiblen Bindung einer bestimmten Anzahl (y) von $C_{12}E_8$-Monomeren an ein Na,K-ATPase-Membranfragment (F) unter Ausbildung des Zwischenproduktes $F{\cdot}(C_{12}E_8)_y$ bestehen. Im folgenden Reaktionsschritt findet dann der im Verhältnis zur Bindung langsame Zerfall des mit $C_{12}E_8$ gesättigten Membranfragments in eine bestimmte Anzahl (x) gemischter Mizellen (M) statt. Dieser Reaktionsschritt ist geschwindigkeitsbestimmend und kann als irreversibel angesehen werden.

$$\overbrace{F + y\,C_{12}E_8 \rightleftharpoons F{\cdot}(C_{12}E_8)_y}^{\textbf{\textit{I}}\ (\ll 1{,}5\ msec)} \overbrace{\longrightarrow M_x}^{\textbf{\textit{II}}\ (k_{obs}^{max}\ 300\ sec^{-1})}$$

Abb. 46 (II). Kinetisches Zweischritt-Reaktionsmodell mit geschwindigkeitsbestimmenden, zweiten Reaktionsschritt. F: Na,K-ATPase-Membranfragment, M: gemischte Mizelle

Eine sinnvolle quantitative Bestimmung kinetischer Parameter aus den Meßdaten erscheint jedoch nicht mit Sicherheit möglich zu sein, da bei höheren molaren $C_{12}E_8$/Protein-Verhältnissen der Zerfall der Na,K-ATPase-Membranfragmente erst mit einer zeitlichen Verzögerung von 5-10 msec nach dem Mischen einsetzt. Über die Ursache dieser zeitlichen Verzögerung können zum jetzigen Zeitpunkt nur spekulative Aussagen getroffen werden, jedoch gibt es in der Literatur Hinweise, daß der Zerfall von Detergensmizellen im Millisekundenbereich stattfindet (130). Da angenommen werden kann, daß das $C_{12}E_8$ in der monomeren Form, und nicht als Mizelle mit Membranen in Wechselwirkung tritt (210), würde dies bedeuten, daß die $C_{12}E_8$-Demizellierung neben dem Zerfall der Na,K-ATPase-Membranfragmente ebenfalls zu einem geschwindigkeitsbestimmenden Schritt werden könnte. Experimente zur Kinetik der Demizellierung von $C_{12}E_8$, die zur Klärung der offenen Fragen beitragen sollen, sind angestrebt.

In der Literatur existieren nicht viele Arbeiten, die sich detailliert mit der Wechselwirkung von Detergens mit proteinhaltigen Membranen bezüglich der hier gezeigten Problematik auseinandersetzen (211-213). Im Zusammenhang mit der Na,K-ATPase exisiert nur eine Arbeit, die sich jedoch mit der Bindung von $C_{12}E_8$ an die niederaffine ATP-Bindungsstelle beschäftigt (209). Le Maire et al. konnten durch den Einsatz der schnellen Filtrationstechnik und durch stopped-flow-Experimente zeigen, daß $C_{12}E_8$ ebenfalls im Millisekundenbereich nichtkooperativ an Ca^{2+}-ATPase-haltige Vesikeln des sarkoplasmatischen Retikulums bindet (211). Die Autoren verfolgten auf eine elegante Weise die Bindung von $C_{12}E_8$ an das Protein aufgrund einer damit einhergehenden Erhöhung der intrinsischen Tryptophanfluoreszenz direkt fluorimetrisch. So war die Unterscheidung zwischen $C_{12}E_8$/Lipid- und $C_{12}E_8$/Protein-Wechselwirkungen in diesem System möglich. Allerdings muß hierbei erwähnt werden, daß diese Experimente unter nicht solubilisierenden Bedingungen durchgeführt wurden.
Durch kinetische Streulichtexperimente zeigten Brinkmann et al. (215) in einer erst kürzlich erschienenen Arbeit, daß SDS hochkooperativ ($n = 8$) an reine Lipidvesikeln, bestehend aus Natriumtridecyl-6-benzensulfonat, bindet. Dabei scheint die hochkooperative Bindung an Membranen und Proteine ein Charakteristikum der anionischen und kationischen Detergenzien zu sein (130), die vermutlich aus diesem Grund im Vergleich zu den nichtionischen Detergenzien (deutlich weniger kooperative oder nichtkooperative Bindung) so stark denaturierend auf Proteine wirken.

4.4 Strukturelle Eigenschaften der solubilisierten Na,K-ATPase

Die Auswertung des CD-Spektrums der präparativ solubilisierten Na,K-ATPase zeigt, daß gegenüber dem gereinigten Enzym eine scheinbare Verschiebung von α-Helix-Strukturanteilen zugunsten von β-Faltblattstrukturen von ca. 6% stattfindet (Tab. 4, S. 59). Jedoch ist dieser Effekt möglicherweise auf einen Detektionsartefakt im CD-Spektrum der gereinigten Na,K-ATPase zurückzuführen, der durch die Lichtstreuung der verhältnismäßig großen Membranfragmente hervorgerufen wird, und die quantitative Auswertung beeinflussen könnte. Bei der präparativ solubilisierten Na,K-ATPase ist dagegen die Lichtstreuung aufgrund der weitgehenden Abwesenheit großer Partikel drastisch erniedrigt, und somit das CD-Spektrum dieser Enzympräparation vermutlich repräsentativer. Aus diesem Grund sollte die leicht veränderte Sekundärstrukturzusammensetzung der gereinigten und der präparativ solubilisierten Na,K-ATPase nicht zu hoch bewertet werden. Über ähnliche Schwierigkeiten wurde auch schon bei der quantitativen Sekundärstrukturbestimmung der membrangebundenen Ca^{2+}-ATPase des sarkoplasmatischen Retikulums berichtet (216).

Die Denaturierungstemperatur der präparativ solubilisierten Na,K-ATPase ist im Vergleich zu der des gereinigten Enzyms drastisch um ca. 9°C auf 40,5°C erniedrigt (vergl. Abb. 12, S. 32 u. Abb. 34, S. 60). Das bedeutet, daß die Membran, in der die gereinigte Na,K-ATPase eingebettet ist, einen thermisch stabilisierenden Effekt auf das Enzym ausüben muß. Da die

Halbwertsbreite der Umwandlung im Vergleich zum gereinigten Enzym einen vergleichbaren Wert aufweist, kann jedoch angenommen werden, daß die Struktur der präparativ solubilisierten Na,K-ATPase gegenüber der des gereinigten Enzyms nicht signifikant verändert ist.
Bezüglich der Homogenität des präparativ solubilisierten Enzyms muß erwähnt werden, daß dessen Phospholipidgehalt gegenüber dem des gereinigten Enzyms nur um ca. 30% erniedrigt ist (S. 57). Dabei ist das Phospholipid vermutlich sowohl in proteinfreien, als auch in proteinhaltigen, gemischten Mizellen lokalisiert. Des weiteren kann die Reinheit des Enzyms bezüglich der Anwesenheit von Fremdprotein durch die präparative Solubilisierung nicht signifikant gesteigert werden (Abb. 32, S. 57). Die Bestimmung der Größenverteilung der präparativ solubilisierten Na,K-ATPase zeigt weiterhin, daß die Partikelgrößen-zusammensetzung durch die Anwesenheit größerer Aggregate unbekannter Zusammensetzung sehr heterogen ist (Abb. 33, S. 58).

Die gemeinsame Beurteilung der Ergebnnisse der zuvor erwähnten, strukturellen Untersuchungen läßt unter Berücksichtigung der enzymatischen Aktivität den Schluß zu, daß die gereinigte Na,K-ATPase aus der Salzdrüse des Dornhais unter dem Erhalt ihrer Struktur sowie der enzymatischen Aktivität mit $C_{12}E_8$ von der Membranphase in die Mizellphase überführt werden kann, und weiterhin über einen Zeitraum von mindestens 48 Stunden ohne einen Verlust ihrer funktionellen Eigenschaften auf Eis gelagert werden kann. Dies macht die solubilisierte Na,K-ATPase aus der Salzdrüse des Dornhais gegenüber dem Enzym anderer Spezies zu einem idealen Ausgangsmaterial für detaillierte strukturelle Unersuchungen. Jedoch besteht aufgrund der Polydispersität der Größenzusammensetzung sowie der Proteinreinheit noch der Bedarf einer weiteren Vereinheitlichung.

4.4.1 Isolation gemischter Na,K-ATPase/$C_{12}E_8$-Mizellen

Da die Qualität der Ergebnisse, beispielweise der Messung der dynamischen Lichtsstreuung oder der Röntgen-Kleinwinkelstreung drastisch von der Reinheit und der Homogenität des zu untersuchenden Objekts abhängt, ist es für derartige Untersuchungen dringend erforderlich, das präparativ solubilisierte Enzym weiter zu vereinheitichen, sowie den Anteil an überschüssigem Detergens, der nicht für die Löslichkeit der Na,K-ATPase in wäßriger Umgebung nötig ist, zu entfernen.
Für die weitere Vereinheitlichung bieten sich sowohl die Trennung nach Größe sowie nach der Dichte an. Aufgrund der im zweiten Teil der Arbeit angestrebten funktionellen Untersuchungen war es erforderlich, die Vereinheitlichung der solubilisierten Na,K-ATPase in Abwesenheit von Na^+ oder K^+ durchzuführen. Obwohl bei der Gelfiltrationschromatographie bei niedriger Ionenstärke aufgrund stattfindender Wechselwirkungen des zu trennenden Materials mit der Säulenmatrix Probleme bei der Auftrennung zu erwarten sind, gelingt es unter diesen Bedingungen trotzdem, die präparativ solubilisierte Na,K-ATPase aufzureinigen. Die gelelektrophoretische Charakterisierung zeigt, daß das so aufgereinigte Enzym frei von nachweisbarem Fremdprotein ist, welches in Form von großen Aggregaten hervorragend abgetrennt wurde (Abb. 35 u. 36, S. 61). Durch die sorgfältige Einstellung einer optimalen $C_{12}E_8$-Konzentration im Elutionspuffer sowie

standardisierter Solubilisierungsbedingungen ist es möglich, ein hochreines Protein zu isolieren, das im Vergleich zum gereinigten Enzym nur unwesentlich oder gar nicht an spezifischer Aktivität verloren hat. Die Charakterisierung der Partikelgrößenverteilung zeigt weiterhin, daß die *hochreine, solubilisierte Na,K-ATPase* bezüglich dieser Eigenschaft als homogen angesehen werden kann (Abb. 37, S. 62). Diese extreme Vereinheitlichung bezüglich der Größe ist jedoch nur mit dem in dieser Arbeit als stationäre Phase verwendeten Sephacryl S-1000 möglich. Mehrere Versuche, die größeren Aggregate mit der von Esmann (122) beschriebenen Gelfiltration über Sephacryl S-300 abzutrennen, führten zu keinem zufriedenstellenden Ergebnis.

Die Auftrennung der präparativ solubilisierten Na,K-ATPase über eine isopyknische Zentrifugation, wie sie in der Literatur bisher noch nicht beschrieben wurde, führt bezüglich der Proteinreinheit zu einem vergleichbaren Ergebnis wie die Gelfiltration (Kap. 3.4.1.2, S. 63). Überraschenderweise weist das so aufgetrennte Enzym eine ATPase-Aktivität auf (ca. 40 µmol/ mg min), wie sie für das solubilisierte Enzym bis heute nicht berichtet wurde. Selbst die höchsten ATPase-Aktivitäten, die für die gereinigte Na,K-ATPase aus der Salzdrüse des Dornhais bekannt sind, liegen deutlich unter dem zuvor genannten Wert (vergl. dazu auch S. 14). Das deutet darauf hin, daß durch die Auftrennung mittels isopyknischer Zentrifugation vermutlich die Aufreinigung ohne einen Verlust der enzymatischen Aktivität des Enzyms möglich ist, da der Anstieg der spezifischen ATPase-Aktivität gegenüber dem gereinigten Enzym (ca. 15%) gut mit der Menge an entferntem Fremdprotein übereinstimmt (10-15%, S. 16). Weiterhin bedeutet dies, daß die Auftrennung über Gelfiltration vermutlich mit einer leichten Inaktivierung einhergeht, die durch die Abtrennung des Fremdproteins zu einer scheinbar fast unveränderten spezifischen Aktivität gegenüber dem solubilisierten Ausgangsmaterial führt. Die Charakterisierung der Größenverteilung der *hochaktiven, solubilisierten Na,K-ATPase* zeigt, daß auch diese Präparation deutlich einheitlicher als das präparativ solubilisierte Enzym ist (Abb. 39, S. 63).

4.4.2 Die strukturelle Charakterisierung der hochreinen, solubilisierten Na,K-ATPase

Die strukturelle Charakterisierung der solubilisierten Na,K-ATPase wurde aufgrund ihrer sehr einheitlichen Partikelgrößenzusammensetzung mit dem hochreinen, solubilisierten Enzym durchgeführt. Die ermittelte, monomodale Größenverteilung dieser Enzympräparation (15 nm mittlerer Durchmesser) stimmt exzellent mit den Literaturangaben überein, die durch analytische Ultrazentrifugation ermittelt wurden (Stokes-Durchmesser ca. 13 nm für $\alpha\beta$-Protomer und ca. 15 nm für $\alpha_2\beta_2$-Diprotomer). Die Halbwertsbreite des Peaks (15 nm) zeigt aber zugleich, daß die Auflösung dieser Methode nicht für die Entscheidung ausreicht, ob die Na,K-ATPase unter den Meßbedingungen als Protomer ($\alpha\beta$) oder Diprotomer ($\alpha_2\beta_2$) in der gemischten Mizelle vorliegt. Interessant ist weiterhin, daß auch eine bimodale Verteilung angepaßt werden konnte. Der Peak im Bereich von 7 nm Durchmesser stimmt dabei mit dem für reine $C_{12}E_8$-Mizellen ermittelten Durchmesser von ca. 5-6 nm (208) gut überein. Da die solubilisierte Na,K-ATPase in Puffer vorlag, dessen $C_{12}E_8$-Konzentration oberhalb der CMC

liegt, erscheint dieses Ergebnis sinnvoll. Der Peak bei 17 nm würde demnach die proteinhaltigen Mizellen repräsentieren. Eine sichere Entscheidung, ob eine monomodale oder die bimodale Größenverteilung vorliegt, kann jedoch nicht getroffen werden, da das Signal/Rausch-Verhältnis dies auch nach mehrstündigen Messungen nicht zuläßt (Abb. 41, S. 65).
Die im Vergleich zum präparativ solubilisierten Enzym identische Sekundärstrukturzusammensetzung (Abb. 42, S. 66 u. Tab. 4, S. 59) und Denaturierungstemperatur (Kap. 3.5.2, S. 65) in Verbindung mit der hohen enzymatischen Aktivität läßt den Schluß zu, daß die hochreine, solubilisierte Na,K-ATPase bezüglich ihrer wichtigsten, strukturellen Eigenschaften unverändert vorliegt. Diese Eigenschaften in Verbindung mit einer bisher in der Literatur noch nicht beschriebenen Homogenität bezüglich der Partikelgrößenzusammensetzung macht die hochreine, solubilisierte Na,K-ATPase zu einem idealen Ausgangsmaterial für die Gestaltsbestimmung durch die Messung der Röntgen- und Neutronen-Kleinwinkelstreuung sowie für die dreidimensionale Kristallisation zur atomaren Auflösung der Proteinstruktur mittels Röntgenstrukturanalyse.
Erste Röntgen-Kleinwinkelstreuungsmessungen an der solubilisierten Na,K-ATPase zeigten, daß die weitere Aufreinigung des präparativ solubilisierten Enzyms unerläßlich ist, denn ohne diese Vereinheitlichung konnten nur kleine Partikel mit einem Streumassenradius im Bereich von 2 nm detektiert werden (nicht gezeigt). Da der Streumassenradius der solubilisierten Na,K-ATPase aufgrund von Neutronen-Kleinwinkelstreuungsmessungen aber im Bereich von etwa 6,7 nm liegen müßte (14), liegt der Verdacht nahe, daß Phospholipide in Form von gemischten Mizellen für diesen Streubeitrag verantwortlich sind. Das erscheint plausibel, da noch ca. 70% der Phospholipide der gereinigten Na,K-ATPase im präparativ solubilisierten Enzym in mizellarer Form vorhanden sind. Die Guinier-Auftragung der hochreinen, solubilisierten Na,K-ATPase liefert dagegen keine Hinweise, die auf eine Inhomogenität der Proteinuntereinheitenzusammensetzung oder auf Proteinaggrgate schließen lassen. Der für die hochreine, solubilisierte Na,K-ATPase ermittelte Streumassenradius von 5,6 nm stimmt nicht ganz mit der Literaturangabe überein (14). Hierbei muß allerdings berücksichtigt werden, daß sich diese Literaturangaben auf das Enzym der Meerschweinchenniere, das mit Brij 58 ($C_{16}E_{20}$) solubilisiert wurde, beziehen. Im Vergleich zu den hier gezeigten Ergebnissen ist das für dortige Messungen verwendete Enzym mit ca. 10-12 µmol/mg min (14) bezüglich der enzymatischen Aktivität in einem schlechten Zustand gewesen.

Die im Rahmen dieser Arbeit durchgeführten Untersuchungen bieten eine wichtige Grundlage zur weiteren Gestaltsbestimmung der hochreinen, solubilisierten Na,K-ATPase durch die Messung der Röntgen-Kleinwinkelstreuung. Erste Messungen der Neutronen-Kleinwinkelstreuung, bei denen durch ein Kontrast-Anpassungsverfahren der Beitrag des $C_{12}E_8$ zur Neutronenstreuung ausgeblendet werden kann, und somit nur der Streubeitrag des Proteins untersucht wird, wurden durchgeführt, erlauben aber zum jetzigen Zeitpunkt noch keine näheren Angaben zur Struktur. Weitere Messungen stehen kurz bevor.

5. Ergebnisse (II)

5.1 Funktionelle Eigenschaften der gereinigten und der solubilisierten Na,K-ATPase

5.1.1 Detektion von Teilschritten im Reaktionszyklus

Für die vorgesehenen Untersuchungen zur Bestimmung der Kationen-Bindungsaffinität und der Dynamik der Kationenbindung an die gereinigte und die solubilisierte Na,K-ATPase war es erforderlich, das eingangs gezeigte Albers-Post Schema zu erweitern (Abb. 47). Die im Rahmen dieser Arbeit untersuchten Teilreaktionssschritte sind fett dargestellt und beinhalten:

1. **Die selektive K^+-Bindung an das nicht phosphorylierte Enzym (schwarz)**
2. **Die selektive Na^+-Bindung an das nicht phosphorylierte Enzym (hellgrau)**
3. **Die Na^+- und Mg^{2+}-abhängige Phosphorylierung durch ATP (dunkelgrau)**

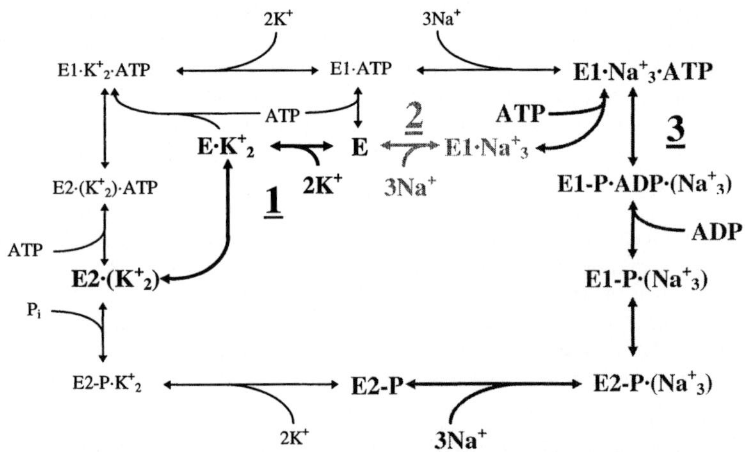

Abb. 47. Modifiziertes Albers-Post Schema für den Kationentransport durch die Na,K-ATPase aus (43). Das zur Bindung von ATP benötigte Mg^{2+} ist der besseren Übersichtlichkeit wegen nicht aufgeführt. •: nichtkovalente Bindung; –: kovalente Bindung. Die Notation (Na^+), (K^+) symbolisiert die Kationenokklusion.

Des weiteren sollte die nichtselektive Kationenbindung an die Na,K-ATPase mit der nachfolgenden Ausbildung des F1-Zustandes (S. 88/89) charakterisiert werden, die aber nicht Bestandteil des Reaktionszyklusses ist. Die im Reaktionsschema aufgeführten Bezeichnungen werden im folgenden konsequent eingehalten. Da nicht bekannt ist, in welchem Zustand sich die nichtphosphorylierte Na,K-ATPase in Abwesenheit von Kationen befindet, wird dieser Zustand des Enzyms, der Ausgangszustand für die meisten der folgenden Untersuchungen war, als E bezeichnet (Abb. 47).

Das im folgenden als solubilisierte (FITC-) Na,K-ATPase bezeichnete Enzym wurde ausschließlich mit $C_{12}E_8$ präparativ in die mizellare Phase überführt, und wenn angegeben, anschließend aufgereinigt (hochreine/hochaktive, solubilisierte (FITC-) Na,K-ATPase, (Kap. 2.4, S. 17)).

5.1.2 Einführung

5.1.2.1 Die FITC-markierte Na,K-ATPase

Es wird angenommen, daß die kovalente Markierung der Na,K-ATPase mit FITC die Kationenbindungseigenschaften nicht direkt beeinflußt (161). Sowohl das freie, als auch das kovalent gebundene FITC fluoresziert nur im vollkommen deprotonierten Zustand. Daher führen alle Faktoren, die den pK_a-Wert der phenolischen OH-Gruppe beeinflussen, beispielsweise die Polarität der Umgebung oder die Variation der Ionenstärke zu einer Änderung der Fluoreszenzemissionsintensität. Dynamische Fluoreszenzmessungen ergaben, daß eine Modellverbindung, das N^{ε}-FITC, N^{α}-Acetyl-L-Lysinmethylamid eine Fluoreszenzabklingzeit im Nanosekundenbereich aufweist. Dagegen weist die FITC-markierte Na,K-ATPase in diesem Zeitbereich 2 Fluoreszenzabklingzeiten auf (177). Diese zwei Abklingzeiten wurden, basierend auf dem Wissen, daß das FITC kovalent mindestens an zwei Lysin-Reste des Enzyms gebunden werden kann (S. 7), den an den verschiedenen Stellen lokalisierten Fluorophoren zugeordnet. Vermutlich reagiert nur eine der zwei kovalent gebundenen FITC-Moleküle sensitiv auf die Konformationsänderungen der Na,K-ATPase in Form von Fluoreszenzintensitätsänderungen. Die im Vergleich zur Modellverbindung um den Faktor 1,4 niedrigere Fluoreszenzintensität des an die Na,K-ATPase aus der Schweineniere gebundenen FITC bei identischen Pufferzusammensetzungen deutet darauf hin, daß verschiedene Löschprozesse durch Aminosäurereste des Proteins, Ionen und Solvatmoleküle in der unmittelbaren Umgebung des Fluorophors stattfinden (177).
Die protolytische Charakterisierung der phenolischen OH-Gruppe des kovalent an das gereinigte Enzym aus der Salzdrüse des Dornhais gebundenen FITC ergab einen pK_a-Wert von 6,4 (Abb. 48).

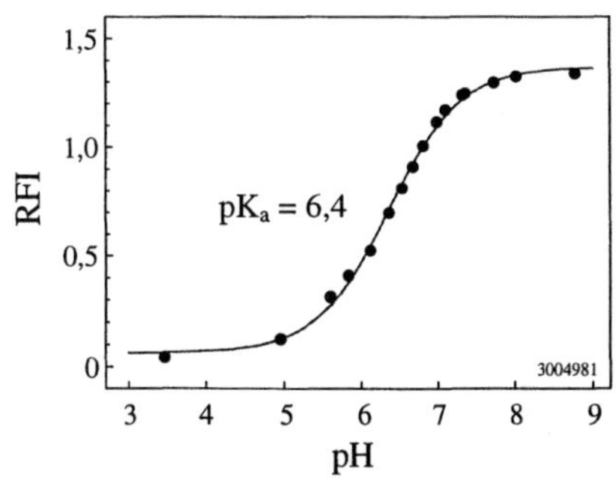

Abb. 48. Fluorimetrische pH-Titration der gereinigten FITC-Na,K-ATPase (0,19 µM) mit HCl in 10 mM Imidazol bei 25°C. Die Auswertung erfolgte auf der Basis einer 1:1-Bindungsstöchiometrie. λ_{ex} / λ_{em} = 495 / 520 nm.

Dies steht in guter Übereinstimmung mit dem pK_a-Wert des FITC, gebunden an die gereinigte Na,K-ATPase aus der Schweineniere (pK_a = 6,35 (177)). Beim N^{ε}-FITC, N^{α}-Acetyl-L-Lysinmethylamid, bei dem der Fluorophor voll dem wäßrigem Medium exponiert ist, liegt der pK_a-Wert der phenolischen OH-Gruppe bei identischer Pufferzusammensetzung ebenfalls bei 6,35 (177). Dies deutet darauf hin, daß das kovalent an das Enzym gebundene FITC in einer wäßrigen Umgebung vorliegt, denn die Lokalisierung dieses Fluorophors in einer hydrophoben Mikroumgebung, wie z. B. im Innern oder im Transmembranbereich des Proteins würde höchstwahrscheinlich mit einer deutlichen Änderung des pK_a-Wertes einhergehen. Das kovalent gebundene FITC arbeitet also als Reportergruppe, das mit unterschiedlichen Fluoreszenemissionseigenschaften auf Änderungen in der es umgebenden Enzymstruktur, hervorgerufen z. B. durch Konformationsänderungen, reagiert (108, 178).

Der **niedrig fluoreszierende Zustand** der FITC-Na,K-ATPase in Anwesenheit von K^+ (Abb. 49), aber auch Rb^+, Cs^+, NH_4^+ und Tl^+ wurde dem **E2-Konformationszustand** zugeordnet (161, 178). Der Vergleich der Bindungsaffinitäten zeigte, daß die Bindung dieser Kationen an das Enzym größenselektiv erfolgt. Ähnliche, **selektive Bindungseigenschaften für K^+** wurden schon von Grell et al. für das Carrierantibiotikum Valinomycin beschrieben (179).

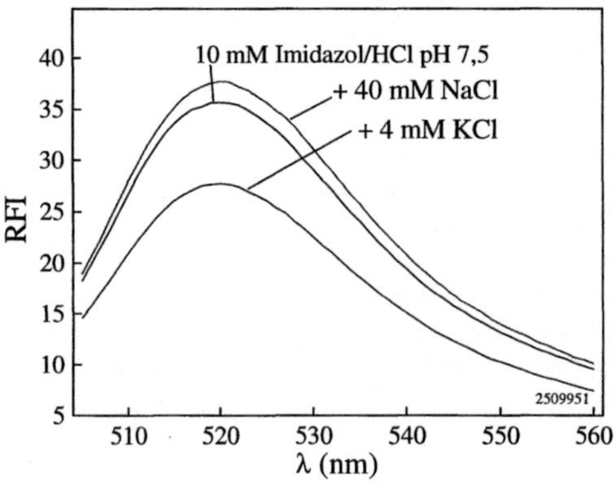

Abb. 49. Fluoreszenzemissionsspektren der gereinigten FITC-Na,K-ATPase (0,06 µM) in 10 mM Imidazol/HCl pH 7,5 und in Gegenwart von 4 mM KCl, bzw. 40 mM NaCl (25°C). λ_{ex} = 495 nm.

Der **hoch fluoreszierende Zustand** der FITC-Na,K-ATPase in Anwesenheit von Na^+ (Abb. 49) wurde ursprünglich dem E1-Konformationszustand zugeordnet (161, 178). Aber auch eine Reihe anderer monovalenter Kationen, wie das Cho^+, G^+, TMA^+, Li^+ und Pufferionen, z. B. das ImH^+ und $TrisH^+$, oder divalenter Kationen, z. B. protonierte Diamine, Bisguanidiniumverbindungen und Erdalkaliionen zeigten einen vergleichbaren Effekt. Auch das K^+ überführt das Enzym nach der Absättigung der hochaffinen, selektiven Bindungsstellen bei weiterer Konzentrationserhöhung in den hochfluoreszierenden Zustand. Basierend auf einem 1:1-Bindungsmodell (S. 90 ff.) wurde für die Na,K-ATPase aus der

Schweineniere ein mittlerer log K-Wert (dekadischer Logarithmus der Assoziationskontante) von ca. 2,3 für alle monovalenten Ionen, und ca. 4,4 für alle divalenten Kationen ermittelt (180). Für diese **nichtselektive Bindung von Kationen** schlugen Grell et al. ein Modell vor, bei dem diese Kationen vorwiegend elektrostatisch an 2 Carboxylatgruppen an der cytoplasmatischen Oberfäche des Enzyms binden (180). Diese Bindungseigenschaften korrelieren nicht mit der für den E1-Zustand postulierten Na^+-Selektivität der Na,K-ATPase, und deshalb wurde dieser hochfluoreszierende Zustand des FITC-Enzyms als **F1-Konformationszustand** bezeichnet (181). Die selektive Na^+-Bindung konnte mit dem FITC-Enzym aus der Schweineniere nur indirekt durch Kompetitionstitrationen nachgewiesen werden. Dabei beeinflußte im Gegensatz zu anderen untersuchten Kationen nur das Na^+ die hochaffine Bindung von K^+ bei bereits sehr niedrigen Konzentrationen (181).

5.1.2.2 Die RH-421-markierte Na,K-ATPase

Die **Bindung von Na^+** an die gereinigte Na,K-ATPase kann auch in Gegenwart des elektrochromen RH-421 detektiert werden (150). Dieser Fluoreszenzfarbstoff bindet aufgrund seines amphiphilen Charakters reversibel und mit hoher Affinität an die Membran. Die Charakterisierung der selektiven Bindung von Na^+ an die gereinigte Na,K-ATPase der Schweineniere in Anwesenheit von RH-421 zeigte, daß diese mit einer um eine Größenordnung höheren Affinität als der mit dem FITC-Enzym ermittelten Affinität erfolgt (150). Der **niedrig fluoreszierende Zustand** der RH-421-markierten Na,K-ATPase ist spezifisch für die Bindung von Na^+, und kann mit anderen Kationen nicht erreicht werden (Abb. 50). Er wurde deshalb dem **E1-Zustand** des Enzyms zugeordnet. Die hochaffine Na^+-Bindung kann nur durch K^+ bereits bei sehr niedrigen Konzentrationen beeinflußt werden (150).

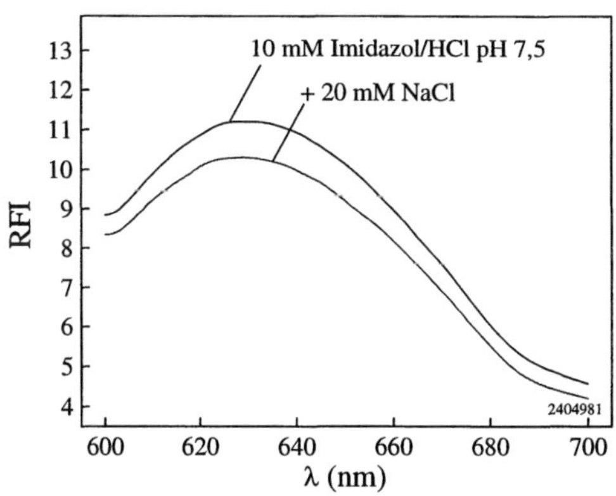

Abb. 50. Fluoreszenzemissionsspektren von RH-421 (0,75 μM), gebunden an die gereinigte Na,K-ATPase (0,25 μM) in 10 mM Imidazol/HCl pH 7,5 und in Gegenwart von 20 mM NaCl (25°C). $\lambda_{ex} = 590$ nm.

Die durch den Einsatz der verschiedenen Fluorophore ermittelten, unterschiedlichen Affinitäten sprechen dafür, daß die Na,K-ATPase mindestens 2 verschiedene Bindungsstellen für Na^+ besitzt. Das FITC als Reportergruppe ist aufgrund der zuvor genannten Ergebnisse offensichtlich nicht dazu geeignet, um fluoreszenzspektroskopisch zwischen dem E1- und dem F1-Konformationszustand der Na,K-ATPase zu unterscheiden.

Weiterhin wurde RH-421 auch für die Untersuchung der Phosphorylierung des gereinigten Enzyms in Anwesenheit von Na^+ und Mg^{2+}, aber in Abwesenheit von K^+, benutzt (109, 111, 149 - 151). Die Phosphorylierung der RH-421-markierten Na,K-ATPase in Anwesenheit von Na^+ und Mg^{2+} geht dabei mit einem sehr großen Fluoreszenzintensitätsanstieg zwischen 120 - 160% einher. Die Größe dieses Effektes ist davon abhängig, aus welcher Spezies das Enzym isoliert wurde (111). Dieser **hochfluoreszierende Zustand** der RH-421-markierten Na,K-ATPase wird dem **E2-P-Konformationszustand** (Abb. 47, S. 86) des Enzyms zugeordnet (109, 111).

5.1.3 Die Thermodynamik und Kinetik chemischer Gleichgewichte

5.1.3.1 Zur Theorie der Bestimmung von Bindungsaffinitäten

Für die Bestimmung der Bindungsaffinität von Kationen, Substraten oder Inhibitoren wurden fluorimetrische Titrationen mit der Na,K-ATPase durchgeführt, die entweder mit FITC oder RH-421 markiert war. Dazu wurde die Enzymsuspension (2 ml) vorgelegt, und der entsprechende Titrant sukzessiv nach einem Titrationsschema, daß den zu gewünschten Konzentrationsbereich abdeckte, zugegeben. Die Anregungs-/Emissionswellenlänge betrug jeweils 495/520 nm (FITC), bzw. 590/650 nm (RH-421). Alle Titrationen wurden, wenn nicht anders erwähnt, bei 25°C durchgeführt. Aus den vorangegangenen Kap. 5.1.2.1 und 5.1.2.2 ging hervor, daß die mit FITC oder RH-421 markierte Na,K-ATPase in Anwesenheit verschiedener Kationen konformationsabhängige Fluoreszenzintensitätsänderungen aufweist. Diese Änderungen wurden zur Bestimmung von Bindungsaffinitäten genutzt.

Allgemein kann die Bildung eines 1:1-Komplexes eines Liganden L (hier Na,K-ATPase) mit einem Kation M^+ folgendermaßen beschrieben werden:

$$L + M^+ \overset{K}{\rightleftharpoons} LM^+ \qquad (3) \qquad\qquad \text{mit } K = \frac{[LM^+]}{[L]\times[M^+]} \qquad (4)$$

Da die Aktivitätskoeffizienten der an der Bindung beteiligten chemischen Spezies nicht immer bekannt waren, wird in der Folge, wenn nicht anders erwähnt, von scheinbaren, konzentrationsbezogenen Assoziationskonstanten K die Rede sein

Unter Verwendung der Beziehungen der Massenerhaltung und des Massenwirkungsgesetztes läßt sich zu jedem Zeitpunkt der Titration die aktuelle Konzentration von L und LM^+ bestimmen. Durch das auf Seite 23 erwähnte Anpassungsverfahren und die im Anhang

(S. 179) aufgeführten Beziehungen läßt sich die scheinbare Assoziationskonstante K für ein jeweiliges Kation M^+ sowie die relative Fluoreszenzintensität von L und LM^+ anpassen.

Die Bildung eines 1:2-Komplexes (2 Kationen M^+ pro Na,K-ATPase-Molekül) kann wie folgt beschrieben werden:

$$L + M^+ \underset{}{\overset{K_1}{\rightleftharpoons}} LM^+ + M^+ \overset{K_2}{\rightleftharpoons} LM^+_2 \qquad (5)$$

mit $$K_1 = \frac{[LM^+]}{[L]\times[M^+]} \quad (6) \qquad K_2 = \frac{[LM^+_2]}{[LM^+]\times[M^+]} \quad (7)$$

Über die Beziehungen der Massenerhaltung und der Massenwirkungsgesetze lassen sich in Analogie zu den Gleichungen der 1:1-Komplexbildung entsprechende Beziehungen für die 1:2-Komplexbildung ableiten, und zu jedem Zeitpunkt der Titration die aktuellen Konzentrationen von L, LM^+ und LM^+_2 bestimmen. Durch die Anpassung einer theoretischen Titrationskurve lassen sich dann die scheinbaren Assoziationskonstanten K_1 und K_2 für ein jeweiliges Kation M sowie die relativen Fluoreszenzintensitäten von L, LM^+ und LM^+_2 bestimmen.

Weiterhin können alle Titrationen auch nach der Hill-Gleichung (Gleichung 10) nach dem Bindungsmodell aus Gleichung 9 ausgewertet werden, wobei unabhängig von den stöchiometrischen Verhältnissen nur eine scheinbare Assoziationskonstante K ermittelt wird.

$$L + M^+ \overset{K}{\rightleftharpoons} LM^+ \qquad (8)$$

mit $$K = \frac{[LM^+]}{[L]\times[M^+]} \qquad (9)$$

$$Y_S = \frac{\left[M^+\right]^n}{1/K + \left[M^+\right]^n} \qquad (10)$$

mit $0 < Y_S < 1$: Sättigungsgrad der Na,K-ATPase (L) in Abhängigkeit der Kationenkonzentration (M^+) und n: Hill-Koeffizient. Der numerische Wert des Hill-Koeffizienten ermöglicht eine Beurteilung der Kooperativität der Bindung, und gibt weiterhin die Mindestanzahl der Bindungsstellen für (M^+) an.

$n = 1$: nicht kooperative Bindung

$n < 1$: negativ kooperative Bindung

$n > 1$: positiv kooperative Bindung.

Die Angabe aller titrationsfluorimetrisch ermittelten Assoziationskonstanten erfolgt als ihr dekadisch logarithmischer Wert, kurz **log K** genannt.

5.1.3.2 Zur Theorie der Bestimmung kinetischer Parameter

Die kinetischen Versuche wurden unter „pseudo first order"-Bedingungen durchgeführt, das heißt, daß einer der Reaktanden (Kation M^+) in hohem Überschuß vorlag, und sich dadurch dessen Konzentration im Verlauf der chemischen Reaktion nur unwesentlich änderte. Die auf dieser Basis durchzuführenden Vereinfachungen bei der Linearisierung der zu lösenden Differentialgleichungen entsprechen denen, die für Relaxationsexperimente gemacht worden sind (182). Die zeitaufgelöste Änderung der zu beobachtenden Fluoreszenzänderung läßt sich unter geeigneten Reaktionsbedingungen mit einer monoexponentiellen Funktion, die die Abklingzeit τ besitzt, anpassen:

$$\frac{\Delta F}{dt} = A \times e^{-\frac{1}{\tau} \times t} \qquad (11)$$

wobei $\frac{1}{\tau} = k_{obs}$ (reziproke Abklingzeit).

Die Auftragung von k_{obs} in Abhängigkeit der Gesamtkonzentration an Kationen ermöglicht dann unter Verwendung des korrekten Reaktionsmodells die Ermittlung der Bindungsaffinitäten sowie der kinetischen Parameter durch eine Anpassung nach der Methode der kleinsten Fehlerquadrate. Die Anregungs-/Emissionswellenlänge betrug 466 / > 495 nm (FITC-Enzym), bzw. 544 / > 610 nm (RH-421). Alle Experimente wurden, wenn nicht anders erwähnt, bei 25°C durchgeführt.

Alle in dieser Arbeit durchgeführten, kinetischen Experimente konnten durch folgende Reaktionsmodelle erklärt werden, die sehr anschaulich in (183) beschrieben wurden.

<u>Der 2-Schritt-Prozeß (basierend auf der 1:1 Bindungsstöchiometrie)</u>

$$L + M^+ \underset{k_{21}}{\overset{k_{12}}{\rightleftharpoons}} L{\cdot}M^+ \underset{k_{32}}{\overset{k_{23}}{\rightleftharpoons}} LM^+ \qquad (12)$$

wobei k_{12}, k_{21}, k_{23}, k_{32} die Geschwindigkeitskonstanten der Hin- und Rückreaktionen, und $L{\cdot}M^+$ einen Zwischenzustand darstellen. Unter der Annahme, daß

$$k_{12} \times [M^+] + k_{21} >> k_{23}; k_{32} \qquad (13)$$

und der zweite Reaktionsschritt viel langsamer als der erste ist, gilt:

$$\frac{1}{\tau} = k_{obs} = \frac{k_{23} \times [M^+]}{\frac{1}{K_{12}} + [M^+]} + k_{32} \qquad (14)$$

Gleichung (14) zeigt, daß k_{obs} unter den vorherrschenden „pseudo-first-order"-Bedingungen nur von der eingesetzten Kationen-Konzentration $[M^+]$ abhängt, und die Ligandenkonzentration keinen Einfluß ausübt.

Die scheinbaren Assoziationskonstanten lassen sich wie folgt berechnen:

$$K_{12} = \frac{k_{12}}{k_{21}} \text{ und } K_{23} = \frac{k_{23}}{k_{32}} \qquad (15)$$

Die Auftragung von k_{obs} in Abhängigkeit der eingesetzten Kationen-Konzentration ergibt einen hyperbolischen Kurvenverlauf, wie in Abb. 51 dargestellt.

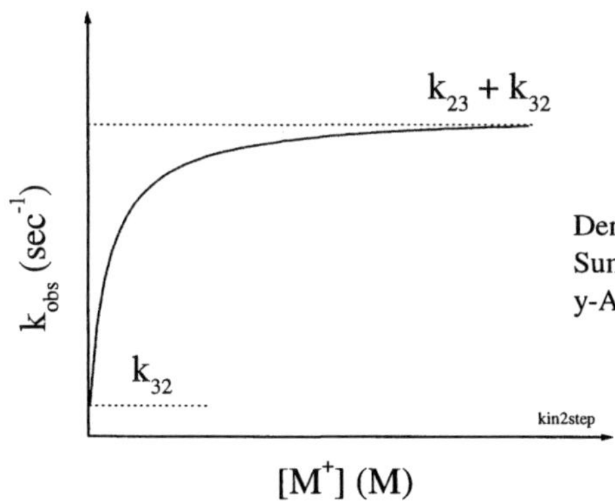

Der Grenzwert repräsentiert hierbei die Summe von k_{23} und k_{32}, der y-Achsenabschnitt k_{32}.

Abb. 51. Kinetik eines 2-Schritt-Prozesses mit geschwindigkeitsbestimmendem, zweiten Reaktionsschritt.

Der 3-Schritt-Prozeß (basierend auf der 1:2-Bindungsstöchiometrie)

$$L + M^+ \underset{k_{21}}{\overset{k_{12}}{\rightleftharpoons}} L{\cdot}M^+ + M^+ \underset{k_{32}}{\overset{k_{23}}{\rightleftharpoons}} L{\cdot}M^+{\cdot}M^+ \underset{k_{43}}{\overset{k_{34}}{\rightleftharpoons}} LM^+_2 \qquad (16)$$

mit $K_{12} = \frac{k_{12}}{k_{21}}$ $\quad K_{23} = \frac{k_{23}}{k_{32}}$ $\quad K_{34} = \frac{k_{34}}{k_{43}}$

Unter der Bedingung, daß die ersten beiden Teilreaktionen wesentlich schneller als die dritte, geschwindigkeitsbestimende Teilreaktion ablaufen, gilt, wiederum nur unter „pseudo-first-order"-Bedingungen:

$$\frac{1}{\tau} = k_{obs} = k_{34} \times \frac{K_{12} \times K_{23} \times [M^+]^2}{1 + K_{12} \times [M^+] + K_{12} \times K_{23} \times [M^+]^2} + k_{43} \qquad (17)$$

Auch hier übt die eingesetzte Ligandenkonzentration keinen Einfluß auf die reziproke Abklingzeit aus.

Die Auftragung von k_{obs} in Abhängigkeit der eingesetzten Kationen-Konzentration ergibt einen sigmoidalen Kurvenverlauf, wie in Abb. 52 dargestellt.

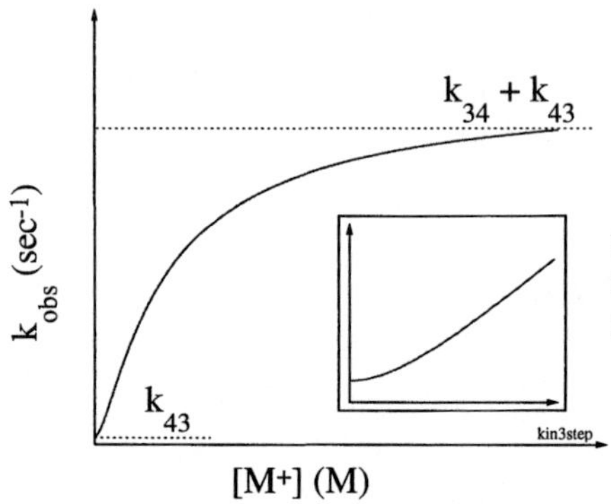

Der Grenzwert repräsentiert hierbei die Summe von k_{34} + k_{43}, der y-Achsenabschnitt k_{43}.

Abb. 52. Kinetik eines 3-Schritt-Prozesses mit geschwindigkeitsbestimmendem, dritten Reaktionsschritt. Der eingebettete Graph zeigt den Kurvenverlauf bei niedrigen Kationenkonzentrationen.

Die Angabe aller kinetisch ermittelten Assoziationskonstanten erfolgt als ihr dekadisch logarithmischer Wert, kurz **log K** genannt.

5.1.3.3 Vergleich der durch Titrationen und kinetische Experimente bestimmten Bindungsaffinitäten

(A) 1:1-Bindungsstöchiometrie

Da im statischen Bindungsmodell (Gleichung 3, S. 90) nicht, wie im kinetischen Bindungsmodell (Gleichung 12, S. 92) zwischen dem Zwischenprodukt $L{\cdot}M^+$ und dem Endprodukt LM^+ differenziert wird, können die jeweilig ermittelten Assoziationskonstanten nicht direkt miteinander verglichen werden, sondern müssen über folgende Beziehungen ins Verhältnis zueinander gesetzt werden:

$$K = K_{12} \times (1 + K_{23}) \qquad (18)$$

(B) 1:2-Bindungsstöchiometrie

Beim Vergleich des statischen Bindungsmodells (Gleichung 5, S. 91) mit dem kinetischen Bindungsmodell (Gleichung 16, S. 93) wird ebenfalls deutlich, daß die durch die Titrationen und kinetische Experimente berechneten Assoziationskonstanten nicht direkt miteinnder verglichen werden können, sondern über folgende Beziehungen miteinander ins Verhältnis gesetzt werden müssen:

$$K_1 = K_{12} \quad (19)$$

$$K_2 = K_{23} \times (1 + K_{34}) \quad (20)$$

5.1.4 Bindungsaffinität, Stöchiometrie und Kinetik der nichtselektiven Kationenbindung an die FITC-Na,K-ATPase am Beispiel des Na^+, des Cho^+ und des $G5G^{2+}$

Die nichtselektive Kationenbindung an die FITC-Na,K-ATPase, die das Enzym in den von Grell et al (181) postulierten F1-Zustand (S. 88/89) überführt, wurde bereits für eine Vielzahl unterschiedlicher anorganischer sowie organischer einfach und zweifach geladener Kationen (auch Pufferkationen) beschrieben (149, 183, 186), allerdings nur für das gereinigte Enzym aus der Schweineniere. Deshalb soll hier die Bindungsaffinität, die Stöchiometrie und die Kinetik der nichtselektiven Kationenbindung stellvertretend nur am Beispiel zweier monovalenter Kationen, dem Na^+ und dem Cho^+, und eines divalenten Kations, dem $G5G^{2+}$, vergleichend an der gereinigten und der solubilisierten FITC-Na,K-ATPase aus der Salzdrüse des Dornhais ermittelt werden.

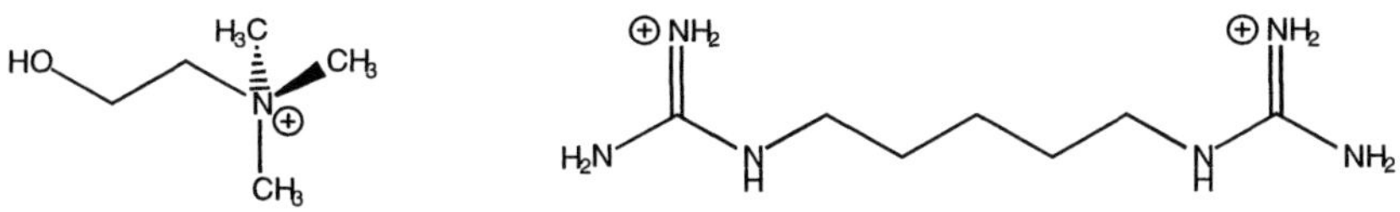

Cholin-Kation (Cho^+) 1,5-Diguanidiniumpentan-Kation ($G5G^{2+}$)

Abb. 53. Strukturformeln von Cho^+ und von $G5G^{2+}$

Um die Amplitude der Fluoreszenzintensitätsänderungen möglichst groß zu halten, wurden alle Experimente, bei denen das FITC-Enzym in den F1-Zustand (hohe Fluoreszenintensität, siehe S. 88/89) überführt werden sollte, in 25 mM Histidin/HCl pH 7,5 durchgeführt, denn in diesem Puffer besitzt das FITC-Enzym eine niedrige Fluoreszenzintensität (187). Da, wie schon in Kap. 5.1.2.1 (S. 87 ff.) erwähnt, keine kationische Substanz bekannt ist, die nicht mit der Na,K-ATPase in Wechselwirkung tritt, konnte die Ionenstärke bei den folgenden Experimenten zur Charakterisierung der hier untersuchten Bindungsstelle am Enzym nicht konstant gehalten werden und unterlag somit erheblichen Änderungen. Die im Puffer als Verunreinigung bereits enthaltenen Kationen (S. 13) brauchten bei folgenden Titrationen aufgrund der niedrigen Bindungsaffinitäten nicht berücksichtigt zu werden. Da die Aktivitätskoeffizienten der an der Bindung beteiligten Reaktionspartner nicht immer bekannt waren, wurde nur im Falle der nichtselektiven Na^+-Bindung eine Titration auf der Basis der Na^+-Aktivitäten ausgewertet.

5.1.4.1 Bindungsaffinität und Stöchiometrie der nichtselektiven Kationenbindung

Abb. 54 zeigt eine typische Titrationskurve der Bindung von Cho^+ an die gereinigte FITC-Na,K-ATPase. Wurde auf der Basis der in Kap. 5.1.3.1 (S. 90) beschriebenen 1:1-Bindungsstöchiometrie ausgewertet, so ergab sich eine typische Assoziationskonstante von log K = 2,3. Diese konnte mit einer Genauigkeit von ± 0,2 ermittelt werden, wie sich im Verlauf mehrerer durchgeführter Titrationen zeigte. Der hochfluoreszierende Zustand wurde dem F1-Zustand des FITC-Enzyms zugeordnet. Die maximal erreichbare Amplitude für die Titration der gereinigten Na,K-ATPase mit ChoCl lag präparationsabhängig zwischen 25 und 35%.

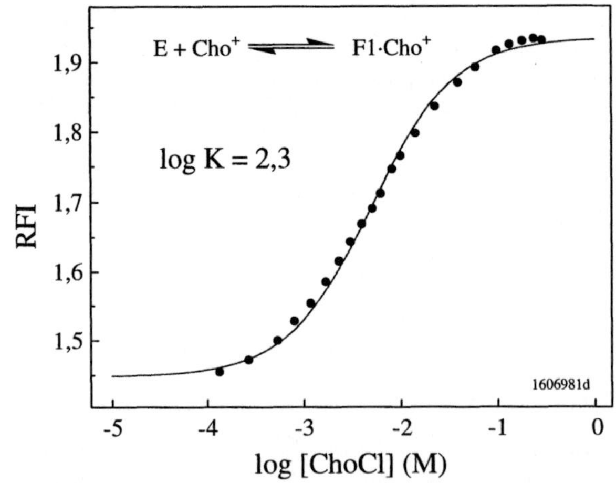

Abb. 54. Fluorimetrische Titration der gereinigten FITC-Na,K-ATPase (0,19 µM) mit ChoCl in 25 mM Histidin/HCl pH 7,5 (25°C). Die durchgezogene Linie zeigt die bestmögliche Anpassung der Funktion des 1:1-Bindungsmodells.

Wurde im Verlauf der Titration eine ChoCl-Konzentration von ca. 0,2 - 0,3 M überschritten, so stieg die Fluoreszenzintensität nach dem Erreichen des Plateaus der eigentlichen Titrationskurve mit jeder Konzentrationserhöhung weiter an, ohne jedoch auf einem stabilen Niveau zu enden (nicht gezeigt). Dieser zusätzlich auftretende Fluoreszenzanstieg war präparationsbedingt unterschiedlich stark ausgeprägt. Da bekannt ist, daß die Fluoreszenzintensität des FITC unter anderem von der Ionenstärke abhängig ist (S. 87), wurde der Fluoreszenzintensitätsanstieg bei ChoCl-Konzentrationen über 0,2-0,3 M als Ionenstärkeartefakt gedeutet.

Aus der fluorimetrischen Titration der gereinigten FITC-Na,K-ATPase mit NaCl (Titrationskurve im Anhang, Abb. A7, S. 172) resultierte eine Assoziationskonstante von log K = 2,3. Die Amplitude der Titrationskurve war, wie auch die Assoziationskonstante, vergleichbar mit der der Titration mit ChoCl. Oberhalb einer Konzentration von ca. 0,2 - 0,3 M NaCl trat ebenfalls ein nicht in einer Sättigung endender Fluoreszenzintensitätsanstieg ein (nicht gezeigt).

Sollte die Titration auf der Basis der Aktivitäten anstelle der Konzentrationen der beteiligten Reaktionspartner ausgewertet werden, so ergab sich folgendes Problem: Es war weder der Aktivitätskoeffizient des freien Enzyms (E), noch der des Enzym-Na^+-Komplexes (F1·Na^+) bekannt. Da die gereinigte Na,K-ATPase in Form von Membranfragmenten vorliegt, die aufgrund der Phospholipide eine Vielzahl an negativ geladenen Gruppen an der Oberfläche aufweisen, konnte jedoch angenommen werden, daß durch die Bindung von Na^+ an das Enzym die Gesamtladung der Membranfragmente nicht drastisch verändert wird. Aufgrund dieser Annahme konnte weiterhin angenommen werden, daß folglich die Aktivitätskoeffizienten von E und F1·Na^+ annähernd gleiche Werte besitzen. In diesem Falle geht bei der Berechnug der Bindungsaffinität nur der Aktivitätskoeffizient von Na^+ ein, der der Literatur entnommen werden kann (184). Wurde die Auswertung unter den eben aufgeführten Annahmen auf der Basis der Na^+-Aktivitäten durchgeführt, so ergab sich eine Assoziationskonstante von log K = 2,4, was innerhalb der Ungenauigkeiten bei ihrer Bestimung (log K ± 0,2) liegt.

Die Bindung von $G5G^{2+}$ an die gereinigte FITC-Na,K-ATPase war durch eine Assoziationskonstante von log K = 4,8 charakterisiert (Abb. 55).

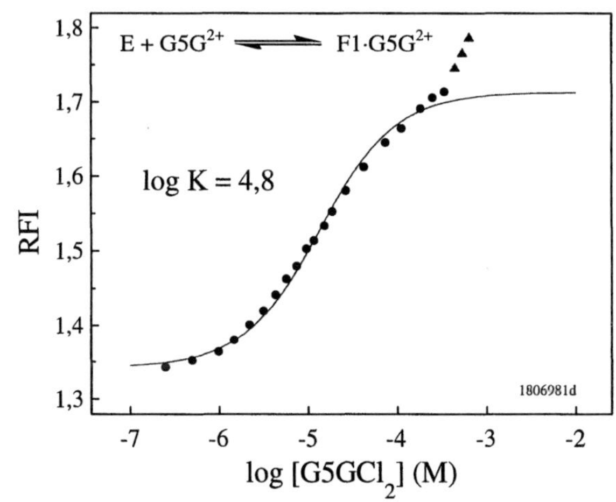

Abb. 55. Fluorimetrische Titration der gereinigten FITC-Na,K-ATPase (0,19 µM) mit $G5GCl_2$ in 25 mM Histidin/HCl pH 7,5 (25°C). Die durchgezogene Linie zeigt die bestmögliche Anpassung der Funktion des 1:1-Bindungsmodells. Die dreieckigen Symbole blieben bei der Anpassung unberücksichtigt.

Die Amplitude der Titrationskurve lag hier mit typischerweise zwischen 25 - 30% etwas niedriger als die der Titrationskurven der monovalenten Kationen. Besonders gut zu erkennen war auch der schon zuvor erwähnte Ionenstärkeartefakt (Abb. 55, dreieckige Symbole) nach

Beendigung der eigentlichen Titration (Abb. 55, runde Symbole). Dieser Effekt setzte hier bereits bei einer $G5GCl_2$-Konzentration ab ca. 0,2-0,3 mM ein und erschwerte so die Anpassung der theoretischen Kurve des 1:1-Bindungsmodells im Bereich und oberhalb dieser Konzentration. Da jedoch bei niedrigen $G5GCl_2$-Konzentrationen viele Meßpunkte vorlagen, konnte der Endpunkt aufgrund der vorgegebenen Symmetrie der Titrationskurve des 1:1-Bindungsmodells recht gut extrapoliert werden.

Um zu untersuchen, ob die ermittelten Eigenschaften der nichtselektiven Kationenbindung durch die das Enzym umgebende, vielfach negativ geladene Membran mitbeeinflußt wird, wurden auch Titrationen mit der präparativ solubilisierten Na,K-ATPase durchgeführt. Dabei ergaben sich für die Assoziationskonstanten der Bindung von Cho^+ und Na^+ an das solubilisierte Enzym keine signifikanten Änderungen (Titrationskurven im Anhang, Abb. A8-A10, S. 172, 173). Die Assoziationskonstante für die Bindung von $G5G^{2+}$ dagegen nahm um eine halbe Größenordnung ab und betrug log K = 4,2 (Tab. 5). Die Amplituden aller Titrationen der präparativ solubilisierten FITC-Na,K-ATPase betrugen 10 - 12%, und waren somit gegenüber denen der Titrationen des gereinigten FITC-Enzyms ca. um den Faktor 3 geringer. Da dies jedoch nicht immer der Fall war, wurde dies auf eine partielle Denaturierung des solubilisierten FITC-Enzms, das in diesen Experimenten eingesetzt wurde, zurückgeführt (vergl. dazu auch die Amplitude der NaCl-Titration in Tab. 7, S. 103). Der bei den Titrationen des gereingten FITC-Enzyms aufgetretene Ionenstärkeartefakt wurde auch bei den Titrationen des präparativ solubilisierten Enzyms ermittelt.
Die zusätzliche Auswertung aller zuvor erwähnten Titrationen mit der Hill-Gleichung (S. 91) resultierte in vergleichbaren Assoziationskonstanten (nicht gezeigt), wie sie durch die Anpassung mit der Funktion des 1:1-Bindungsmodells ermittelt wurden. Der Hill-Koeffizient betrug in allen Fällen zwischen 0,85 und 1,0, was die 1:1-Bindungsstöchiometrie der nichtselektiven Kationenbindung zusätzlich bestätigte.

Enzym	**log K**		
	Cho^+	**Na^+**	**$G5G^{2+}$**
gereinigte FITC-Na,K-ATPase	2,3	2,3	4,8
solubilisierte FITC-Na,K-ATPase	2,2	2,2	4,2

Tab. 5. Titrationsfluorimetrisch bestimmte Assoziationskonstanten für die Bindung von Cho^+, Na^+ und $G5G^{2+}$ an die gereinigte und die präparativ solubilisierte FITC-Na,K-ATPase in 25 mM Histidin/HCl pH 7,5 (25°C).

Die hier aufgeführten Ergebnisse stehen sowohl bezüglich der Bindungsaffinitäten, als auch der Größe der Fluoreszenzintensitätsänderungen mit den entsprechenden Werten, die für die gereinigte FITC-Na,K-ATPase aus der Schweineniere bereits bekannt waren, in guter Übereinstimmung. Lediglich für das $G5G^+$ wurde hier eine leicht höhere Assoziationskonstante ermittelt, was eventuell auf Unsicherheiten bei der Bestimmung, bedingt durch den zuvor beschriebenen Ionenstärkeartefakt, beruhen könnte. Für die solubilisierte FITC-Na,K-ATPase waren in der Literatur keine Vergleichsdaten vorhanden.

5.1.4.2 Kinetik der nichtselektiven Kationenbindung

Um die Dynamik der nichtselektiven Kationenbindung an die FITC-Na,K-ATPase zu untersuchen, wurden stopped-flow-Experimente mit dem gereinigten und dem präparativ solubilisierten Enzym durchgeführt. Abb. 56 zeigt stellvertretend für alle Kationen, die das Enzym in den F1-Zustand überführen, ein typisches, zeitaufgelöstes Fluoreszenzsignal eines stopped-flow-Experiments der Reaktion von ChoCl mit gereinigter FITC-Na,K-ATPase. Der zu beobachtende Fluoreszenzintensitätsanstieg konnte mit einer monoexponentiellen Funktion angepaßt werden. Um sicherzustellen, daß die zu beobachtenden Fluoreszenzsignale tatsächlich kationeninduziert waren, wurde das FITC-Enzym in einem Kontrollexperiment nur mit Puffer gemischt. Dabei trat keine Fluoreszenzintensitätsänderung auf (Abb. 56, R).

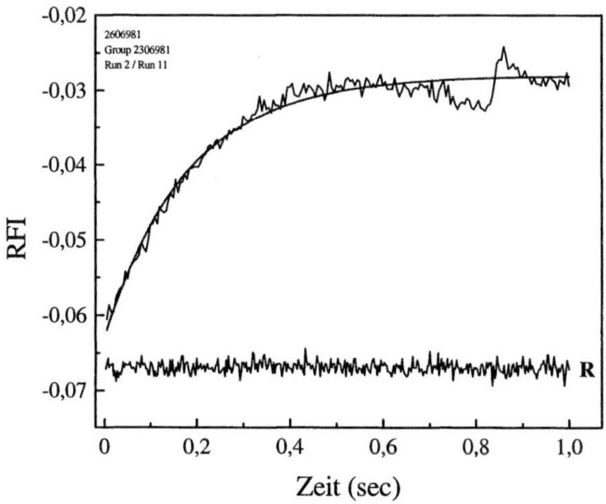

Abb. 56. Zeitaufgelöstes Fluoreszenzsignal der Reaktion von ChoCl (5 mM) mit gereinigter FITC-Na,K-ATPase (0,4 µM) in 25 mM Histidin/HCl pH 7,5 (25°C). Die durchgezogene Linie zeigt die monoexponentielle Anpassung (k_{obs} = 5,52 ± 0,02 sec^{-1}). Im Kontrollexperiment wurde das FITC-Enzym nur mit Puffer gemischt (Offset 0,24 V). λ_{ex} / λ_{em} = 466 / > 495 nm.

Die Störung des Signals bei Zugabe von ChoCl im Bereich von 0,8 sec war ein Meßartefakt, der mit der an der stopped-flow-Apparatur eingestellten Druckentlassungszeit[3] korrelierte. Dieser wurde vermutlich durch eine druckabhängige Fluoreszenzintensitätsänderung der FITC-Na,K-ATPase, hervorgerufen durch die während des Mischens beider Reaktandenlösungen auftretende, physikalische Beanspruchung des Proteins verursacht. Das gleiche Phänomen trat auch bei der auf S. 111 beschriebenen, kinetischen Untersuchung der selektiven K^+-Bindung an die FITC-Na,K-ATPase auf. Wenn möglich, wurde deshalb die Druckentlassungszeit (gerätebedingt zwischen 50 msec und 1 sec) auf einen Zeitpunkt festgelegt, der außerhalb der zu beobachtenden Reaktionszeit lag.

Abb. 57 A zeigt die Abhängigkeit der reziproken Abklingzeit k_{obs} von der eingesetzten ChoCl-Konzentration. Der hyperbolische Verlauf ließ sich mit dem bereits in Kap. 5.1.3.2 (S. 92) aufgeführten 2-Schritt-Reaktionsmodell beschreiben, bei dem nach einem schnellen Bindungsschritt eine langsame, geschwindigkeitsbestimmende Konformationsumwandlung des FITC-Enzyms in den F1-Zustand folgte:

$$E + Cho^+ \underset{k_{21}}{\overset{k_{12}}{\rightleftharpoons}} E{\cdot}Cho^+ \underset{k_{32}}{\overset{k_{23}}{\rightleftharpoons}} F1{\cdot}Cho^+$$

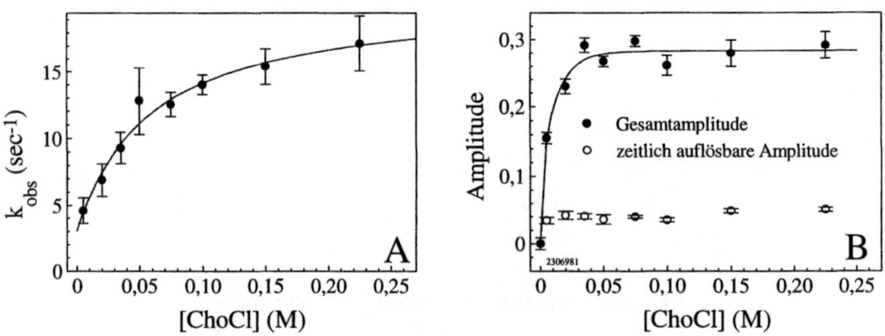

Abb. 57. Kinetik der Cho^+-Bindung an die gereinigte FITC-Na,K-ATPase (0,4 µM) in 25 mM Histidin/HCl pH 7,5 bei 25°C. (A) Auftragung von k_{obs} gegen die eingesetzte ChoCl-Konzentration. Die durchgezogene Linie repräsentiert die Anpassung der Gleichung (14) auf S. 92. (B) Auftragung der mit der stopped-flow-Technik zeitlich aufösbaren Amplitiude und der Gesamtamplitude des Fluoreszenzintensitätsanstiegs gegen die eingesetzte ChoCl-Konzentration. $\lambda_{ex} / \lambda_{em} = 466 / > 495$ nm.

[3] Als Druckentlassungszeit wird die Zeit bezeichnet, nach der der Druck, mit dem die beiden die Reaktandenlösungen in der stopped-flow-Apparatur gemischt und in die Meßzelle befördert werden, wieder entlassen wird.

Aus der Anpassung ergaben sich folgende Werte: $K_{12} = 18{,}3 \pm 6{,}3\ M^{-1}$, $k_{23} = 17{,}5 \pm 1{,}5\ sec^{-1}$ und $k_{32} = 2{,}9 \pm 1{,}2\ sec^{-1}$. Der Wert für die Geschwindigkeitskonstante k_{32} ist hierbei nur als Richtwert für eine Größenordnung zu verstehen und kann, ohne die Anpassung signifikant zu verschlechtern, um den Faktor 2-3 variieren. Dies liegt daran, daß k_{32} unter den gegebenen Versuchsbedingungen nicht experimentell ermittelt wurde, sondern nur über die Anpassung berechnet werden konnte. Die Auftragung der Gesamtamplitude gegen die eingesetzte ChoCl-Konzentration ergab einen maximalen Fluoreszenzintensitätsanstieg von knapp 30%, was in guter Übereinstimmung mit der Amplitude der Gleichgewichtstitration steht (vergl. S. 96). Um das Verhältnis der zeitlich auflösbaren Amplitude zur Gesamtamplitude zu bestimmen, wurden beide Werte gegen die eingesetzte ChoCl-Konzentration aufgetragen (Abb. 57 B). Dabei zeigte sich, daß nur etwa 15% der Gesamtamplitude mit der stopped-flow-Technik zeitlich aufgelöst werden konnte, und somit der Großteil der Reaktion, nämlich die schnelle Cho^{+}-Bindung, innerhalb der Totzeit der Meßapparatur, also weniger als 1,5 msec ablief.

Aus der kinetischen Untersuchung der Bindung von Na^{+} an die gereinigte FITC-Na,K-ATPase resultierten sehr ähnliche Ergebnisse (Tab. 6).

Die aus der Bindungskinetik von $G5G^{2+}$ an die gereinigte FITC-Na,K-ATPase erhaltenen Geschwindigkeitskonstanten k_{23} und k_{32} lagen beide ca. um den Faktor 2 - 3 niedriger als bei den untersuchten monovalenten Kationen. Außerdem konnten hier ca. 30% der Gesamtamplitude zeitlich aufgelöst werden.

Die Ergebnisse der kinetischen Experimente der Bindung von Cho^{+}, Na^{+} und $G5G^{2+}$ an die gereinigte FITC-Na,K-ATPase sind zusammenfassend in Tab. 6 dargestellt, die dazugehörigen, hier nicht aufgeführten kinetischen Experimente befinden sich im Anhang (Abb. A11 u. A12, S. 174).
Der Vergleich der statisch und kinetisch ermittelten Assoziationskonstanten zeigte, daß die entsprechenden Werte unter Berücksichtigung der Unsicherheiten bei ihrer Bestimmung gut übereinstimmen (vergl. Tab. 5, S. 98 und Tab. 6).

Kation	**K_{12} (M^{-1})**	**k_{23} (sec^{-1})**	**k_{32} (sec^{-1})**	**$K_{23}=k_{23}/k_{32}$**	**log K [(a)]**
Cho^{+}	18,3 ± 6,0	17,5 ± 1,5	2,9 ± 1,2	6,0 ± 0,5	2,1
Na^{+}	35,4 ± 12,1	15 ± 7,0	2,6 ± 1,0	5,8 ± 0,9	2,4
$G5G^{2+}$	$(27 \pm 2{,}2)\cdot 10^{3}$	5,0 ± 0,2	1,2 ± 0,4	4,2 ± 0,4	5,1

[(a)] $K = K_{12} \times (1 + K_{23})$, siehe Gleichung 18, S. 94

Tab. 6. Vergleichende Angabe der kinetisch ermittelten Geschwindigkeitskonstanten und Assoziationskonstanten für die Bindung von Cho^{+}, Na^{+} und $G5G^{2+}$ an die gereingte FITC-Na,K-ATPase in 25 mM Histidin/HCl pH 7,5 (25°C).

Bei der kinetischen Untersuchung der nichtselektiven Kationenbindung an die präparativ solubilisierte FITC-Na,K-ATPase waren bei allen untersuchten Kationen (Cho^{+}, Na^{+}, $G5G^{+}$) und verschiedenen Detektionszeiten, auch im Millisekundenbereich keine zeitlich auflösbaren Fluoreszenzintensitätsänderungen zu detektieren. Stellvertretend für die hier untersuchten Kationen zeigt Abb. 58 die in der stopped-flow-Apparatur detektierten, zeitaufgelösten

Fluoreszenzintensitätsänderungen, die durch die Bindung von Cho^+ an die präparativ solubilisierte FITC-Na,K-ATPase induziert wurden.

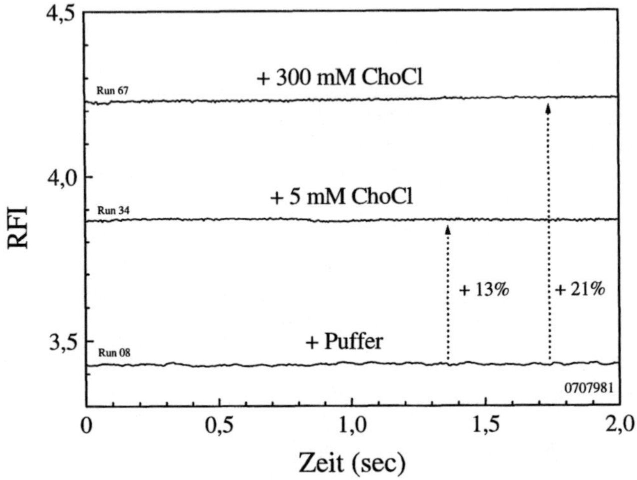

Abb. 58. Zeitaufgelöste Fluoreszenzsignale der Reaktion von ChoCl (5 und 300 mM) mit präparativ solubilisierter FITC-Na,K-ATPase (0,4 µM) in 25 mM Histidin/HCl, 300 µM $C_{12}E_8$ pH 7,5 (25°C). $\lambda_{ex} / \lambda_{em}$ = 466 / > 495 nm.

Der beobachtete, Cho^+-induzierte Fluoreszenzintensitätsanstieg war bei einer hohen ChoCl-Konzentration voll ausgeprägt (Abb. 58), jedoch mußte dieser innerhalb von 1,5 msec (Totzeit der stopped-flow-Meßapparatur) stattgefunden haben. Dieser Befund gilt auch für die Na^+- und $G5G^{2+}$-Bindung (Tab. 7). Das bedeutet, daß k_{obs} (und somit auch k_{23}) mindestens einen Wert von etwa 500-600 sec^{-1} besitzen muß. Aufgrund des hier gefundenen Fluoreszenzintensitätsanstiegs sowie der Ergebnisse der Titrationsexperimente (S. 98 und Abb. A 8- A 10, S. 173, 174) konnte mit hoher Wahrscheinlichkeit angenommen werden, daß die Konformationsumwandlung des solubilisierten FITC-Enzyms in den F1-Zustand stattfindet, jedoch wesentlich schneller (mindestens um den Faktor 30) als bei der gereinigten FITC-Na,K-ATPase. Da die Gesamtamplitude des Fluoreszenzintensitätsanstiegs bei der kinetischen Untersuchung der Cho^+-Bindung mit ca. 21% fast doppelt so groß wie beim Titrationsexperiment war (ca. 12%, vergl. Abb. 58 und Abb. A 8, S. 173), konnte davon ausgegangen werden, daß das FITC-Enzym im Titrationsexperiment partiell denaturiert war.

Auch die hochreine, solubilisierte FITC-Na,K-ATPase, die über Sephacryl S-1000 aufgereinigt wurde, zeigte keine mit der stopped-flow-Apparatur zeitlich auflösbaren Fluoreszenzintensitätsänderungen bei der Bindung von Cho^+, Na^+ und $G5G^{2+}$. Die Gesamtamplitude war dabei vergleichbar mit der bei der nichtselektiven Kationenbindung an das präparativ solubilisierte FITC-Enzym (nicht gezeigt).

Kation	Gesamtamplitude (%)	zeitlich auflösbare Amplitude (%)
Cho^+	21	0
Na^+	26	0
$G5G^{2+}$	11	0

Tab. 7. Vergleichende Auftragung der Gesamt-Fluoreszenzamplituden und der zeitlich auflösbaren Amplituden für die Bindung von Cho^+, Na^+ und $G5G^{2+}$ an die präparativ solubilisierte FITC-Na,K-ATPase in 25 mM Histidin/HCl, 300 µM $C_{12}E_8$ pH 7,5 (25°C).

5.1.5 Bindungsaffinität und Stöchiometrie der selektiven K^+-Bindung an die FITC-Na,K-ATPase

5.1.5.1 Selektive K^+-Bindung an die gereinigte FITC-Na,K-ATPase

Abb. 59 zeigt eine typische Titrationskurve für die Bindung von K^+ an die gereinigte FITC-Na,K-ATPase.

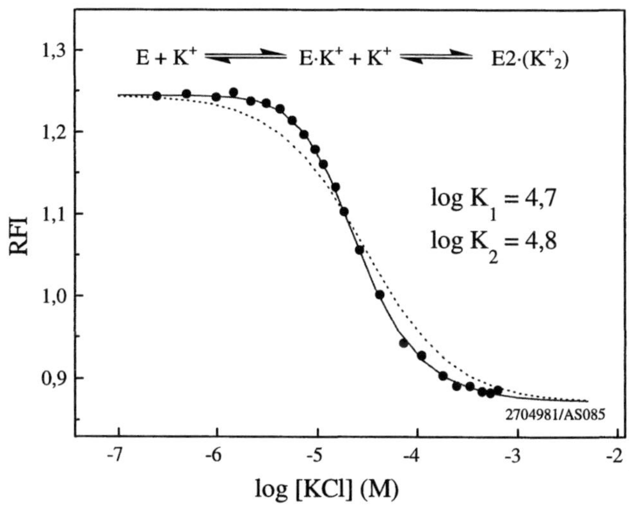

Abb. 59. Fluorimetrische Titration der gereinigten FITC-Na,K-ATPase (0,17 µM) mit KCl in 10 mM Imidazol/HCl, 0,1 mM EDTA pH 7,5 (25°C). Die gestrichelte Linie zeigt die bestmögliche Anpassung der Funktion des 1:1-Bindungsmodells, die durchgezogene Linie der Funktion des 1:2-Bindungsmodells. λ_{ex} / λ_{em} = 495 / 520 nm.

Die beste Anpassung der Funktion des 1:1-Bindungsmodells (Kap. 5.1.3.1, S. 90) zeigte deutliche Abweichungen von den Meßdaten (Abb. 59). Eine sinnvolle Anpassung an die experimentell ermittelten Daten ließ sich nur mit der Funktion des 1:2-Bindungsmodells (S. 91) durchführen.
Dabei ergab die Auswertung typische Assoziationskonstanten von: $\log K_1 = 4{,}7$ und $\log K_2 = 4{,}8$. Im Verlauf vieler durchgeführter Titrationen zeigte sich, daß die ermittelten Assoziationskonstanten in der Regel mit einer Genauigkeit von $\log K \pm 0{,}2$ angegeben werden konnten.

Betrachtet man die Titrationskurve und das in Abb. 59 gezeigte Bindungsmodell, so kann man die relative Fluoreszenzintensität zu Beginn dem freien FITC-Enzym (E), und die relative Fluoreszenzintensität am Ende der Titration dem FITC-Enzym im $E2{\cdot}(K^+_2)$-Zustand zuordnen. Nicht bekannt war zu diesem Zeitpunkt, wie groß die relative Fluoreszenzintensität des Zwischenzustands ($E{\cdot}K^+$) ist, bei dem nur ein K^+ an das FITC-Enzym gebunden ist.

Wurde die Auswertung an die experimentellen Daten nicht auf die KCl-Konzentration, sondern unter denselben Annahmen, die bereits auf S. 97 gemacht wurden, auf die nach Kielland (184) berechnete K^+-Aktivität bezogen durchgeführt, so ergaben sich unter Berücksichtigung der bestehenden Ungenauigkeiten bei der Bestimmung gleiche Werte für die Assoziationskonstanten (Tab. 8). Wurde bei der Auswertung weiterhin die bereits im Puffer als Verunreinigung enthaltene K^+-Konzentration (typischerweise ca. 1 µM, siehe S. 13) zur eigentlichen KCl-Konzentration addiert, so führte dies ebenfalls zu keiner signifikanten Änderung der berechneten Assoziationskonstanten $\log K_1$ und $\log K_2$ (Tab. 8).
Da die Änderungen der Bindungsaffinitäten nach Einführung der zuvor genannten Korrekturen alle innerhalb der oben genannten Ungenauigkeiten von $\log K_1$ und $\log K_2$ (siehe oben) lagen, sind alle folgenden Angaben konzentrationsbezogen und berücksichtigen nicht die mit dem Puffer als Verunreinigung zusätzlich eingebrachte Konzentration an K^+-Ionen.

Auswertung der Titration mit:	**log K_1**	**log K_2**
KCl-Konzentration	4,7	4,8
unter Berücksichtigung des im Puffer als Verunreinigung enthaltenen K^+ (ca. 1 µM)	4,7	4,9
K^+-Aktivität	4,6	4,9

Tab. 8. Titrationsfluorimetrisch bestimmte Assoziationskonstanten für die selektive Bindung von K^+ an die gereinigte FITC-Na,K-ATPase (0,17 µM) in 10 mM Imidazol/HCl, 0,1 mM EDTA pH 7,5 (25°C).

Da beide Assoziationskonstanten von vergleichbarer Größe waren, mußte die Bindung von K^+ an die gereinigte Na,K-ATPase als positiv kooperativ angesehen werden.
Eine zusätzlich durchgeführte Auswertung der Titration aus Abb. 59 mit der Hill-Gleichung (Gleichung 10, S. 91) ergab eine Assoziationskonstante von $\log K = 4{,}5$ und einen Hill-Koeffizienten von $n = 1{,}4$, was ebenfalls für eine postitiv kooperative K^+-Bindung sprach.

Bei der Betrachtung der zuvor besprochenen Titration muß angemerkt werden, daß die Ionenstärke, beginnend bei ca. 2,4 mM (geladene Spezies des Puffers) im Verlauf der Titration um ca. 30% anstieg. Da die Fluoreszenzintensität des FITC aber durch die Ionenstärke mitbeeinflußt werden kann, sollte im folgenden eine KCl-Titration bei möglichst konstanter Ionenstärke durchgeführt werden. Die Konstanthaltung der Ionenstärke mit Hilfe eines Inertsalzes, welches nicht direkt mit der Na,K-ATPase in Wechselwirkung tritt, war jedoch nicht möglich, da bis heute nicht bekannt ist, ob ein solches Salz überhaupt existiert.
Bei der folgenden Titration mit KCl (Abb. 60) wurde die Ionenstärke während der Titration durch die Zugabe von 0,1 M ChoCl auf ein Anfangsniveau von ca. 103 mM gebracht. Die Änderung der Ionenstärke im Verlauf der Titration betrug dabei maximal ca. 8%.

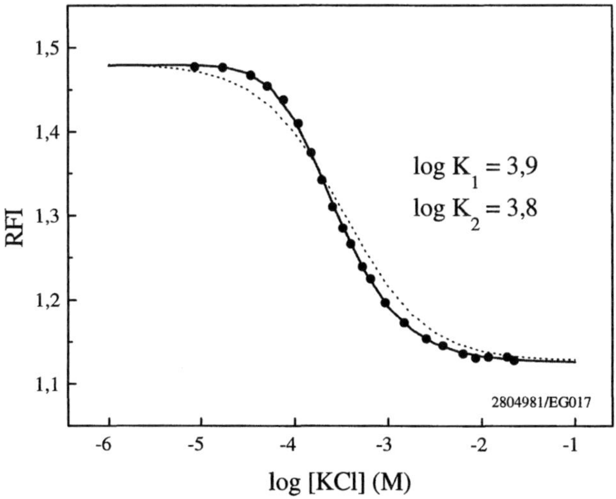

Abb. 60. Fluorimetrische Titration der gereinigten FITC-Na,K-ATPase (0,11 µM) mit KCl in 10 mM Imidazol/HCl, 0,1 M ChoCl, 0,1 mM EDTA pH 7,5 (25°C). Die gestrichelte Linie zeigt die bestmögliche Anpassung der Funktion des 1:1-Bindungsmodells, die durchgezogene Linie der Funktion des 1:2-Bindungsmodells. λ_{ex} / λ_{em} = 495 / 520 nm.

Die Assoziationskonstanten für die Bindung beider K^+ in Anwesenheit von 0,1 M ChoCl wurde dabei um ca. eine Größenordnung erniedrigt, was für eine Kompetition der Cho^+- und der K^+-Ionen spricht. Die Affinität nahm für das erste K^+ weniger ab, als die für das zweite K^+. Eine Auswertung der Titration aus Abb. 60 mit der Hill-Gleichung ergab eine Assoziationskonstante von log K = 3,6 sowie einen Hill-Koeffizienten von n = 1,2. Das bedeutet, daß die Kooperativität der K^+-Bindung in Anwesenheit von 0,1 M ChoCl geringfügig erniedrigt war. Die maximal erreichbare Amplitude der Titration der gereinigten FITC-Na,K-ATPase mit KCl in Abwesenheit und in Anwesenheit von 0,1 M ChoCl war von vergleichbarer Größe, und lag, abhängig von der Enzympräparation, zwischen 25 - 30%. Tab. 9 faßt die Ergebnisse der KCl-Titrationen in Ab- und Anwesenheit von 0,1 M ChoCl zusammen.

Bindungsmodell	log K_1 log K_2	log K *Hill-Koeffizient*	Medium
1:2-Bindung	4,7 4,8		10 mM Imidazol/HCl, 0,1 mM EDTA pH 7,5
Hill		4,5 *1,4*	
1:2-Bindung	3,9 3,8		10 mM Imidazol/HCl, 0,1 mM EDTA, 0,1 M ChoCl, pH 7,5
Hill		3,6 *1,2*	

Tab. 9. Vergleichende Auftragung der Assoziationskonstanten der selektiven Bindung von K^+ an die gereinigte FITC-Na,K-ATPase in 10 mM Imidazol/HCl, 0,1 mM EDTA pH 7,5 in Ab-und Anwesenheit von 0,1 M ChoCl (25°C).

5.1.5.2 Selektive K^+-Bindung an die präparativ solubilisierte FITC-Na,K-ATPase

Sämtliche untersuchten Eigenschaften der selektiven K^+-Bindung an die präparativ solubilisierte FITC-Na,K-ATPase waren nicht signifikant gegenüber denen der K^+-Bindung an die gereinigte FITC-Na,K-ATPase verändert. Wurden die Bindungsaffinitäten in Anwesenheit von 0,1 M ChoCl ermittelt, so nahmen beide Assoziationskonstanten gleichermaßen ab. Die maximal erreichbare Amplitude der KCl-Titration in Abwesenheit von ChoCl war mit der der gereinigten FITC-Na,K-ATPase vergleichbar. Die Ergebnisse der Titrationen sind in Tab. 10 zusammengefaßt, die dazugehörigen Titrationskurven befinden sich im Anhang (Abb. A13 u. A14, S. 175).

Bindungsmodell	log K_1 log K_2	log K *Hill-Koeffizient*	Medium
1:2-Bindung	4,7 4,4		10 mM Imidazol/HCl, 120 µM $C_{12}E_8$, 0,1 mM EDTA pH 7,5
Hill		4,4 *1,3*	
1:2-Bindung	3,7 3,3		10 mM Imidazol/HCl, 120 µM $C_{12}E_8$, 0,1 mM EDTA, 0,1 M ChoCl, pH 7,5
Hill		3,2 *1,2*	

Tab. 10. Vergleichende Auftragung der Assoziationskonstanten der selektiven Bindung von K^+ an die präparativ solubilisierte FITC-Na,K-ATPase in 10 mM Imidazol/HCl, 120 µM $C_{12}E_8$, 0,1 mM EDTA pH 7,5 in Ab-und Anwesenheit von 0,1 M ChoCl (25°C).

5.1.5.3 Selektive K^+-Bindung an die hochaktive und die hochreine, solubilisierte FITC-Na,K-ATPase

Sowohl die säulenchromatographisch über Sephacryl S-1000, als auch die über Dichtegradientenzentrifugation aufgereinigte, solubilisierte FITC-Na,K-ATPase zeigte im Vergleich zum präparativ solubilisierten Enzym nur eine geringfügige Abnahme der Bindungsaffinität für K^+. Dabei ließ sich in beiden Fällen, wie auch beim gereinigten Enzym, nur die Funktion des 1:2-Bindungsmodells, und nicht die des 1:1-Bindungsmodells sinnvoll anpassen (Abb. 61). Die Werte der Hill-Koeffizienten zeigten, daß die Kooperativität der K^+-Bindung durch diesen Aufreinigungsschritt nicht beeinflußt wurde (Tab. 11).

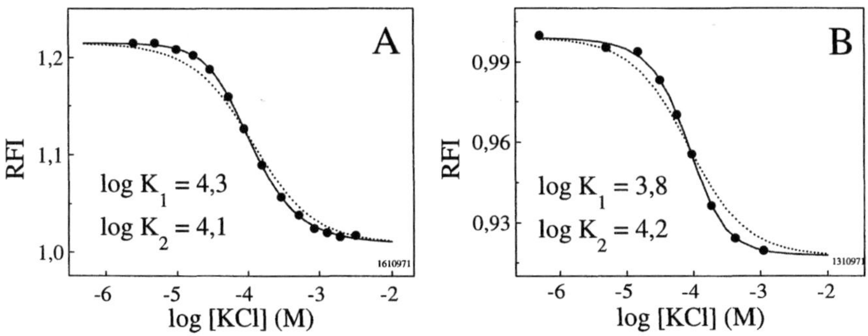

Abb. 61. Fluorimetrische Titration der hochaktiven (A) und der hochreinen (B), solubilisierten FITC-Na,K-ATPase mit KCl in 10 mM Imidazol/HCl, 120 µM $C_{12}E_8$, 0,1 mM EDTA pH 7,5 (25°C). Die gestrichelte Linie zeigt die bestmögliche Anpassung der Funktion des 1:1-Bindungsmodells, die durchgezogene Linie der Funktion des 1:2-Bindungsmodells. Die Enzymkonzentration betrug je ca. 0,15 µM. λ_{ex} / λ_{em} = 495 / 520 nm.

Die maximal erreichbare Amplitude der Fluoreszenzintensitätsänderung der Titration der hochaktiven, solubilisierten Na,K-ATPase war vergleichbar mit denen der Titrationen des gereinigten und des präparativ solubilisierten Enzyms. Die Amplitude der gezeigten Titration des hochreinen, solubilisierten Enzyms (Abb. 61 B) war dagegen nur ca. halb so groß, was für eine partielle Denaturierung dieser Enzympräparation sprach.

Wie schon bei der Titration der gereinigten FITC-Na,K-ATPase mit KCl erwähnt (S. 104), repräsentiert die Fluoreszenzintensität zu Beginn der Titration die freie FITC-Na,K-ATPase, und die niedrige Fluoreszenzintensität am Ende der Titration das Enzym im $E2\cdot(K^+{}_2)$-Zustand. Es war nicht bekannt, welche relative Fluoreszenzintensität das Enzym mit nur einem gebundenem K^+ ($E\cdot K^+$-Zustand) besitzt.

solubilisierte FITC-Na,K-ATPase	Bindungsmodell	log K_1 log K_2	log K *Hill-Koeffizient*
hochaktiv	1:2-Bindung	4,3 4,1	
	Hill		4,0 *1,4*
hochrein	1:2-Bindung	3,8 4,2	
	Hill		4,1 *1,5*

Tab. 11. Vergleichende Auftragung der Assoziationskonstanten der selektiven Bindung von K^+ an die hochaktive und die hochreine, solubilisierte FITC-Na,K-ATPase in 10 mM Imidazol/HCl, 120 µM $C_{12}E_8$, 0,1 mM EDTA pH 7,5 (25°C).

5.1.5.4 Die Bestimmung der relativen Fluoreszenzintensitäten von E, E·K^+ und E·(K^+_2) für das 1:2-Bindungsmodell

Die Bindung von K^+ an die FITC-Na,K-ATPase geht, wie schon erwähnt, mit einer Fluoreszenzintensitätserniedrigung zwischen 25 - 30% einher. Wie in den vorherigen Kapitel bereits angedeutet (S. 104 u. S. 107), konnten bezüglich der relativen Fluoreszenzintensitäten im 1:2-Bindungsmodell nur 2 sichere Zuordnungen getroffen werden: Da zu Beginn der Titration praktisch nur K^+-freie FITC-Na,K-ATPase vorlag, wurde die anfängliche, relative Fluoreszenzintensität (F_0) dem K^+-freien Enzym zugeordnet. Am Ende der Titration befand sich aufgrund der vorliegenden KCl-Konzentration praktisch die gesamte FITC-Na,K-ATPase im E2·(K^+_2)-Zustand. Dieser konnte demnach direkt die niedrige, relative Fluoreszenzintensität (F_{K2}) zugeordnet werden. Unbekannt war jedoch, welche relative Fluoreszenzintensität (F_K) charakteristisch für den E·K^+-Zustand des FITC-Enzyms ist.

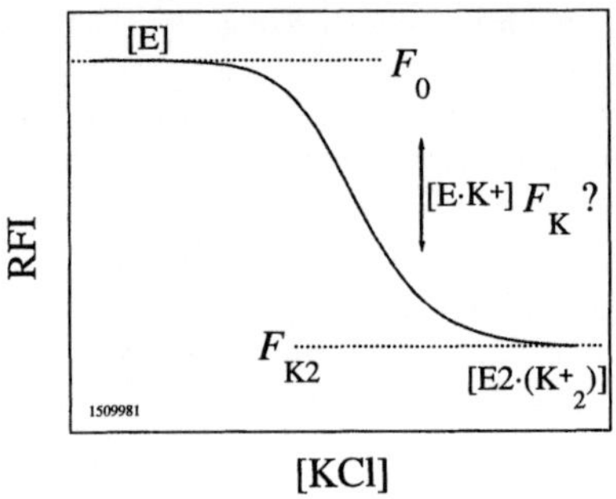

Abb. 62 Relative Fluoreszenzintensitäten der FITC-Na,K-ATPase im K^+-freien Zustand (E) und im E2·(K^+_2)-Zustand. Die relative Fluoreszenzintensität des E·K^+-Zustandes ist unbekannt.

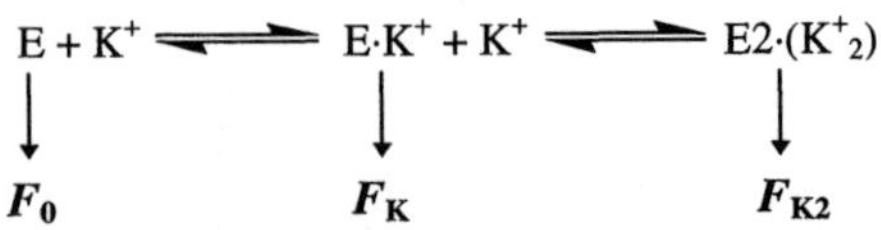

Der Versuch einer Ermittlung der relativen Fluoreszenzintensität des FITC-Enzyms im $E{\cdot}K^+$-Zustand erfolgte auf der Basis der im Anhang angegebenen Beziehungen, aus denen die Funktion des 1:2-Bindungsmodells abgeleitet wurde. Dabei wurden neben den Assoziationskonstanten K_1 und K_2 weiterhin relative Fluoreszenzintensitäten (F_0, F_K, F_{K2}) angepaßt, die einen Proportionalitätsfaktor zwischen der detektierten, verdünnungskorrigierten Fluoreszenzintensität und der jeweils vorliegenden Konzentrationen an E, $E{\cdot}K^+$ und $E2{\cdot}(K^+_2)$ zu jedem Zeitpunkt der Titration darstellen. Die sinnvolle Anpassung von gleichzeitig 5 Parametern stellt jedoch hohe Ansprüche an die Qualität der ermittelten Meßdaten. Im folgenden sollte dennoch überprüft werden, ob eine sinnvolle Ermittlung der relativen Fluoreszenzintensität F_K des $E{\cdot}K^+$-Zustandes der FITC-Na,K-ATPase aufgrund der zuvor gezeigten KCl-Titrationen möglich ist.

Zunächst erfolgte die Anpassung der KCl-Titration aus Abb. 59 in der Weise, daß alle Parameter, bis auf die eingesetzte Proteinkonzentration (die genau bekannt ist), durch die Anpassungsroutine optimal angepaßt wurden. Die bestmögliche Anpassung unter diesen Umständen ist durch die durchgezogene Linie in Abb. 63 dargestellt. Die relative Fluoreszenzintensität ($F_0 = 7{,}32{\cdot}10^6$, Ausgangsfluoreszenzniveau) des freien FITC-Enzyms (E) und nach der Bindung von einem K^+ ($E{\cdot}K^+$-Zustand) lagen demnach auf annähernd gleichem Niveau ($F_K = 7{,}33{\cdot}10^6$). Der gesamte Fluoreszenzintensitätsabfall tritt also scheinbar erst nach der Bindung des zweiten K^+ ein, wie die relative Fluoreszenzintensität mit $F_{K2} = 5{,}13{\cdot}10^6$ zeigte.

Um eine Entscheidung über die Signifikanz der über die Anpassung ermittelten relativen Fluoreszenzintensität F_K treffen zu können, wurden bei den folgenden Anpassungen dann die relativen Fluoreszenzintensitäten F_0 und F_{K2} auf den durch die zuvorige, bestmögliche Anpassung erhaltenen Werten fix gehalten, und relative Fluoreszenzintensität F_K auf 3 verschiedenen Fluoreszenzintensitätsniveaus zwischen F_0 und F_{K2} fixiert. Dabei wurden die Assoziationskonstanten K_{12} und K_{23} durch das Fitprogramm angepaßt, um unter diesen Bedingungen die bestmögliche Anpassung an die Meßdaten zu erhalten. Die Summe der Fehlerquadrate (S^2) war ein Maß dafür, wie gut die Anpassung mit den Meßdaten korrelierte. Die Ergebnisse dieser Anpassungen sind in Tab. 12 zusammengefaßt.

F_K	**frei angepaßt**	**fixiert auf**			
	$7{,}33{\cdot}10^6$	$6{,}77{\cdot}10^6$	$6{,}23{\cdot}10^6$	$5{,}68{\cdot}10^6$	$5{,}13{\cdot}10^6$
$\mathbf{S^2}$	$2{,}12{\cdot}10^{-4}$	$3{,}95{\cdot}10^{-4}$	$7{,}56{\cdot}10^{-4}$	$1{,}31{\cdot}10^{-3}$	$2{,}20{\cdot}10^{-3}$
log K_1	4,7	4,5	4,4	4,3	4,2
log K_2	4,8	4,8	4,7	4,6	4,5

Tab. 12. Anpassung der Funktion des 1:2-Bindungsmodells unter Fixierung der relativen Fluoreszenzintensität F_K zwischen den Werten von ($F_0 = 7{,}33{\cdot}10^6$) und ($F_{K2} = 5{,}13{\cdot}10^6$).

Die Ergebnisse zeigten, daß, ausgehend von $F_K \approx F_0$ die Anpassung mit jeder Fixierung der relativen Fluoreszenzintensität F_K in Richtung des Fluoreszenzintensitätsniveaus von F_{K2} schlechter wurde. Eine sinnvolle Anpassung war also nur unter der Bedingung möglich, bei der die relativen Fluoreszenzintensitäten F_0 und F_K in etwa auf gleichem Niveau lagen. Somit konnte aufgrund der unter verschiedenen Bedingungen durchgeführten Anpassungen der Funktion des 1:2-Bindungsmodells an die Meßdaten einer KCl-Titration eindeutig festgelegt werden, daß das FITC-Enzym nach der Bindung eines K^+ ($E{\cdot}K^+$-Zustand) eine unveränderte Fluoreszenzintensität gegenüber dem freien FITC-Enzym aufweist, und der beobachtete Fluoreszenzintensitätsabfall erst mit der Bindung des zweiten K^+ eintritt.

Um einen visuellen Eindruck über die Qualität der Anpassungen unter den zuvor genannten, unterschiedlichen Bedingungen zu erhalten, ist in Abb. 63 neben der bestmöglichen Anpassung (durchgezogene Linie) mit $F_K \approx F_0$ unter freier Anpassung aller Parameter (mit Ausnahme der FITC-Enzymkonzentration) die ungünstigste Anpassung gezeigt, bei der die relative Fluoreszenzintensität $F_K = F_{K2}$ gesetzt wurde (gestrichelte Linie).

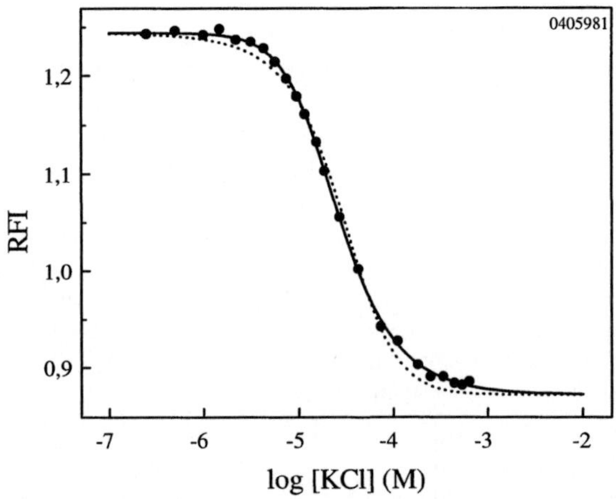

Abb. 63. Günstigste und ungünstigste Anpassung aus Tab. 7 der Titration der gereinigten FITC-Na,K-ATPase (0,17 µM) mit KCl in 10 mM Imidazol/HCl, 0,1 mM EDTA pH 7,5 (25°C). Die durchgezogene Linie zeigt den bestmöglichen Fit unter freier Anpassung der Parameter K_1, K_2, F_0, F_K und F_{K2} der Funktion des 1:2-Bindungsmodells, die gestrichelte Linie den ungünstigsten Fit bei Fixierung von $F_K = F_{K2} = 5{,}13{\cdot}10^6$. $\lambda_{ex} / \lambda_{em} = 495 / 520$ nm.

Die gezeigten Ergebnisse gelten sowohl für das gereinigte, als auch für das solubilisierte FITC-Enzym, auch in Anwesenheit von 0,1 M ChoCl, wie verschiedene Experimente und Auswertungen ergaben (nicht gezeigt).

5.1.6 Kinetik der selektiven K^+-Bindung an die FITC-Na,K-ATPase

5.1.6.1 Bei atmosphärischem Druck

Um die Dynamik der selektiven K^+-Bindung und der damit einhergehenden Konformationsänderung der FITC-Na,K-ATPase in den $E2\cdot(K^+_2)$-Zustand (Abb. 65) zu untersuchen, sollten stopped-flow-Experimente mit dem gereinigten und dem präparativ solubilisierten FITC-Enzym durchgeführt werden.

Abb. 64 zeigt das Meßsignal eines typischen stopped-flow-Experimentes der Reaktion von KCl mit gereinigter FITC-Na,K-ATPase. Der beobachtete Fluoreszenzintensitätsabfall ließ sich gut mit einer monoexponentiellen Funktion anpassen. Weiterhin war erkennbar, daß die Amplitude des zeitlich auflösbaren Fluoreszenzintensitätsabfalls etwas geringer als die Gesamtamplitude der Reaktion war. Dieser Effekt wurde den schnellen K^+-Bindungsschritten zugeordnet (Abb. 65), die innerhalb der Totzeit der stopped-flow-Apparatur (1,5 msec) erfolgten, und somit zeitlich nicht aufgelöst werden konnten. Um sicherzustellen, daß die zu beobachtenden Fluoreszenzsignale tatsächlich K^+-induziert waren, wurde das Enzym in einem Kontrollexperiment nur mit Puffer gemischt. Dabei trat keine Fluoreszenzintensitätsänderung auf (Abb. 64, R).

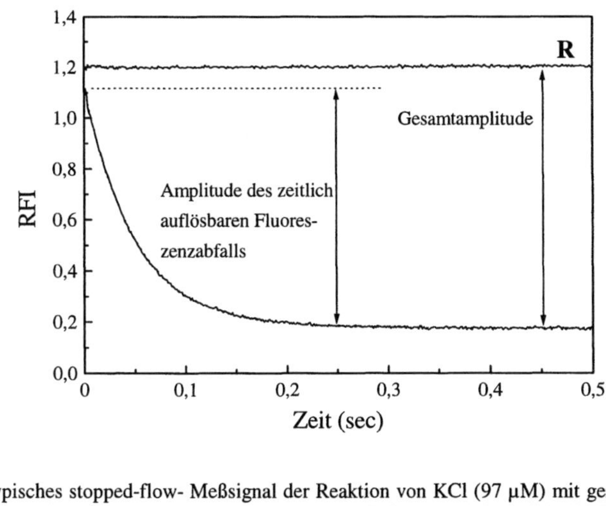

Abb. 64. Typisches stopped-flow- Meßsignal der Reaktion von KCl (97 µM) mit gereinigter FITC-Na,K-ATPase (0,5 µM) in 10 mM Imidazol/HCl, 0,1 mM EDTA pH 7,5 (25°C). Die durchgezogene Linie zeigt die monoexponentielle Anpassung ($k_{obs} = 20{,}1 \pm 0{,}05\ sec^{-1}$). Im Kontrollexperiment (R) wurde das FITC-Enzym nur mit Puffer gemischt. $\lambda_{ex} / \lambda_{em} = 466 / > 495$ nm.

Die Abhängigkeit der reziproken Abklingzeit (k_{obs}) von der eingesetzten KCl-Konzentration zeigte einen sigmoidalen Verlauf (Abb. 66). Dieser ließ sich mit Hife des auf S. 93 beschriebenen 3-Schritt-Prozesses mit geschwindigkeitsbestimmendem, dritten Reaktionsschritt beschreiben:

$$E + K^+ \underset{}{\overset{K_{12}}{\rightleftharpoons}} E{\cdot}K^+ + K^+ \underset{}{\overset{K_{23}}{\rightleftharpoons}} E{\cdot}K^+_2 \underset{k_{43}}{\overset{k_{34}}{\rightleftharpoons}} E2{\cdot}(K^+_2)$$

Abb. 65. Kinetisches 3-Schritt-Modell der selektiven K^+-Bindung an die FITC-Na,K-ATPase

Dabei wurde angenommen, daß die ersten 2 schnellen Reaktionsschritte (sequenzielle Bindung der 2 K^+ an das FITC-Enzym) mit der stopped-flow-Technik zeitlich nicht auflösbar sind. Der dritte, langsamere Reaktionsschritt (k_{34}) ist dagegen zeitlich auflösbar, und wurde der Konformationsänderung des FITC-Enzyms in den okkludierten Zustand $E2{\cdot}(K^+_2)$ zugeordnet.

Die Bestätigung der Sättigung des theoretischen Kurvenverlaufes für dieses Reaktionsmodell konnte allerdings nur bei 10°C experimentell erbracht werden, denn bei 25°C überschritt k_{obs} schon bei einer KCl-Konzentration von ca. 2 mM einen Wert ca. 400 sec^{-1}. Bei dieser Reaktionsgeschwindigkeit läuft bereits ca. die Hälfte der Gesamtreaktion innerhalb der angegebenen Totzeit der Apparatur (ca. 1,5 msec) ab. Noch schnellere Prozesse im Millisekundenbereich sind somit zeitlich nicht mehr auflösbar.

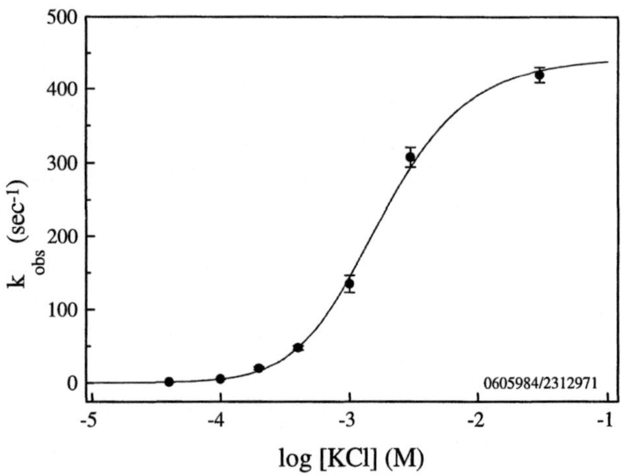

Abb. 66. Kinetik der selektiven K^+-Bindung an die gereinigte FITC-Na,K-ATPase (0,5 μM) in 10 mM Imidazol/HCl, 0,1 mM EDTA pH 7,5 (10°C). Die durchgezogene Linie repräsentiert die Anpassung mit Gleichung (17) in Kap. 5.1.3.2. λ_{ex} / λ_{em} = 466 / > 495 nm.

Die Anpassung der Funktion des kinetischen 3-Schritt-Reaktionsmodells (Gleichung 17, S. 93) an die Meßdaten ergab folgende Werte: $k_{34} = 443 \pm 19\ sec^{-1}$, $k_{43} = 0{,}34 \pm 0{,}84\ sec^{-1}$, $K_{12} = 1510 \pm 644\ M^{-1}$ und $K_{23} = 797 \pm 193\ M^{-1}$. Der Wert für die Geschwindigkeitskonstante k_{43} ist hierbei nur als Richtwert für eine Größenordnung zu verstehen und kann, ohne die Anpassung signifikant zu verschlechtern, um den Faktor 5 variieren. Das liegt daran, daß k_{43} unter den gegebenen Versuchsbedingungen nicht direkt meßbar ist, sondern nur rechnerisch über die Anpassung ermittelt werden kann. Weiterhin erlaubte die Meßgenauigkeit von k_{obs} unter den gegebenen Versuchsbedingungen nur eine sinnvolle Diskussion des Produkts der Assoziationskonstanten ($K_{12} \times K_{23} = K_\beta$), nicht aber deren einzelnen Werte (183). Die Werte der Geschwindigkeitskonstanten k_{34} und k_{43} konnten präparationsabhängig maximal um den Faktor 2 variieren. Das gleiche Phänomen wurde auch schon für das gereinigte FITC-Enzym aus der Schweineniere beschrieben (183). Diese Variationen wurden auf Unterschiede in den Bindungseigenschaften des Enzyms verschiedener Enzympräparationen zurückgeführt.
Wurde die gereinigte FITC-Na,K-ATPase vor der kinetischen Untersuchung der K^+-Bindung mit 0,1 M ChoCl vorinkubiert, so ergaben sich keine drastischen Veränderungen gegenüber den Geschwindigkeitskonstanten k_{34} und k_{43}, die in Abwesenheit von ChoCl ermittelt wurden (Tab. 14, S. 117).

5.1.6.2 Bei variablem Druck

Die Bestimmung der kinetischen Parameter (Geschwindigkeitkonstanten) einer Reaktion allein trägt nur begrenzt zum Verständnis ihres molekularen Mechanismus bei. Die zusätzliche Bestimmung von Aktivierungsparametern, wie z. B. der Aktivierungsenergie oder dem Aktivierungsvolumen einer Reaktion, liefert wichtige Informationen, die zur Erklärung ihres molekularen Mechanismus herangezogen werden können.
Nach der Theorie des Übergangszustandes von Eyring kann die Geschwindigkeitskonstante einer Reaktion wie folgt beschrieben werden:

$$k = \frac{k_B \cdot T}{h} \times e^{-\left(\frac{\Delta G^\#}{R \times T}\right)} \qquad (21)$$

Dabei bedeutet k die Geschwindigkeitskonstante, k_B die Boltzmannkonstante, T die Temperatur, h die Planck-Konstante, R die molare Gaskonstante und $\Delta G^\#$ die freie Aktivierungsenergie zum Erreichen des Übergangszustands.
Wird Gleichung (21) umgestellt und bei konstanter Temperatur nach dem Druck abgeleitet, so erhält man Gleichung (22).

$$\left(\frac{\partial \Delta G}{\partial P}\right)_T = -R \times T \times \left(\frac{\partial \ln k}{\partial P}\right)_T = \Delta V^\# \qquad (22)$$

Dabei ist **$\Delta V^{\#}$** das **Aktivierungsvolumen**, das heißt die Differenz zwischen dem partiellen molaren Volumen des Übergangszustands und den partiellen molaren Volumina der Reaktanden oder der Reaktionsprodukte.
Das Aktivierungsvolumen kann experimentell über die Bestimmung der Druckabhängigkeit der Geschwindigkeitskonstante ermittelt werden, und es gilt:

$$\ln k = \ln k_0 - \frac{\Delta V^{\#}}{R \times T} \times P \qquad (23)$$

k_0 ist die hypothetische Geschwindigkeitskonstante bei Druck Null, die praktisch gleich mit der bei atmosphärischem Druck ist. Voraussetzung hierbei ist, daß das Aktivierungsvolumen nicht durch den Druck beeinflußt wird ($-\partial\Delta V^{\#}/\partial P = 0$). Ist $\Delta V^{\#} > 0$, so erniedrigt sich die Reaktionsgschwindigkeit bei einer Druckerhöhung. Wenn $\Delta V^{\#} < 0$, so erhöht sich die Reaktionsgeschwindigkeit mit steigendem Druck auf dem zu untersuchenden System. ΔV gibt den partiellen molaren Volumenunterschied zwischen dem Edukt und dem Produkt an ($\Delta V = \Delta V^{\#}_{12} - \Delta V^{\#}_{21}$).

Für die druckabhängige Gleichgewichtskonstante K gilt:

$$\ln K = \ln K_0 - \frac{\Delta V^{\#}}{R \times T} \times P \qquad (24)$$

K_0 ist die hypothetische Gleichgewichtskonstante bei Druck Null, die praktisch gleich mit der bei atmosphärischem Druck ist.

5.1.6.2.1 Druckabhängige, selektive K^+-Bindung an die gereinigte FITC-Na,K-ATPase

Alle druckabhängigen, kinetischen Messungen wurden in Zusammenarbeit mit Dr. P. Bugnon in der Arbeitsgruppe von Prof. A. E. Merbach an der Universität von Lausanne durchgeführt.

Um die Reversibilität der Druckeffekte auf die Na,K-ATPase zu überprüfen, wurde die reziproke Abklingzeit (k_{obs}) einer jeweiligen KCl-Konzentration zuerst bei niedrigem Druck ermittelt. Dann erfolgte die stufenweise Erhöhung bis auf den höchsten Druck unter Ermittlung des jeweiligen k_{obs}. Zuletzt wurde der Druck wieder auf den Anfangswert erniedrigt, k_{obs} erneut gemessen und mit dem Ausgangswert verglichen. Alle Experimente wurden bei 10°C durchgeführt.

Abb. 67 zeigt ein typisches stopped-flow-Experiment der Reaktion von KCl mit gereinigter FITC-Na,K-ATPase bei 2 MPa und 100 MPa. Es ist deutlich zu erkennen, daß die Reaktionsgeschwindigkeit (Einstellung des Gleichgewichtszustands) bei höherem Druck geringer war. Der experimentell ermittelte Fluoreszenzintensitätsabfall ließ sich jeweils gut mit einer monoexponentiellen Funktion anpassen.

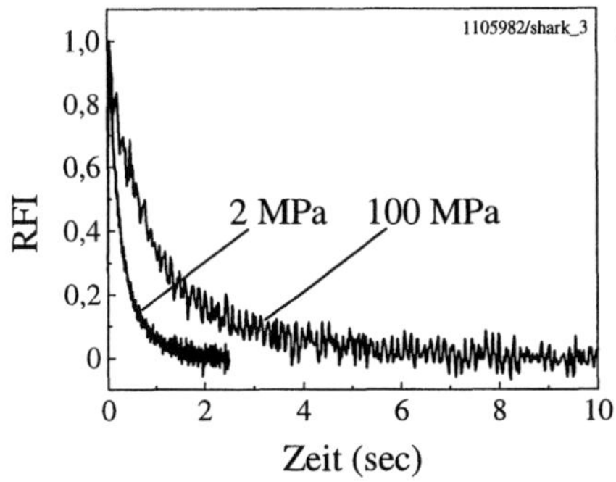

Abb. 67. Typisches stopped-flow-Meßsignal der Reaktion von KCl (60 µM) mit gereinigter FITC-Na,K-ATPase (0,87 µM) in 10 mM Imidazol/HCl, 0,1 M ChoCl, 0,1 mM EDTA pH 7,5 (10°C). Die aus der monoexponentiellen Anpassung ermittelten, reziproken Abklingzeiten betrugen 1,84 ± 0,02 sec^{-1} (2 MPa) und 0,51 ± 0,02 sec^{-1} (100 MPa). λ_{ex} / λ_{em} = 466 / > 495 nm.

Die Auftragung von k_{obs} gegen die eingesetzte KCl-Konzentration ergab erwartungsgemäß den gleichen sigmoidalen Kurvenverlauf wie schon zuvor bei atmosphärischem Druck beschrieben (Abb. 66, S. 112). Wurde die Abhängigkeit von k_{obs} bei verschiedenen Drücken gemessen, so zeigte sich, daß der gesamte sigmoidale Kurvenverlauf mit steigendem Druck zu niedrigeren reziproken Abklingzeiten (k_{obs}) verschoben wurde (Abb. 68).

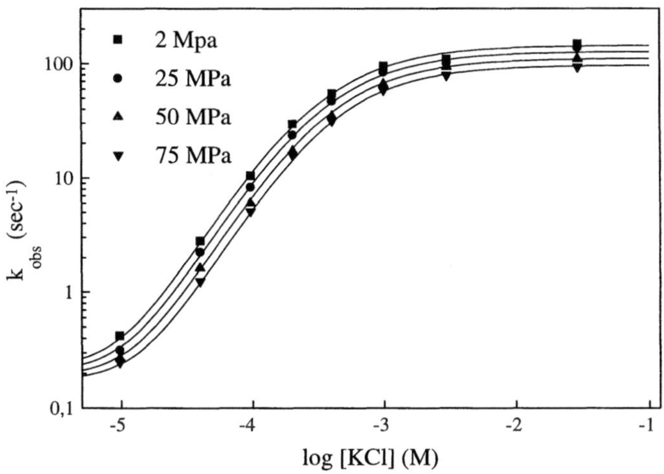

Abb. 68. Kinetik der selektiven K^+-Bindung an die gereinigte FITC-Na,K-ATPase in 10 mM Imidazol/HCl, 0,1 mM EDTA pH 7,5 (10°C). Die durchgezogenen Linien repräsentieren die jeweiligen Anpassungen mit Gleichung (17) auf S. 93 bei 2, 25, 50 und 75 MPa. λ_{ex} / λ_{em} = 466 / > 495 nm.

Die in Abb. 68 gezeigte KCl-Konzentrationsabhängigkeit von k_{obs} bei verschiedenen Drücken wurde einer Globalanalyse unterzogen. Dabei wurden simultan die Gleichgewichts- und die kinetischen Parameter der Gleichungen (17), (23) und (24) angepaßt, und so die Aktivierungsvolumina $\Delta V_{34}^{\#}$, $\Delta V_{43}^{\#}$ und die Werte von ΔV_{12}^{0}, ΔV_{23}^{0}, K_{12}^{0}, K_{23}^{0}, k_{34}^{0} und k_{43}^{0} bei Druck Null, wie in der Dissertation von Bugnon (162) beschrieben, berechnet. Die

Zuordnung der zuvor genannten Parameter im kinetischen 3-Schritt-Modell der selektiven K^+-Bindung erfolgte dabei wie folgt:

$$E + K^+ \underset{}{\overset{K_{12}^0 \; (\Delta V_{12}^0)}{\rightleftharpoons}} E \cdot K^+ + K^+ \overset{K_{23}^0 \; (\Delta V_{23}^0)}{\rightleftharpoons} E \cdot K^+_2 \underset{k_{43}^0 \; (\Delta V_{34}^{\#})}{\overset{k_{34}^0 \; (\Delta V_{34}^{\#})}{\rightleftharpoons}} E \cdot (K^+_2)$$

Die Ergebnisse der Globalanalyse der Kinetik der K^+-Bindung an die gereinigte FITC-Na,K-ATPase in Abwesenheit sowie in Anwesenheit von 0,1 M ChoCl sind in Tab. 13 zusammengefaßt.

	gereinigte FITC-Na,K-ATPase		**präparativ solubilisierte FITC-Na,K-ATPase**
	- ChoCl	0,1 M ChoCl	- ChoCl
k_{34}^0 (sec^{-1})	145 ± 7	430 ± 20	485 ± 53
$\Delta V_{34}^{\#}$ (ml/mol)	+13 ± 3	+25 ± 2	+16 ± 8
k_{43}^0 (sec^{-1})	0,2 ± 0,03	0,9 ± 0,05	0,9 ± 0,2
$\Delta V_{43}^{\#}$ (ml/mol)	+8 ± 5,7	+28 ± 2	+28 ± 13
K_{12}^0 (M^{-1})	$(7 \pm 1{,}5) \cdot 10^3$	$(2 \pm 0{,}3) \cdot 10^3$	$(5 \pm 1{,}6) \cdot 10^3$
ΔV_{12}^0 (ml/mol)	+15 ± 11	-6 ± 6	-2 ± 18
K_{23}^0 (M^{-1})	$(2 \pm 0{,}3) \cdot 10^3$	$(4 \pm 0{,}5) \cdot 10^2$	$(7 \pm 2) \cdot 10^2$
ΔV_{23}^0 (ml/mol)	+4 ± 8	+28 ± 3	+11 ± 16
$K_{34}^{0\,(a)}$	66 ± 6	478 ± 4,3	550 ± 50
ΔV_{34}^0 (ml/mol) $^{(b)}$	+5 ± 2	-3 ± 2	-12 ± 2
β_2^0 (M^{-2}) $^{(c)}$	$(1{,}4 \pm 0{,}5) \cdot 10^7$	$(7 \pm 2) \cdot 10^5$	$(4 \pm 2) \cdot 10^6$
$\Delta V_{\beta 2}^0$(ml/mol) $^{(d)}$	+19 ± 1	+22 ± 1	+9 ± 4
$\Delta V_{\beta 3}^0$ (ml/mol) $^{(e)}$	+24 ± 4	+19 ± 5	-3 ± 1

(a) $K_{34}^0 = k_{34}^0 / k_{43}^0$ (b) $\Delta V_{34}^0 = \Delta V_{34}^{\#} - \Delta V_{43}^0$ (c) $\beta_2^0 = K_{12}^0 \times K_{23}^0$ (d) $\Delta V_{\beta 2}^0 = \Delta V_{12}^0 + \Delta V_{23}^0$

(e) $\Delta V_{\beta 3}^0 = \Delta V_{12}^0 + \Delta V_{23}^0 + \Delta V_{34}^0$

Tab. 13. Kinetische und thermodynamische Parameter der selektiven K^+-Bindung an die FITC-Na,K-ATPase in 10 mM Imidazol/HCl, 0,1 mM EDTA pH 7,5 in Abwesenheit und in Anwesenheit von 0,1 M ChoCl (10°C). Die zugehörige Darstellung der Kinetik in Anwesenheit von 0,1 M ChoCl ist im Anhang (Abb. A15, S. 176) dargestellt. Beim Versuch mit dem präparativ solubilisierten FITC-Enzym enthielt der Puffer zusätzlich 200 µM $C_{12}E_8$.

Die Beträge der Volumenänderungen ΔV_{12} und ΔV_{23} nach der Bindung von einem, bzw. 2 K^+ waren mit großen Fehlern behaftet, sie sollten deshalb in Analogie zu K_{12}^0 und K_{23}^0 nicht zu hoch bewertet werden. Die Beträge der Aktivierungsvolumina $\Delta V_{34}^\#$ und $\Delta V_{43}^\#$ waren unter allen Versuchsbedingungen positiv, in Anwesenheit von 0,1 M ChoCl deutlich größer als in dessen Abwesenheit. Die Werte von $\Delta V_{\beta 3}^0$, die die Volumendifferenz aus dem Edukt (K^+-freie FITC-Na,K-ATPase) und dem Produkt (K^+-gebundene FITC-Na,K-ATPase) der Gesamtreaktion angeben, waren positiv und in Ab- und Anwesenheit von 0,1 M ChoCl nahezu identisch. Das bedeutet, daß die Bindung von 2 K^+ mit der anschließenden Konformationsänderung des Enzyms in den okkludierten Zustand $E2\cdot(K^+_2)$ sowohl in Abwesenheit, als auch in Anwesenheit von 0,1 M ChoCl mit einer Gesamtvolumenzunahme einhergeht.
In Abwesenheit von ChoCl lag die Geschwindigkeitskonstante k_{34} in etwa um den Faktor 3 niedriger als in Anwesenheit von 0,1 M ChoCl. Da die kinetischen Experimente jedoch nicht mit derselben FITC-Enzymprärparation durchgeführt wurden, mußte überprüft werden, ob diese Unterschiede präparationsbedingte Schwankungen darstellten oder tatsächlich auf der Anwesenheit des ChoCl zurückzuführen waren. Die stichprobenartige, vergleichsweise Messung von k_{obs} in Abwesenheit und in Anwesenheit von 0,1 M ChoCl an derselben FITC-Enzympräparation anderen Datums zeigte, daß dies keinen wesentlichen Einfluß auf die Reaktionsgeschwindigkeit bei mittleren bis hohen KCl-Konzentrationen nahm (Tab. 14). Bei der niedrigsten KCl-Konzentration trat eine Differenz um etwas mehr als den Faktor 2 auf. Da k_{obs} in diesem KCl-Kozentrationsbereich im wesentlichen die reziproke Abklingzeit k_{43} repräsentiert (Abb. 52, S. 94), und diese großen Unsicherheiten bei ihrer Bestimmung unterliegt, können diese Werte ebenfalls als gleich annähernd groß angesehen werden. Zusammenfassend kann also gesagt werden, daß die Kinetik der selektiven K^+-Bindung an die gereinigte FITC-Na,K-ATPase in Abwesenheit und Anwesenheit von 0,1 M ChoCl vergleichbar ist.

[KCl] (M)	**k_{obs} (sec^{-1})** **-ChoCl**	**k_{obs} (sec^{-1})** **0,1 M ChoCl**
$4\cdot10^{-5}$	$2,39 \pm 0,02$	$0,95 \pm 0,03$
$1,5\cdot10^{-3}$	77 ± 1	86 ± 3
$3\cdot10^{-2}$	176 ± 7	188 ± 6

Tab. 14. Vergleich der reziproken Abklingzeiten k_{obs} der selektiven K^+-Bindung an die gereinigte FITC-Na,K-ATPase in 10 mM Imidazol/HCl, 0,1 mM EDTA pH 7,5 in Abwesenheit und in Anwesenheit von 0,1 M ChoCl (10°C, 25 MPa) bei verschiedenen KCl-Konzentrationen (10°C). Die Versuche wurden mit derselben FITC-Enzympräparation durchgeführt.

5.1.6.2.2 Druckabhängige, selektive K^+-Bindung an die präparativ solubilisierte FITC-Na,K-ATPase

Zur Untersuchung der selektiven K^+-Bindung an die solubilisierte FITC-Na,K-ATPase konnte nur das präparativ solubilisierte Enzym eingesetzt werden, denn hochreines oder hochaktives, solubilisiertes FITC-Enzym war in Lausanne aufgrund fehlender Laborausrüstung nicht herstellbar. Aufgrund der zeitlich begrenzten Funktionalität dieser Enzympräparation (S. 63 u. 64) konnte auch kein aufgereinigtes Material in aktivem Zustand von Frankfurt nach Lausanne transportiert, und dort aufbewahrt werden.

Die selektive K^+-Bindung an die präparativ solubilisierte FITC-Na,K-ATPase verhielt sich in Abwesenheit von ChoCl im wesentlichen wie die an die gereinigte FITC-Na,K-ATPase. Mit sukzessiver Druckerhöhung nahm die Reaktionsgeschwindigkeit jeweils ab. Die Druckabhängigkeit konnte mit dem präparativ solubilisierten Enzym jedoch nur bis zu einem Maximaldruck von ca. 60 MPa durchgeführt werden, da bei einer weiteren Erhöhung des Drucks eine irreversible Denaturierung des Enzyms stattfand. Dies äußerte sich in einer Abnahme der zu beobachtenden Fluoreszenzamplitude mit steigendem Druck. Die Ausgangsamplitude wurde nach Herabsetzung des Druckes auf den Anfangswert nicht wieder erreicht. Dabei besaß k_{obs} ungefähr den gleichen Wert wie vor der Druckerhöhung.

In Anwesenheit von 0,1 M ChoCl war beim präparativ solubilisierten FITC-Enzym zusätzlich zu der druckabhängigen Denaturierung noch eine zeitabhängige, druckunabhängige Denaturierung erkennbar. Die Abnahme der Fluoreszenzamplitude der zu beobachtenden Reaktion betrug dabei ca. 50% innerhalb von ca. 2,5 Stunden. Die reziproke Abklingzeit k_{obs} der Reaktion blieb über diesen Zeitraum konstant. Da für die Messung einer kompletten Druckabhängigkeit von k_{obs} bei einer einzigen KCl-Konzentration bereits eine Zeit von mindestens 2 Stunden anzusetzen war, erschien die kinetische Untersuchung der selektiven K^+-Bindung an die präparativ solubilisierte Na,K-ATPase nur in Abwesenheit von ChoCl sinnvoll.

Die druckabhängige Auftragung von k_{obs} gegen die eingesetzte KCl-Konzentration ergab den gleichen sigmoidalen Kurvenverlauf wie für das gereinigte FITC-Enzym (Abb. 69), sowie eine ähnliche Druckabhängigkeit.

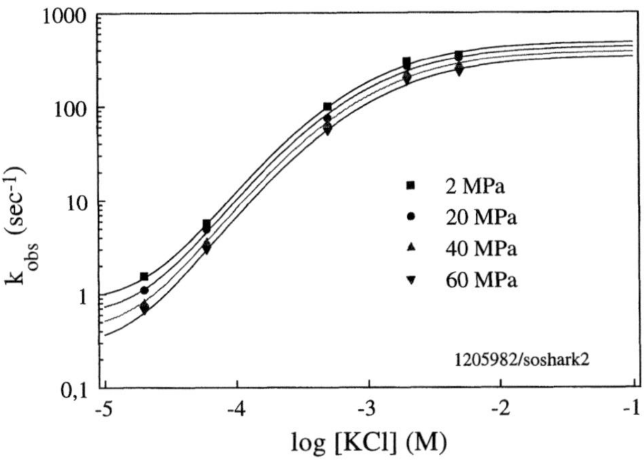

Abb. 69. Kinetik der selektiven K^+-Bindung an die präparativ solubilisierte FITC-Na,K-ATPase in 10 mM Imidazol/HCl, 130 µM $C_{12}E_8$, 0,1 mM EDTA pH 7,5 (10°C). Die durchgezogenen Linien repräsentieren die jeweiligen Anpassungen mit Gleichung (17) auf S. 93 bei 2, 20, 40 und 60 MPa. λ_{ex} / λ_{em} = 466 / >495 nm.

Die stichprobenartige, vergleichsweise Messung der reziproken Abklingzeiten k_{obs} der selektiven K^+-Bindung an die gereinigte und die präparativ solubilisierte FITC-Na,K-ATPase aus derselben Präparation zeigte, daß k_{obs} bei mittleren bis hohen K^+-Konzentrationen beim solubilisierten FITC-Enzym ca. doppelt so groß war (Tab. 15). Das bedeutet, daß die Geschwindigkeitskonstante k_{34} der Konformationsumwandlung $E{\cdot}K^+_2 \rightleftharpoons E2{\cdot}(K^+_2)$ in etwa doppelt so groß sein muß wie beim gereinigten FITC-Enzym (siehe auch Abb. 52, S. 94).

[KCl] (M)	**k_{obs} (sec^{-1}) gereinigtes FITC-Enzym**	**k_{obs} (sec^{-1}) solubilisiertes FITC-Enzym**
$4{\cdot}10^{-5}$	2,39 ± 0,02	1,44 ± 0,04
$1{,}5{\cdot}10^{-3}$	77 ± 1	143 ± 5
$3{\cdot}10^{-2}$	176 ± 7	275 ± 13

Tab. 15. Vergleich der reziproken Abklingzeiten k_{obs} der selektiven K^+-Bindung an die gereinigte und die präparativ solubilisierte FITC-Na,K-ATPase in 10 mM Imidazol/HCl, 130 µM $C_{12}E_8$, 0,1 mM EDTA pH 7,5 (10°C, 25 MPa) bei verschiedenen KCl-Konzentrationen (10°C). Die Versuche wurden mit derselben FITC-Enzympräparation durchgeführt.

Die Ergebnisse sind in Tab. 13 (S. 116) neben denen für die selektive K^+-Bindung an das gereinigte FITC-Enzym gezeigt. Sowohl $\Delta V_{34}^{\#}$, als auch $\Delta V_{43}^{\#}$ lagen in der gleichen Größenordnung wie die entsprechenden Werte der Aktivierungsvolumina der selektiven Bindung von K^+ an die gereinigte FITC-Na,K-ATPase.

5.1.7 Vergleich der durch Titrationen und kinetische Experimente bestimmten Assoziationskonstanten für die selektive K^+-Bindung an die FITC-Na,K-ATPase

Um die Assoziatonskonstanten aus den druckabhängigen, kinetischen Experimenten mit denen aus fluorimetrischen Titrationen vergleichen zu können, mußten KCl-Titrationen bei 10°C durchgeführt werden (Abb. A16-A18, S. 176, 177). Bei der Auswertung der Titrationen wurden, wie in Kap. 5.1.3.1 (S. 90) beschrieben, auf der Basis der 1:2-Bindungsstöchiometrie 2 Assoziationskonstanten K_1 und K_2 ermittelt. Aufgrund des statischen Bindungsmodells findet jedoch keine Differenzierung zwischen dem letzten Zwischenzustand und dem Endprodukt der Reaktion, wie beim kinetischen 3-Schritt-Modell, statt (Kap. 5.1.3.3, S. 94), weshalb die Assoziationskonstanten der kinetischen Experimente mit denen der statischen Experimente wie folgt ins Verhältnis zueinander gesetzt werden mußten:

$K_1 = K_{12}^0$ und $K_2 = K_{23}^0 \times (1+K_{34}^0)$

Die aus den kinetischen Experimenten und den Titrationen berechneten Assoziationskonstanten sind vergleichend in Tab. 16 aufgeführt. Aufgrund der bestehenden Unsicherheiten bei der Bestimmung der Assoziationskonstanten K_{12}^0 und K_{23}^0 der selektiven K^+-Bindung an die FITC-Na,K-ATPase durch die kinetischen Experimente (Kap. 5.1.6.1, S. 111) wurde für den Vergleich der Assoziationskonstanten aufgrund der besseren Reproduzierbarkeit jeweils der logarithmische Wert der Bruttoassoziationskonstanten ($K_\beta^{Kin} = K_{12}^0 \times K_{23}^0 \times (1 + K_{34}^0)$), bzw. ($K_\beta^{Tit} = K_1 \times K_2$) herangezogen. Der besseren Übersichtlichkeit wegen sind die Bruttoassoziationskonstanten ihrer Bestimmungsmethode nach ausschließlich in diesem Kapitel mit den Kürzeln „Tit“ bzw. „Kin“ gekennzeichnet.

FITC-Na,K-ATPase	$\log K_\beta^{Kin}$	$\log K_\beta^{Tit}$	Medium
gereinigt	10,0	10,4	10 mM Imidazol/HCl, 0,1 mM EDTA pH 7,5
gereinigt	8,6	9,2	10 mM Imidazol/HCl, 0,1 mM EDTA, 0,1 M ChoCl, pH 7,5
präparativ solubilisiert	9,3	10,1	10 mM Imidazol/HCl, 0,1 mM EDTA pH 7,5

Tab 16. Vergleichende Auftragung der Bruttoassoziationskonstanten der selektiven K^+-Bindung an die gereinigte und die präparativ solubilisierte FITC-Na,K-ATPase bei 10°C, ermittelt aus kinetischen und statischen Experimenten. $\log K_\beta^{Kin}$ bezeichnet die Bruttoassoziationskonstante bei Druck Null, die praktisch gleich der bei atmosphärischem Druck ist.

Die Ergebnisse zeigten, daß zwischen $\log K_\beta^{Kin}$ und $\log K_\beta^{Tit}$ jeweils eine Differenz auftrat, die im Bereich einer halben Größenordnung lag. Dieser zunächst scheinbare Widerspruch der Ergebnisse kann jedoch plausibel an folgendem Beispiel erklärt werden: Wie in Kap. 5.1.6.1

bereits erwähnt wurde, kann für die reziproke Abklingzeit k_{43} der Rückreaktion des letzten Reaktionsschrittes (S. 116) anhand der durchgeführten kinetischen Experimente nur eine Größenordnung bestimmt werden. Bei der Berechnung der Bruttoassoziationskonstanten log K_β^{Kin} können jedoch schon Variationen des Wertes von k_{43} um den Faktor 2 bereits drastischen Einfluß nehmen. Wurde beispielsweise für k_{43} bei der selektiven K^+-Bindung an die gereinigte FITC-Na,K-ATPase in Abwesenheit von ChoCl anstelle des durch die Anpassung ermittelten Wertes von 0,2 (Tab. 13, S. 116) ein Wert von 0,1 angenommen, so änderte sich der Wert der Bruttoassoziationskonstante von log K_β^{Kin} = 10,0 auf log K_β^{Kin} = 10,3. Vergleicht man letzteren Wert mit der durch die Titration ermittelten Bruttoassoziationskonstanten (log K_β^{Tit} = 10,4), die ebenfalls Ungenauigkeiten von maximal log K_β^{Tit} ± 0,2 beinhaltet, so stimmen log K_β^{Tit} und log K_β^{Kin} nun recht gut überein. Diese zuvor durchgeführte Beispielsrechnung läßt sich auf die beiden anderen in Tab. 16 gezeigten Ergebnisse erweitern, ist hier jedoch nicht im Detail aufgeführt.

5.1.8 Bindungsaffinität, Stöchiometrie und Kinetik der selektiven Na^+-Bindung an die RH-421-markierte Na,K-ATPase

5.1.8.1 Selektive Na^+-Bindung an die gereinigte, RH-421-markierte-Na,K-ATPase

Um zunächst zu überprüfen, ob RH-421 im Bereich der für die Detektion der spezifischen Na^+-Bindung erforderlichen Konzentration die gereinigte Na,K-ATPase inhibiert, wurde die ATPase-Aktivität des Enzyms in Anwesenheit verschiedener Konzentrationen dieses Fluorophors bestimmt (Abb. 70).

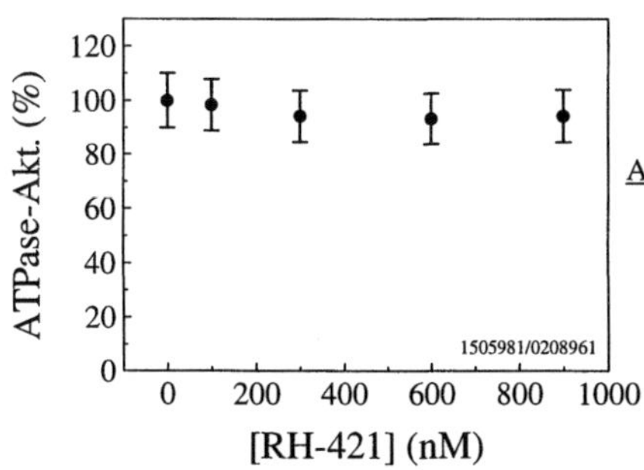

Abb. 70. ATPase-Aktivität der gereinigten Na,K-ATPase in Anwesenheit verschiedener RH-421-Konzentrationen.

Bis zu einer Konzentration von 900 nM RH-421 trat keine signifikante Hemmung der ATPase-Aktivität des gereinigten Enzyms auf. Bei einer für fluorimerische Messungen typischen Fluorophorkonzentration von maximal ca. 750 nM war also unter diesen Bedingungen keine Inhibition des Enzyms zu erwarten.

Abb. 71 zeigt eine typische Titrationskurve für die selektive Na^+-Bindung an die gereinigte, RH-421-markierte Na,K-ATPase. Der für diese Na^+-Bindung charakteristische Fluoreszenzintensitätsabfall von typischerweise 10-12% blieb innerhalb eines molaren RH-421/Enzym-Verhältnisses zwischen 0,4 und 4 konstant, des weiteren wurde dabei die Affinität der gereinigten Na,K-ATPase zu Na^+ nicht beeinflußt. Die experimentell ermittelten Daten ließen sich nicht sinnvoll mit der Funktion des 1:1-Bindungsmodells, jedoch gut mit der Funktion des 1:2-Bindungsmodells (Kap. 5.1.3.1, S. 90) anpassen, die Assoziationskontanten betrugen durchschnittlich log K_1 = 3,3 und log K_2 = 3,4. Beide Assoziationskonstanten konnten mit einer Genauigkeit von log K = ± 0,2 berechnet werden. Da beide Assoziationskonstanten von vergleichbarer Größe waren, mußte von einer Kooperativität der selektiven Na^+-Bindung ausgegangen werden. Die Auswertung mit Hilfe der Hill-Gleichung (Gleichung 10, S. 91) bestätigte dies (n = 1,4), dabei betrug die Assoziationskonstante log K = 3,3. Aufgrund der Stöchiometrie der durch die Na,K-ATPase über die Plasmamembran transportierten Kationen (2 K^+/3 Na^+) erwartet man jedoch, daß die Titrationskurve mit der Funktion eines 1:3-Bindungsmodells angepaßt werden muß. Dies ist prinzipiell auch möglich, jedoch läßt die große Anzahl der dabei anzupassenden Paramter (3 Gleichgewichtskonstanten und 4 relative Fluoreszenzintensitäten für E, $E{\cdot}Na^+$, $E{\cdot}Na^+_2$ und $E1{\cdot}Na^+_3$) eine sinnvolle Anpassung der Funktion aufgrund derAnzahl und der Qualität der vorliegenden Meßpunkte nicht zu.

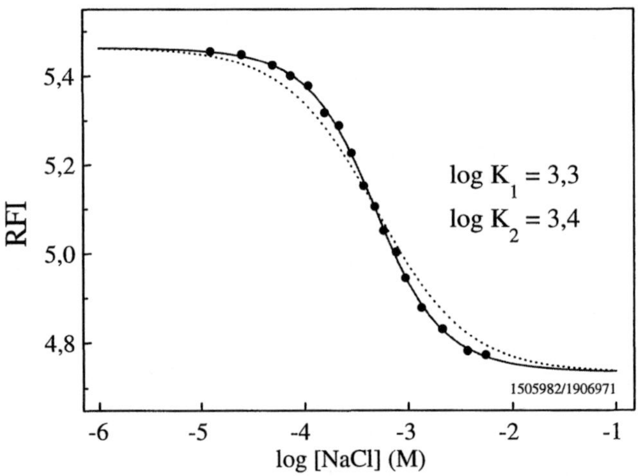

Abb. 71. Fluorimetrische Titration der gereinigten-Na,K-ATPase (0,29 µM) mit NaCl in 10 mM Imidazol/HCl, 0,1 mM EDTA pH 7,5 (25°C) in Anwesenheit von RH-421 (0,75 µM). Die gestrichelte Linie zeigt die bestmögliche Anpassung der Funktion des 1:1-Bindungsmodells, die durchgezogene Linie der Funktion des 1:2-Bindungsmodells. λ_{ex} / λ_{em} = 590 / 650 nm.

Wurde die Auswertung der Titration aus Abb. 71 mit der nach Kielland (184) berechneten Na^+-Aktivität unter den in Kap. 5.1.4.1, S. 97 gemachten Annahmen durchgeführt, und das bereits im Puffer als Verunreinigung enthaltene Na^+ (typischerweise 5 µM, siehe S. 13) mitberücksichtigt, so resultierte daraus, wie auch schon bei der selektiven K^+-Bindung gezeigt, unter Berücksichtigung der Ungenauigkeiten (log K ± 0,2) keine signifikante Änderung für die Assoziationskonstanten log K_1 und log K_2 (Tab. 17).

Auswertung der Titration mit:	**log K_1**	**log K_2**
NaCl-Konzentration	3,3	3,4
unter Berücksichtigung des im Puffer als Verunreinigung enthaltenen Na^+ (ca. 5 µM)	3,3	3,4
Na^+-Aktivität	3,3	3,5

Tab. 17. Vergleichende Auftragung der Assoziationskonstanten der selektiven Bindung von Na^+ an die gereinigte Na,K-ATPase (0,17 µM) in 10 mM Imidazol/HCl, 0,1 mM EDTA pH 7,5 in Anwesenheit von 0,75 µM RH-421 (25°C).

Deshalb sind alle im folgenden aufgeführten Bindungsaffinitäten konzentrationsbezogen und beinhalten nicht die mit dem Puffer als Verunreinigung zusätzlich eingebrachte Konzentration an Na^+-Ionen. Im Verlauf der oben gezeigten Titration stieg die Ionenstärke in Abwesenheit von ChoCl von anfangs etwa 2,4 mM auf ca. 8 mM um ca. 33% an. Wurde die NaCl-Titration zur Stabilisierung der Ionenstärke in Anwesenheit von 0,1 M ChoCl mit einer maximalen Änderung von etwa 17% durchgeführt, so ergaben sich die in Tab. 18 gezeigten Assoziationskonstanten (Titrationskurve siehe Anhang, Abb. A19, S. 178).

Bindungsmodell	**log K_1** **log K_2**	**log K** ***Hill-Koeffizient***	**Medium**
1:2-Bindung	3,3 3,4		10 mM Imidazol/HCl, 0,1 mM EDTA pH 7,5
Hill		3,3 *1,4*	
1:2-Bindung	2,5 2,7		10 mM Imidazol/HCl, 0,1 mM EDTA, 0,1 M ChoCl pH 7,5
Hill		2,8 *1,6*	

Tab. 18. Vergleichende Auftragung der Assoziationskonstanten der selektiven Bindung von Na^+ an die gereinigte Na,K-ATPase in 10 mM Imidazol/HCl, 0,1 mM EDTA, 0,75 µM RH-421 pH 7,5 in Ab-und Anwesenheit von 0,1 M ChoCl (25°C).

Wie schon bei der selektiven K^+-Bindung an die FITC-Na,K-ATPase gezeigt wurde, sprachen die in niedrigeren Assoziationskonstanten in Anwesenheit von 0,1 M ChCl für eine Kompetition der Cho^+-Ionen und den Na^+-Ionen an der Na,K-ATPase. Das Bindungsverhalten wurde bezüglich der Kooperativität jedoch nicht signifikant beeinflußt.

5.1.8.2 Selektive Na^+-Bindung an die präparativ solubilisierte RH-421-markierte-Na,K-ATPase

Wie auch bei der gereinigten Na,K-ATPase fand bei den für Fluoreszenzmessungen erforderlichen RH-421-Konzentrationen von ca. 750 nM keine signifikante Inhibition der ATPase-Aktivität der präparativ solubilisierten Na,K-ATPase durch den Fluorophor statt (Abb. 72).

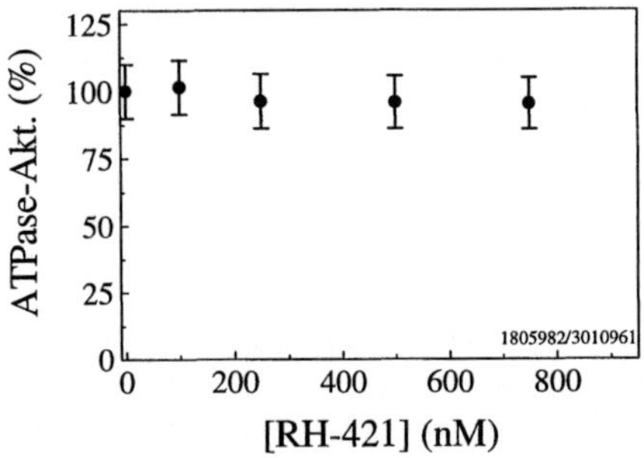

Abb. 72. ATPase-Aktivität der präparativ solubilisierten Na,K-ATPase in Anwesenheit verschiedener RH-421-Konzentrationen.

Wurde in Analogie zu Abb. 71 (S. 122) eine Titration der präparativ solubilisierten Na,K-ATPase mit NaCl durchgeführt, so war in einem Konzentrationsbereich zwischen 1 µM und 10 mM NaCl der für die selektive Na^+-Bindung spezifische Fluoreszenzintensitätsabfall des RH-421 nicht zu detektieren, obwohl mehrfache Überprüfungen der enzymatischen Aktivität zeigten, daß das jeweilig eingesetzte Enzym voll aktiv war. Oberhalb einer NaCl-Konzentration zwischen 10 und 100 mM trat ein Fluoreszenzintensitätsabfall ein, der jedoch vermutlich ionenstärkebedingt war. Dieser Abfall konnte nämlich ebenso auch mit anderen Kationen (K^+, Cho^+), deren Bindung an die gereinigte Na,K-ATPase nicht durch das RH-421 angezeigt wird, ebenfalls induziert werden. Dieses Ergebnis läßt vermuten, daß entweder die selektiven Na^+-Bindungseigenschaften der solubilisierten Na,K-ATPase drastisch gegenüber dem gereinigten Enzym verändert sind, oder daß das RH-421 als Fluorophor nicht dazu geeignet ist, die selektive Na^+-Bindung an der solubilisierten Na,K-ATPase anzuzeigen.

5.1.8.3 Kinetik der selektiven Na^+-Bindung an die gereinigte Na,K-ATPase

Wurde die Na,K-ATPase (gereinigt oder solubilisiert) in Anwesenheit von RH-421 in der stopped-flow-Apparatur schnell mit NaCl gemischt, so war der für die selektive Na^+-Bindung an das Enzym charakteristische Fluoreszenzintensitätsabfall von ca. 10-12% detektierbar. Dieser konnte jedoch aufgrund einer zu hohen Reaktionsgeschwindigkeit zeitlich nicht aufgelöst werden. Da die Totzeit der Meßapparatur ca. 1,5 msec betrug, muß die selektive Na^+-Bindung also im Nano- bis Microsekundenbereich erfolgen.

5.1.8.4 Na^+-konzentrationsabhängige Phosphorylierung der RH-421-markierten Na,K-ATPase mit ATP zum indirekten Nachweis der selektiven Na^+-Bindung

Eine indirekte Möglichkeit zur Detektion der selektiven Na^+-Bindung an die Na,K-ATPase in Anwesenheit von RH-421 bietet die Na^+-konzentrationsabhängige, kinetische Untersuchung der Phosphorylierung mit ATP in Anwesenheit von Mg^{2+}, wie sie von Kane et al. (151) allerdings nur für das gereinigte Enzym beschrieben wurde. Folgende Teilreaktonsschritte des Reaktionszyklus werden dabei durchlaufen:

$$E1\cdot Na^+_3 + ATP \overset{-ADP}{\rightleftharpoons} E1\text{-}P\cdot(Na^+_3) \rightleftharpoons E2\text{-}P\cdot(Na^+_3) \overset{-3\,Na^+}{\rightleftharpoons} E2\text{-}P$$

Die Phosphorylierung des Enzyms geht dabei mit einer drastischen Steigerung der Fluoreszenzintensität einher (Kap. 5.1.2.2, S. 89 ff). Dies wurde mit der stopped-flow Technik vergleichend an der gereinigten und der hochreinen, solubilisierten Na,K-ATPase untersucht. Dabei wurde der geschwindigkeitsbestimmende Schritt der Konformationsumwandlung des Enzyms vom E1-P·(Na^+_3) in den E2-P·(Na^+_3)-Zustand zugeordnet (110, 151).

Abb. 73 zeigt ein typisches Meßsignal eines stopped-flow Experiments zur Phosphorylierung der gereinigten Na,K-ATPase mit ATP in Anwesenheit von RH-421. Wurde anstelle des gereinigten Enzyms das hochreine, solubilisierte Enzym eingesetzt, so resultierte daraus keine Änderung des Meßsignals bezüglich der Größe des Fluoreszenzintensitätsanstiegs (nicht gezeigt). Alle Meßsignale ließen sich gut mit einer monexponentiellen Funktion anpassen. Wurde das Enzym nur mit Puffer ohne ATP gemischt, so resultierte daraus keine Signaländerung (Abb. 73, R).

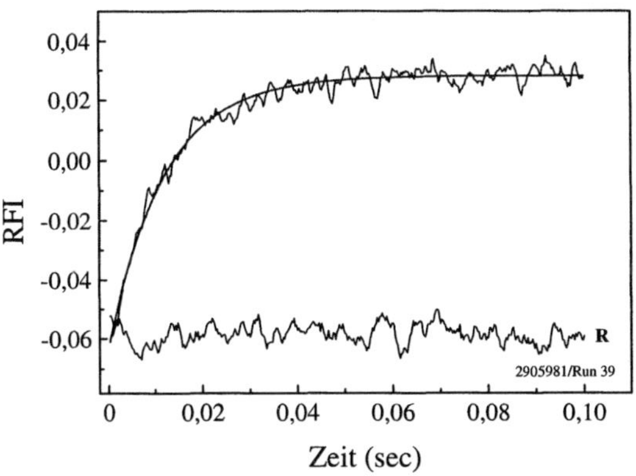

Abb. 73. Zeitaufgelöstes Fluoreszenzintensitätssignal der Phosphorylierung der gereinigten Na,K-ATPase (0,15 µM) mit ATP (0,5 mM) in 10 mM Imidazol/HCl, 11 mM NaCl, 3,1 mM $MgCl_2$,0,1 mM EDTA pH 7,5 bei 25°C in Anwesenheit von RH-421 (0,15 µM). Die durch-gezogene Linie zeigt die monoexponentielle Anpassung (k_{obs} = 83,5 ± 1,2 sec^{-1}). Im Referenzexperiment (R) wurde das Enzym nur mit Puffer gemischt. λ_{ex} / λ_{em} = 544 / > 610 nm.

Die reziproke Abklingzeit k_{obs} der Phosphorylierung der gereinigten und der hochreinen, solubilisiserten Na,K-ATPase wurde im folgenden in Abhängigkeit der eingesetzten NaCl-Konzentration untersucht (Abb. 74). Dazu wurde das mit verschiedenen NaCl-Konzentrationen (0-130 mM) vorinkubierte Enzym in Anwesenheit von RH-421 in der stopped-flow-Apparatur schnell mit ATP gemischt. Die Konstanthaltung der Ionenstärke (143 mM) erfolgte mit ChoCl, und zwar in der Weise, daß die Summe der Konzentrationen an NaCl und ChoCl immer 130 mM betrug.
Der sigmoidale Verlauf dieser Na^+-Konzentrationsabhängigkeiten der Phosphorylierung der Na,K-ATPase mit ATP ließ sich mit der kinetischen Hill-Gleichung (Gleichung 25) gut beschreiben.

$$k_{obs} = k_{obs}^{max} \times \frac{[x]^n}{1/K + [x]^n} \qquad (25)$$

Dabei repräsentiert x die NaCl-Konzentration, K die apparente Assoziationskonstante des Enzyms für Na^+, und n den Hill-Koeffizient.

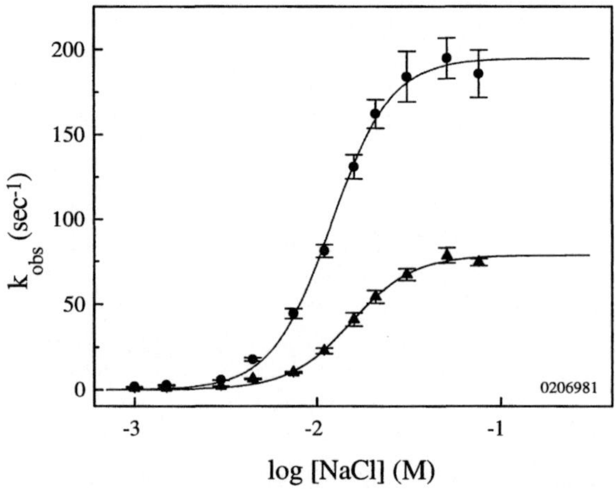

Abb. 74. Kinetik der Phosphorylierung der RH-421-markierten Na,K-ATPase mit ATP. Es wurden je je 0,15 µM der gereinigten (•) oder der hochreinen, solubilisierten Na,K-ATPase (▲) in 10 mM Imidazol/HCl, 3,1 mM $MgCl_2$, 0,1 mM EDTA pH 7,5 mit ATP (0,5 mM) bei verschiedenen NaCl-Konzentrationen in Anwesenheit von RH-421 (0,15 µM) in der stopped-flow-Apparatur gemischt (25°C). Die durchgezogenen Linien zeigen jeweils die beste Anpassung der Gleichung (25). Bei der Messung mit dem solubilisierten Enzym enthielt der Puffer zusätzlich 120 µM $C_{12}E_8$. $\lambda_{ex} / \lambda_{em} = 544 / > 610$ nm.

Die aus der Anpassung der Gleichung 25 bestimmten Parameter für die zuvor genannten Experimente sind in folgender Tabelle aufgeführt:

Na,K-ATPase	k_{obs}^{max} (sec^{-1})	log K	n
gereinigt	195 ± 4	1,9 ± 0,1	2,7 ± 0,2
hochrein, solubilisiert	89 ± 2	1,8 ± 0,1	2,6 ± 0,2

Tab. 19. Kinetisch ermittelte Parameter der Na^+-konzentrationsabhängigen Phosphorylierung der gereinigten und der hochreinen, solubilisierten Na,K-ATPase mit ATP in 10 mM Imidazol/HCl, 3,1 mM $MgCl_2$, 0,1 mM EDTA pH 7,5 bei 25°C.

Die reziproke Abklingzeit k_{obs}^{max} des geschwindigkeitsbestimmenden Reaktionsschritts der Phosphorylierung der hochreinen, solubilisierten Na,K-ATPase lag um den Faktor 2 niedriger als die des gereinigten Enzyms. Da diese Experimente mit einer identischen Na,K-ATPase-Präparation durchgeführt wurden, konnte die ermittelte Differenz von k_{obs}^{max} als signifikant angesehen werden. Dieser Befund wurde weiterhin bei Wiederholungen dieser Versuche mit anderen Enzympräparationen bestätigt. Da die ebenfalls mehrfache Überprüfung der enzymatischen Aktivität ergab, daß das im Versuch eingesetzte Enzym stets voll aktiv war, konnte die langsamere reziproke Abklingzeit k_{obs}^{max} des solubilisierten Enzms nicht auf dessen Inaktivierung beruhen. Da die Wechselzahl der Na,K-ATPase aus der Salzdrüse des Dornhais nach Abschätzungen aufgrund der ATP-Hydrolysemessungen (37°C) bei 23°C im Bereich von 35-55 sec^{-1} liegen muß, steht dies nicht im Widerspruch mit den ermittelten Ergebnissen.
Die Affinität der Na,K-ATPase für Na^+ nach ihrer Überführung von der Membranphase in die Mizellphase wurde unter diesen Versuchsbedingungen nicht reduziert. Der Vergleich der hier bestimmten Na^+-Bindungsaffinität mit der durch die Titration bestimmten Affinität zeigte aber, daß diese um ca. eine Größenordnung differierten (Titration: log K = 3,3 , Kinetik: log K ≈ 1,9). Diese Differenz konnte durch die für die Phosphorylierung benötigte Anwesenheit von Mg^{2+} im Puffer bei den kinetischen Experimenten erklärt werden. Andere Versuche zeigten nämlich, daß die Affinität des Enzyms für Na^+ durch millimolare Konzentrationen an Mg^{2+} drastisch reduziert wird. Der gegenüber der durch die Titration ermittelte, niedrigere Hill-Koeffizient gegenüber dem kinetisch ermittelten kann, wie die eben genannten Versuche ebenfalls zeigten, auch durch veränderte Bindungseigenschaften für Na^+ in Anwesenheit von Mg^{2+} erklärt werden.

5.1.8.5 Kompetitionstitrationen zum indirekten Nachweis der selektiven Na^+-Bindung an die Na,K-ATPase

Eine weitere, ebenfalls indirekte Möglichkeit zur Detektion der selektiven Na^+-Bindung boten Kompetitionstitrationen. Hierbei wurde das FITC-Enzym, mit dem fluorimetrisch nicht zwischen dem E1- und dem F1-Zustand des Enzyms unterschieden werden kann (Kap. 5.1.2.1 u. 5.1.2.2, S. 87 ff), mit verschiedenen NaCl-Konzentrationen vorinkubiert, und dann jeweils eine KCl-Titration durchgeführt. Falls das Na^+ auch beim solubilisierten Enzym im Gegensatz zu den anderen monovalenten Kationen hochaffin bindet, so sollte die Affinität für K^+ auch bei bereits niedrigen Na^+-Konzentrationen deutlich reduziert sein. Abb. 75 zeigt solche Kompetitionstitrationen von mit NaCl vorinkubierter, präparativ solubilisierter Na,K-ATPase mit KCl.

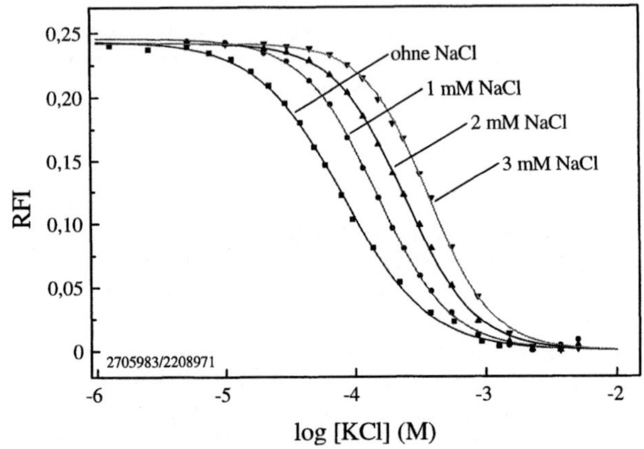

Abb. 75. Fluorimetrische Titrationen der präparativ solubilisierten FITC-Na,K-ATPase (je 0,26 µM) mit KCl in 10 mM Imidazol/HCl, 125 µM $C_{12}E_8$, 0,1 mM EDTA pH 7,5 (25°C) bei verschiedenen NaCl-Konzentrationen Die durchgezogenen Linien zeigen sigmoidale Anpassungen (siehe Text). λ_{ex} / λ_{em} = 495 / 520 nm.

Eine Auswertung der gezeigten Titrationen zur Ermittlung einer jeweiligen Assoziationskonstanten wurde nicht durchgeführt, da hierbei die Kompetition von Na^+ und K^+ um die Bindungsstellen am FITC-Enzym in die Berechnung mit einbezogen werden müßte. Eine Diskusion erfolgt deshalb nur auf qualitativer Basis. Ausgehend von der Titrationskurve, die in Abwesenheit von NaCl ermittelt wurde, zeigte sich, daß mit jeder Zunahme der NaCl-Konzentration im Puffer die gesamte Titrationskurve zu höheren KCl-Konzentrationen verschoben wurde. Weiterhin fiel auf, daß die Steilheit der Titrationskurven bei höheren NaCl-Konzentrationen stärker war. Das läßt auf ein verändertes Bindungsverhalten in Anwesenheit von NaCl schließen. Wurde anstelle von NaCl mit gleichen Konzentrationen an ChoCl vorinkubiert, so war keine Verschiebung der ermittelten Titrationskurve zu beobachten. Die gleichen Ergebnisse wurden auch erzielt, wenn anstelle des solubilisierten FITC-Enzyms das gereinigte FITC-Enzym für die Kompetitionstitrationen eingesetzt wurde. Das bedeutet, daß die selektive Na^+-Bindung sowohl an die gereinigte, als auch an die solubilisierte FITC-Na,K-ATPase vergleichbare Eigenschaften aufweist, und das RH-421 somit kein geeigneter Fluorophor ist, diese Bindung am solubilisierten Enzym anzuzeigen. Dies steht in guter Übereinstimmung mit den Ergebnissen der kinetischen Experimente aus Kap. 5.1.8.2 (S. 124).

5.1.9 Bindungsaffinität, Stöchiometrie und Kinetik der Phosphorylierung der RH-421-markierten Na,K-ATPase mit ATP

Analog zu den Experimenten aus Kap. 5.1.8.4 (S. 125), bei denen mit Hilfe von kinetischen Experimenten vergleichend die Affinität der gereinigten und der hochreinen, solubilisierten RH-421-markierten Na,K-ATPase für Na^+ bestimmt wurde, konnte auch die Affinität des Enzyms für ATP bestimmt werden.

Anstelle der NaCl-Konzentrationsabhängigkeit wurde hier die Abhängigkeit der reziproken Abklingzeit k_{obs} der Phosphorylierung von der eingesetzten ATP-Konzentration bestimmt (Abb. 76). Dazu wurde das mit 130 mM NaCl vorinkubierte Enzym in Anwesenheit von RH-421 in der stopped flow-Apparatur schnell mit verschiedenen Konzentrationenan ATP (0 - 0,6 mM) gemischt.

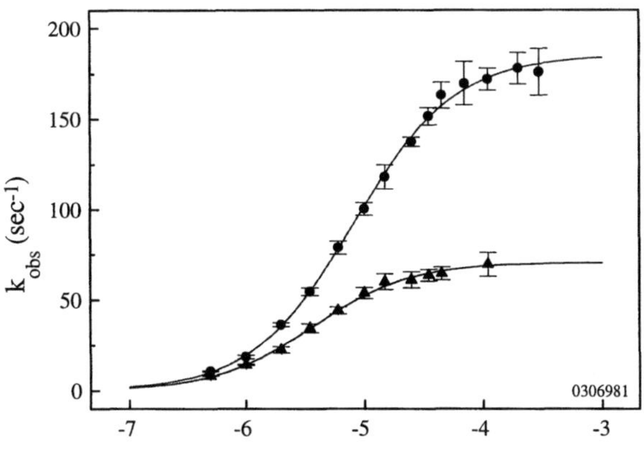

Abb. 76. Kinetik der Phosphorylierung der RH-421-markierten Na,K-ATPase mit ATP. Es wurden je 0,15 µM der gereinigten (•) und der hochreinen, solubilisierten Na,K-ATPase (▲) in 10 mM Imidazol/HCl, 130 mM NaCl, 3,1 mM $MgCl_2$, 0,1 mM EDTA pH 7,5 mit verschiedenen Konzentrationen ATP in Anwesenheit von RH-421 (0,15 µM) in der stopped-flow-Apparatur gemischt (25°C). Die durchgezogenen Linien zeigen jeweils die beste Anpassung der Gleichung (25) auf S. 126. Bei der Messung mit dem solubilisierten Enzym enthielt der Puffer zusätzlich 120 µM $C_{12}E_8$. λ_{ex} / λ_{em} = 544 / > 610 nm.

Die Anpassung an die Meßdaten erfolgte, wie auch bei der Na^+-Konzentrationsabhängigkeit der Phosphorylierung, mit der kinetischen Hill-Gleichung (Gleichung 25, S. 126), die so ermittelten Parameter sind in folgender Tabelle aufgeführt.

Na,K-ATPase	k_{obs}^{max} (sec^{-1})	log K	n
gereinigt	185 ± 3	5,1 ± 0,2	1,0 ± 0,03
hochrein, solubilisiert	70 ± 2	5,4 ± 0,2	1,1 ± 0,05

Tab. 20. Kinetisch ermittelte Parameter der ATP-konzentrationsabhängigen Phosphorylierung der gereinigten und der hochreinen, solubilisierten Na,K-ATPase mit ATP in 10 mM Imidazol/HCl, 3,1 mM $MgCl_2$, 0,1 mM EDTA pH 7,5 bei 25°C.

Die maximale, reziproke Abklingzeit k_{obs}^{max} des geschwindigkeitsbestimmenden Reaktionsschritts (Konformationsumwandlung des Enzyms vom E1-P·(Na^+_3) in den E2-P·(Na^+_3)-Zustand) lag sowohl beim gereinigten, als auch beim hochreinen, solubilisierten Enzym in guter Übereinstimmung mit den aus der Na^+-Konzentrationsabhängigkeit erhaltenen Werten (vergl. Tab. 19 und Tab. 20). Die Assoziationskonstante (K) der Na,K-ATPase für ATP war nach ihrer Überführung von der Membranphase in die Mizellphase praktisch unverändert. Erwartungsgemäß lag der Hill-Koeffizient n bei einer Bindungsstelle für ATP pro Enzymmolekül jeweils bei ca. 1,0. Diese Ergebnisse lassen den Schluß zu, daß das Enzym durch die Überführung von der Membranphase in die Mizellphase bezüglich der hochaffinen ATP-Bindungsstelle nicht in seinen Eigenschaften verändert wurde, aber daß die Konformationsumwandlung des solubilisierten Enzyms deutlich verlangsamt wurde. Da die Wechselzahl des Enzyms bei 25°C bei ca 35-55 sec^{-1} liegen muß (S. 127), führt dies jedoch nicht zu einer Erniedrigung der enzymatischen Aktivität.

5.1.10 Affinität und Kinetik der Bindung herzaktiver Glykoside an die Na,K-ATPase

Die Na,K-ATPase ist der Rezeptor der herzaktiven Glykoside (21, 22), die in der Medizin seit langer Zeit weite Anwendung bei der Behandlung bestimmter Formen der Herzinsuffizienz finden. Das Ouabain als ein wichtiger Vertreter der herzaktiven Glykoside hemmt unter den P-Typ-ATPasen nur die Na,K-ATPase schon bei sehr geringen Konzentrationen im mikromolaren Bereich. Da dieser für die Na,K-ATPase charakteristischen Ouabain-Bindungsstelle demnach eine wichtige funktionelle Bedeutung zukommt, sollte diese im Rahmen dieser Arbeit vergleichend am gereinigten und am solubilisierten Enzym charakterisiert werden. Ein fluoreszierendes Ouabain-Derivat, das DEDO, sollte ergänzend zur Charakterisierung der Ouabain-Bindungsstelle der Na,K-ATPase eingesetzt werden.

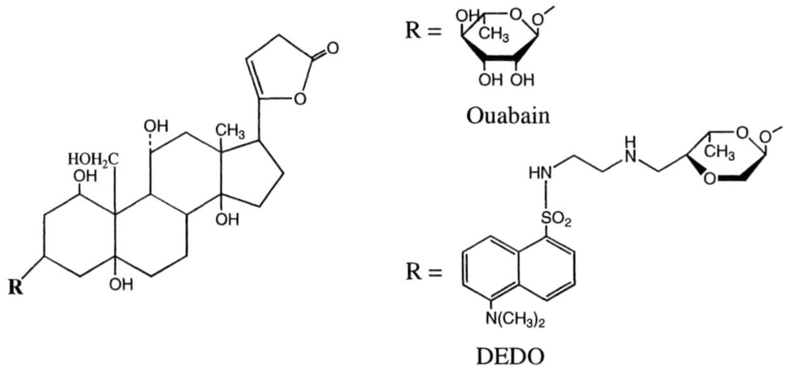

Abb. 77. Strukturformel von Ouabain und DEDO

Zur Bestimmung eines log K_I-Wertes (benötigte Ouabain-Konzentration zur halbmaximalen Hemmung der ATPase-Aktivität) wurde das Enzym jeweils für 30 min bei verschiedenen Ouabainkonzentrationen in Anwesenheit von 3 mM $MgCl_2$ bei 25°C inkubiert, wobei sich der sog. Typ III Komplex bildet (189).
Die Reaktion wurde anschließend durch die Zugabe von NaCl, KCl und dem ATP gestartet. Dabei konnte die durch Na^+ und K^+ induzierte Dissoziation des Ouabain vernachlässigt werden, da diese im Vergleich zur Dauer der ATPase-Messung sehr langsam abläuft (190). Abb. 78 zeigt die Ergebnisse dieses Experiments am Beispiel der gereinigten Na,K-ATPase.

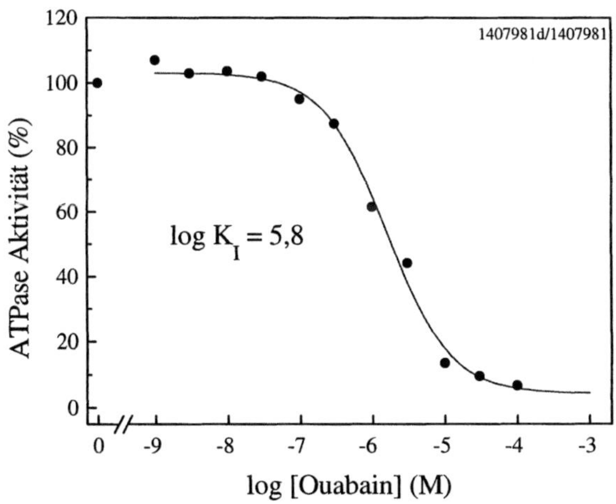

Abb. 78. Hemmung der Na,K-ATPase (21,8 nM) durch Ouabain in 30 mM Histidin/HCl, 130 mM NaCl, 20 mM KCl, 3 mM $MgCl_2$, 3 mM ATP pH 7,5 (25°C).

Der log K_I-Wert betrug unter den angegebenen Bedingungen log K = 5,8 für die gereinigte, bzw. log K_I = 5,7 für die präparativ solubilisierte Na,K-ATPase.

Weiterhin wurde die Bindungsgeschwindigkeit von Ouabain an die Na,K-ATPase fluoreszenzspektroskopisch bestimmt.
Dazu wurde das FITC-Enzym eingesetzt, wobei die Bindung von Ouabain mit einem Fluoreszenzintesitätsabfall einhergeht. In Anwesenheit von 3 mM $MgCl_2$ und 3 mM Tris-P_i bildete sich hier der sog. Typ II Komplex (189). Wurde im Experiment ein großer Überschuß an Ouabain eingesetzt, so konnte die reziproke Abklingzeit k_{obs} der Bindung unter Vernachlässigung der in der Regel gegenüber der Assoziationsgeschwindigkeit extrem langsamen Dissoziationsgeschwindigkeit (190) in Abwesenheit von K^+ näherungsweise bestimmt werden (Abb. 79).

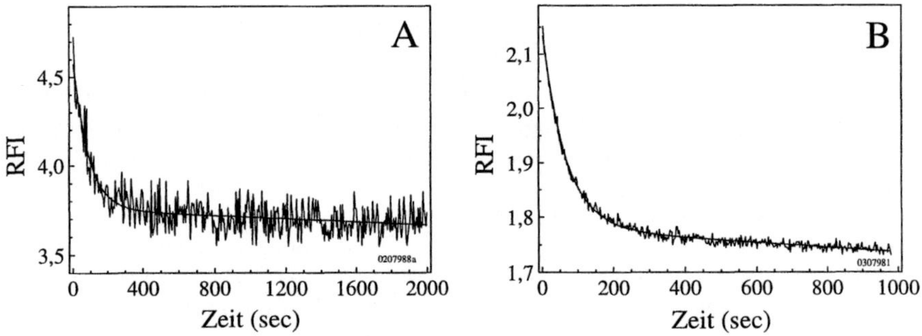

Abb. 79. Zeitaufgelöstes Fluoreszenzsignal der Reaktion von 6 μM Ouabain mit gereinigter (A) und solubilisierter FITC-Na,K-ATPase (B) in 10 mM Imidazol/HCl, 3 mM $MgCl_2$, 3 mM Tris-P_i pH 7,5 (25°C). Die Enzymkonzentration betrug jeweils 0,2 μM. $\lambda_{ex} / \lambda_{em}$ = 495 / 520 nm. Die durchgezogenen Linien zeigen die beste Anpassung der Gleichung 26. Bei der Messung mit solubilisierten Enzym enthielt der Puffer zusätzlich 120 μM $C_{12}E_8$. Anpassungs-Parameter: (A) $P_1 = (8,65 \pm 0,5)\cdot 10^4$, $1/\tau = k_{obs} = (0,7\pm 0,1)\cdot 10^{-2}$ sec^{-1}, $P_2 = (3,75 \pm 0,01)\cdot 10^5$, $P_3 = -9 \pm 2$. (B) $P_1 = (3,63 \pm 0,3)\cdot 10^4$, $1/\tau = k_{obs} = (1,5 \pm 0,1)\cdot 10^{-2}$ sec^{-1}, $P_2 = (1,78 \pm 0,01)\cdot 10^5$, $P_3 = -5 \pm 0,2$.

Der Fluoreszenzintensitätsabfall ließ sich dabei nur sinnvoll mit der Summe einer Exponentialfunktion und einer linearen Funktion anpassen (Gleichung 26), da die Fluoreszenzintensität nach der eigentlichen Reaktion sehr langsam und stetig weiter abfiel.

$$\frac{\Delta F}{dt} = P_1 \times e^{-\frac{t}{\tau}} + P_2 + (P_3 \times t) \qquad (26)$$

Aufgrund der langen Zeit, der das FITC-Enzym im Experiment dem Anregungslicht exponiert war, wurde diese langsame Fluoreszenzintensitätserniedrigung einer photochemischen Reaktion, nämlich dem Ausbleichen des Fluorophors, zugeordnet. Das auffallend schlechte Signal/Rausch-Verhältnis beim Versuch mit dem gereinigten FITC-Enzym wurde durch die Lichtstreuung der im Versuch eingesetzten, verhältnismäßig großen Membranfragmente verursacht und war daher beim Experiment mit dem solubilisierten FITC-Enzym nicht zu beobachten. Unter den in Abb. 79 angegebenen Versuchsbedingungen betrugen die reziproken Abklingzeiten k_{obs} = (0,7 ± 0,1)·10^{-2} sec^{-1} für die Ouabain-Bindung an die gereinigte, und k_{obs} = (1,5 ± 0,1)·10^{-2} sec^{-1} für die Ouabain-Bindung an die solubilisierte FITC-Na,K-ATPase. Dabei waren die Fluoreszenzintensitätsabfälle von vergleichbarer Größe.

FITC-Na,K-ATPase	**k_{obs}(sec^{-1})**	**Fluoreszenz-intensitätsabfall (%)**
gereinigt	(0,7 ± 0,1)·10^{-2}	18
solubilisiert	(1,5 ± 0,1)·10^{-2}	19

Tab. 21. Kinetische Parameter für die Bindung von Ouabain (6 µM) an die gereinigte und die solubilisierte FITC-Na,K-ATPase in 10 mM Imidazol/HCl, 0,1 mM EDTA, 3 mM $MgCl_2$, 3 mM Tris-P_i pH 7,5 (25°C).

Wie bereits schon erwähnt, kann auch das DEDO zur Charakterisierung der Ouabain-Bindungsstelle der Na,K-ATPase eingesetzt werden. Abhängig von der Herkunft des Enzyms wird dessen Bindung neben einer Blauverschiebung des Fluoreszenzemissionsspektrums im Bereich von 10-60 nm auch noch von einem starken Fluoreszenzintensitätsansitieg zwischen 80-800% begleitet (189). Diese Eigenschaften machen das DEDO zu einem sehr geeigneten Fluorophor zur Untersuchung der Eigenschaften der Ouabain-Bindungsstelle der Na,K-ATPase.

In Anwesenheit von 3 mM $MgCl_2$ und 3 mM Tris-P_i wurde in folgenden Versuchen zur Bestimmung der Assoziationsgeschwindigkeitskonstanten (k_{on}) der Typ II-Komplex gebildet. Das DEDO konnte im Versuch nicht wie das Ouabain gegenüber dem Ezym im großen Konzentrationsüberschuß eingesetzt werden, da innere Filtereffekte durch Reabsorption emittierten Fluoreszenzlichtes die gemessene Fluoreszenzintensität verfälschen könnten. Aus diesem Grund durfte bei den Bindungsversuchen die Dissoziation des DEDO von der Na,K-ATPase nicht mehr wie beim Ouabain vernachlässigt werden. Die Auswertung fand demnach unter Berücksichtigung sowohl der Assoziationsgeschwindigkeitskonstanten (k_{on}), als auch der Dissoziationsgeschwindigkeitskonstanten (k_{off}) nach Grell et al. (191) statt. Um diese Auswertung zu ermöglichen, mußte aber zunächst in einem Versuch k_{off} ermittelt werden, damit dieser Wert bei der beabsichtigten Anpassung zur Ermittlung von k_{on} auf den bekannten Wert fixiert werden kann, und nicht auch mit angepaßt werden muß. Zum gebildeten DEDO-Na,K-ATPase-Komplex wurde dazu ein großer Überschuß an Ouabain (ca. 1000-fach) gegeben, der das DEDO durch eine Kompetition von der Ouabain-Bindungsstelle verdrängte. Unter diesen Bedingungen ist die Dissoziationsgeschwindigkeit des DEDO geschwindigkeitsbestimmend (Abb. 80). Die Meßdaten konnten mit einer monoexponentiellen Funktion angepaßt werden, die ermittelten Parameter sind zusammenfassend mit den noch folgenden Ergebnissen in Tab. 22 dargestellt.

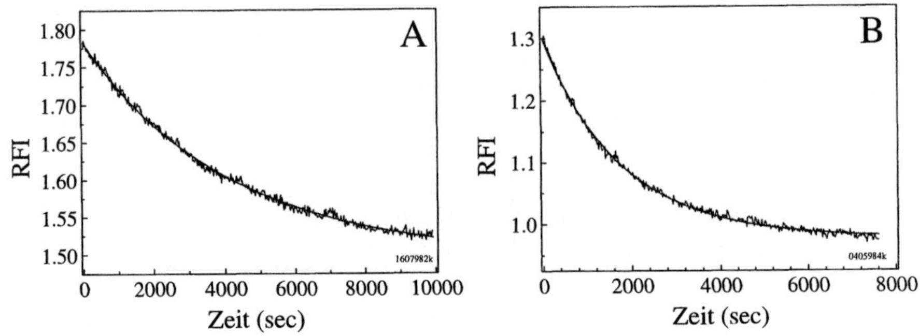

Abb. 80. Ouabain-induzierte Dissoziation von DEDO (0,4 µM) von der gereinigten (A) und der hochreinen, solubilisierten Na,K-ATPase (B) in 10 mM Imidazol/HCl, 3 mM $MgCl_2$, 3 mM Tris-P_i pH 7,5 (25°C). Die Enzymkonzentration betrug 0,25 µM (A) und 0,37 µM (B). λ_{ex} / λ_{em} = 334 / 536 nm. Bei der Messung mit solubilisierten Enzym enthielt der Puffer zusätzlich 120 µM $C_{12}E_8$. (A) $k_{obs} \approx k_{off} = (2,4 \pm 0,01)\cdot 10^{-4}$ sec^{-1}, (B) $k_{obs} \approx k_{off} = (5,7 \pm 0,01)\cdot 10^{-4}$ sec^{-1}. Die Ouabain-Konzentration betrug 0,5 mM.

Im nächsten Versuch wurde die Bindung von DEDO an die Na,K-ATPase fluorimetrisch untersucht (Abb. 81).

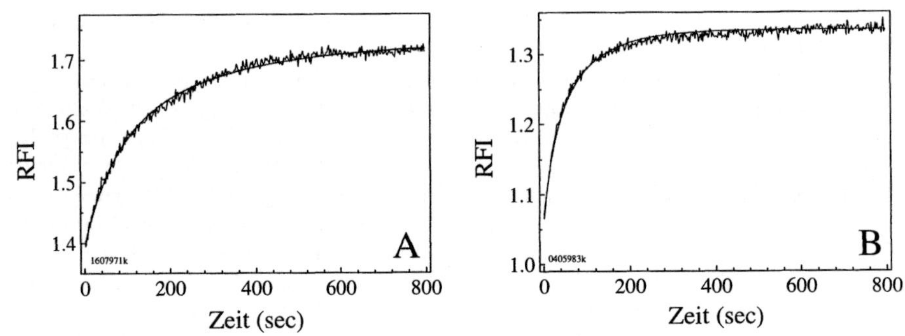

Abb. 81. Reaktion von 0,4 µM DEDO mit gereinigter (A) und hochreiner, solubilisierter Na,K-ATPase (B) in 10 mM Imidazol/HCl, 3 mM $MgCl_2$, 3 mM Tris-P_i pH 7,5 (25°C). Die Enzymkonzentration betrug 0,25 µM (A) und 0,37 µM (B). λ_{ex} / λ_{em} = 334 / 536 nm. Bei der Messung mit solubilisierten Enzym enthielt der Puffer zusätzlich 120 µM $C_{12}E_8$. Die durchgezogene Linie repräsentiert jeweils die beste Anpaasung nach (191).

Da durch die zuvor erwähnte Anpassung sowohl k_{on}, als auch k_{off} bekannt waren, konnte die Assoziationskonstante nach $K = k_{on} / k_{off}$ berechnet werden. Der Anstieg der DEDO-Fluoreszenzintensität bei dessen Bindung an die gereinigte und die hochreine, solubilisierte Na,K-ATPase war unter identischen Versuchsbedingungen jeweils von vergleichbarer Größe. Sowohl die Assoziations-, als auch die Dissoziationsgeschwindigkeitskonstante lagen beim gereinigten Enzym jeweils um den Faktor 2 - 3 niedriger als beim hochreinen, solubilisierten Enzym, daraus resultierten identische Assoziationskonstanten (Tab. 22). Diese sind um ca. 2 Größenordnungen größer als die für das Ouabain mittels ATP-Hydrolyse-Messungen ermittelten Assoziationskonstanten. Dazu muß erwähnt werden, daß im ATP-Hydrolyse-Test im Gegensatz zu den Puffern, die bei den fluorimetrischen Untersuchungen benutzt wurden, kein Tris-P_i enthalten sein durfte (im ATPase-Test wird durch das Enzym hydrolysiertes ATP über die Freisetzung von P_i bestimmt). Bei den kinetischen Untersuchungen war dessen Anwesenheit allerdings notwendig, da die Bindungsgeschwindigkeit der herzaktiven Steroide an die Na,K-ATPase durch P_i drastisch beschleunigt wird, und erst dadurch sinnvoll ermittelt werden konnte. Es kann jedoch nicht ausgeschlossen werden, daß durch die Anwesenheit von P_i die Bindungsaffinität der Na,K-ATPase für herzaktive Glykoside beeinflußt wird. Aus diesem Grund müssen die Ergebnisse nicht im Widerspruch stehen.

Na,K-ATPase	**k_{on} (M^{-1} sec^{-1})**	**k_{off} (sec^{-1})**	**log K [(a)]**	**Fluoreszenz-intensitätsanstieg (%)**
gereinigt	$2{,}1 \cdot 10^4$	$2{,}4 \cdot 10^{-4}$	7,9	24
solubilisiert	$5{,}2 \cdot 10^4$	$5{,}7 \cdot 10^{-4}$	8,0	25

[(a)] $K = k_{on} / k_{off}$

Tab. 22. Kinetische Parameter für die Bindung von DEDO an die gereinigte und die hochreine, solubilisierte Na,K-ATPase in 10 mM Imidazol/HCl, 0,1 mM EDTA, 3 mM $MgCl_2$, 3 mM Tris-P_i pH 7,5 (25°C).

Die Ergebnisse der statischen und kinetischen Charakterisierungen mit Ouabain und DEDO lassen aufgrund der ermittelten, im wesentlichen gleichen Bindungseigenschaften bezüglich der Affinität des gereinigten und des solubilisierten Enzyms den Schluß zu, daß durch die Solubilisierung des Enzyms keine drastische Veränderung im Bereich seiner Ouabain-Bindungsstelle erfolgte.

5.2 Aspekte der gerichteten Kationenbindung

Sämtliche, folgend beschriebene Experimente wurden in Zusammenarbeit mit Dr. M Pawlak in der Abteilung von Dr. M. Ehrat (Novartis Pharma AG) in Basel durchgeführt. Die rasterkraftmikroskopische Aufnahme (Abb. 85, S. 139) wurde von Dr. D. Anselmetti (Novartis Services AG) angefertigt.

Um die gerichtete Bindung von Kationen oder z. B. Ouabain an die FITC-Na,K-ATPase zu untersuchen, ist es erforderlich, die Pufferzusammensetzung mindestens auf einer der beiden Seiten der Na,K-ATPase (cytoplasmatisch oder extraplasmatisch) kontrollieren zu können. Dies ist im Falle des gereinigten FITC-Enzyms in Lösung nicht möglich, da es in Form von offenen Membranfragmenten vorliegt. Um die mit der Solubilisierung und Rekonstitution der Na,K-ATPase in Lipidvesikeln bereits in der Einleitung erwähnten Probleme (Funktionalität, Orientierung, siehe S. 9, 10) zu umgehen, wurde die gerichtete Kationen- und Ligandenbindung mit einer speziellen Variante der Biosensortechnik mit Oberflächen-Fluoreszenzdetektion, die bei der Firma Novartis entwickelt wurde (54), untersucht (Abb. 82). Bei dieser Methode wird auf einen planaren Glasträger (16×48×,0,5 mm) eine lichtleitende Ta_2O_5-Schicht (150 nm Stärke, Brechungsindex 2,3) aufgebracht. Diese Schicht dient bei einem in einem speziellen Winkel eingestrahlten Laseranregungsicht (λ = 488 nm) als Wellenleiter, aus der das Licht maximal ca. 100 nm in das angrenzende Medium einstrahlt (Ausbildung eines sog. evaneszentes Feldes). Auf die Oberseite des planaren Wellenleiters ist eine Durchflußzelle (15×2×0,2 mm) aufgesetzt, durch die die Zuführung der (proteinhaltigen) Lösungen auf den Sensor erfolgt. Die Detektion des Fluoreszenzemissionslichtes erfolgt auf der Unterseite im 90°-Winkel zum Wellenleiter auf einer Fläche von 5×1 mm. Mit einem Interferenzfilter (515-545 nm) wird das Anregungslicht ausgeblendet. Ein Teil des Laseranregungslichts wird über eine Glasplatte zum Referenzphotomultiplier geleitet, um die Stabilität des Lasers während eines Versuchs kontrollieren zu können. Der Sensor sowie die optische Detektionseinheit ist temperierbar, alle Experimente wurden bei 20°C durchgeführt.
Ein großer Vorteil dieser speziellen optischen Anordnung besteht darin, daß die Fluoreszenz nur in der direkten Umgebung der Oberfläche des Lichtwellenleiters detektiert wird, wodurch Filtereffekte durch hochkonzentrierte Lösungen sowie Störeinflüsse durch Lichtsstreuung nicht bestehen. Da die Durchflußzelle nur ein Volumen von ca. 6 µl besitzt, kommt man weiterhin mit sehr kleinen Mengen der zu untersuchenden Probe aus.

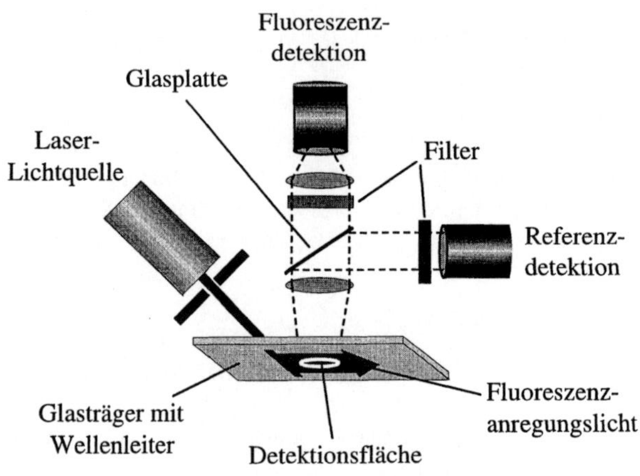

Abb. 82. Schematisierter Aufbau des planaren Wellenleiter-Sensor-Systems

5.2.1 Immobilisierung der gereinigten FITC-Na,K-ATPase

Um die FITC-Na,K-ATPase-Membranfragmente funktionell zu immobilisieren, mußte die Oberfläche der T_2O_5-Schicht zuvor hydrophobisiert werden. Diese hydrophobisierte Oberfläche wurde nachfolgend mit einem homogenen Lipidmonolayer beschichtet, der durch die kontrollierte Fusion extrudierter 100 nm-POPC-Vesikeln (0,66 mM) in 10 mM Na-P_i-Puffer, 150 mM NaCl, 0,02% NaN_3 pH 7,5 ausgebildet wurde. Das Aufziehen des Lipidmonolayers und die folgende Adsorption der FITC-Na,K-ATPase-Membranfragmente erfolgte durch die Messung der Oberflächen-Fluoreszenzintensität am planaren Wellenleiter (Abb. 83).

Die Adsorption der FITC-Na,K-ATPase-Membranfragmente erfolgte in 10 mM Imidazol/HCl, 0,1 M ChoCl pH 7,5. Dazu wurde die Durchflußzelle mit einer 1,5 - 2 µM Enzymsuspension gefüllt, und anschließend inkubiert. Dabei zeigte sich, daß die FITC-Na,K-ATPase-Membranfragmente im Minutenbereich an den Lipidmonolayer adsorbieren (Abb. 83). Es muß hierbei ergänzend erwähnt werden, daß die FITC-Na,K-ATPase-Membranfragmente prinzipiell 2 Möglichkeiten haben, an den Lipidmonolayer des planaren Wellenleiters zu adsorbieren, nämlich entweder mit der ehemals cytoplasmatischen Seite, oder mit der ehemals extraplasmatischen Seite. Wurde nach dem Erreichen einer stabilen Fluoreszenzintensität (ca. 60 min) anschließend mit Puffer gewaschen, um überschüssiges, nicht adsorbiertes Enzym zu entfernen, so erniedrigte sich die Fluoreszenzintensität sofort um ca. 10% auf ein ebenso stabiles Niveau.

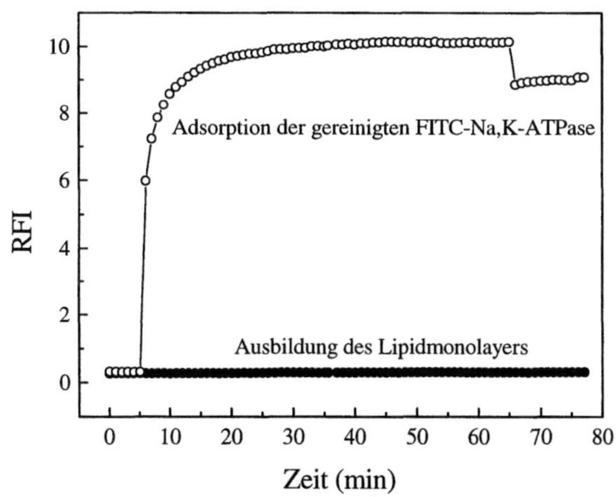

Abb. 83. Kinetik der Adsorption der gereinigten FITC-Na,K-ATPase an den Lipidmonolayer, detektiert über den Oberfächen-Fluoreszenzintensitätsanstieg am planaren Wellenleiter ($\lambda_{ex}/\lambda_{em}$ = 488 / 515-545 nm). Die zuvorige Ausbildung des Lipidmonolayers ging nicht mit einem Fluoreszenzintensitätsanstieg einher.

Abb. 84 zeigt ein schematisiertes Modell eines am planaren Wellenleiter immobilisierten, FITC-Na,K-ATPase-Membranfragments. Im Idealfall würde sich ein abgeschlossener Raum zwischen dem leicht gekrümmten Membranfragment und dem planaren Wellenleiter ausbilden. Dadurch könnte die Pufferzusammensetzung auf der dem Wellenleiter abgewandten Seite getrennt von der anderen Seite kontrolliert werden. Prinzipiell sollte es mit dieser speziellen Versuchsanordnung also möglich sein, die Eigenschaften der gerichteten Kationenbindung zu untersuchen.

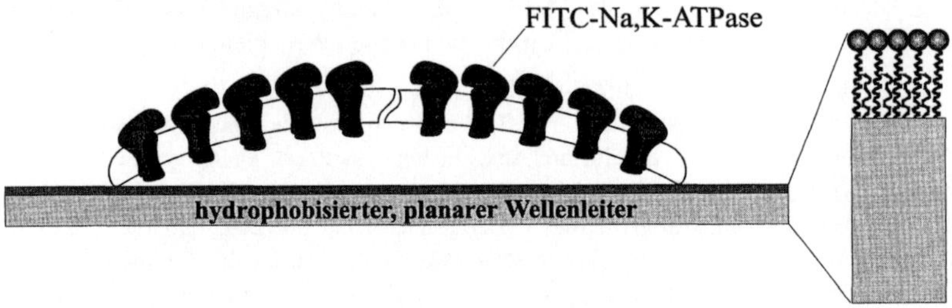

Abb. 84. Schematisiertes Modell eines an den planaren, hydrophobisierten Wellenleiter adsorbierten FITC-Na,K-ATPase-Membranfragments.

Die Untersuchung des Besetzungsgrades des planaren Wellenleiters mit den FITC-Na,K-ATPase-Membranfragmenten sowie die Bestimmung der Oberflächeneigenschaften erfolgte durch Rasterkraftmikroskopie in Lösung (Abb. 85). Unter den vorliegenden Versuchsbedingungen konnte maximal ca. 25-40% der Oberfläche mit den FITC-Na,K-ATPase-Membranfragmenten besetzt werden.

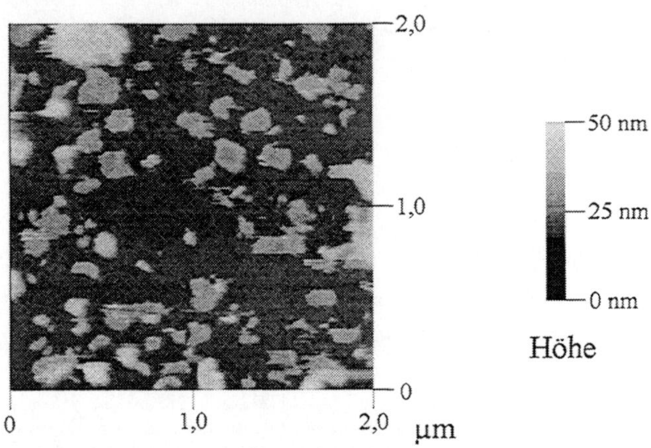

Abb. 85. An den planaren Wellenleiter adsorbierte, gereinigte FITC-Na,K-ATPase-Membranfragmente in 10 mM Imidazol/HCl, 0,1 M ChoCl pH 7,5. Bildgröße 2 × 2 µm. Die Aufnahme wurde von Dr. D. Anselmetti (Novartis Services AG) angefertigt.

5.2.2 Charakterisierung der Funktionalität und der Orientierung der gereinigten, immobilisierten FITC-Na,K-ATPase

Die Ermittlung der Funktionalität und der Orientierung der immobilisierten FITC-Na,K-ATPase erfolgte mittels Oberflächen-Fluoreszenzmessungen am planaren Wellenleiter. Dabei dienten die relativen Fluoreszenzintensitätsänderungen entsprechender Vergleichsexperimente an derselben Enzympräparation in Lösung als Referenz. Da verschiedene Bindungsstellen der Na,K-ATPase nur auf einer bestimmten Seite des Enzyms (cytoplasmatisch oder extraplasmatisch) lokalisiert sind, sollte durch ihre Charakterisierung einerseits die Funktionalität des immobilisierten FITC-Enzyms überprüft, und andererseits Informationen über die Orientierungsausrichtung erhalten werden.

5.2.2.1 Über die selektive K^+-Bindung

Der von der selektiven Bindung von K^+ an das immobilisierte FITC-Enzym und dem anschließenden Konformationswechsel in den E2·(K^+_2)-Zustand (siehe Kap. 5.1.1, S. 86) abhängige, charakteristische Fluoreszenzintensitätsabfall wurde als ein empfindlicher Test für die Überprüfung der Funktionalität des Enzyms und der Orientierung der Membranfragmente eingesetzt. Ein während eines solchen Experiments aufgenommenes, zeitlich aufgelöstes Fluoreszenzintensitätssignal ist in Abb. 86 dargestellt.

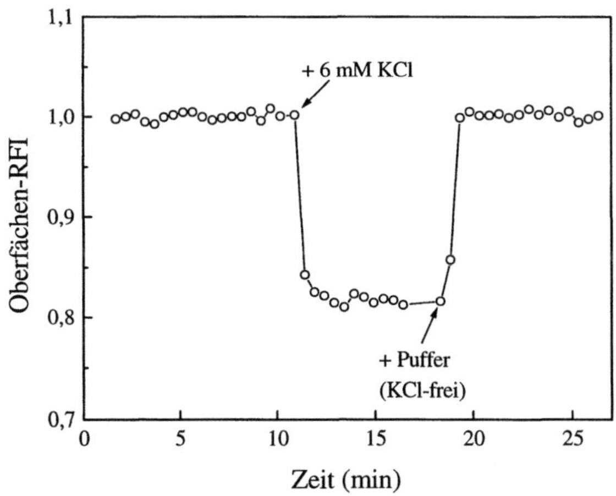

Abb. 86. Typisches, zeitaufgelöstes Oberflächen-Fluoreszenzintensitätssignal am planaren Wellenleiter mit immobilisierten FITC-Na,K-ATPase-Membranfragmenten, zu denen 6 mM KCl zugegeben wurde. Puffer: 10 mM Imidazol/HCl, 0,1 M ChoCl, 0,1 mM EDTA pH 7,5 (20°C).

Eine KCl-Titration der gereinigten, immobilisierten FITC-Na,K-ATPase erfolgte in der Weise, daß KCl-Lösungen verschiedener Konzentrationen durch die Durchflußzelle gespült wurden. Der dabei zu beobachtende Fluoreszenzintensitätsabfall wurde dem Konformationswechsel vom $E\cdot K^+_2$- in den $E2\cdot(K^+_2)$-Zustand der FITC-Na,K-ATPase zugeordnet (Kap. 5.1.5.1, S. 103). Dieser Effekt erwies sich als reversibel, wie sich durch Waschen mit Puffer ohne KCl zeigte (Abb. 86).

Eine solche KCl-Titration, die bei konstanter Ionenstärke in 10 mM Imidazol/HCl, 0,1 M ChoCl, 0,1 mM EDTA pH 7, durchgeführt wurde, ist in Abb. 87 gezeigt.

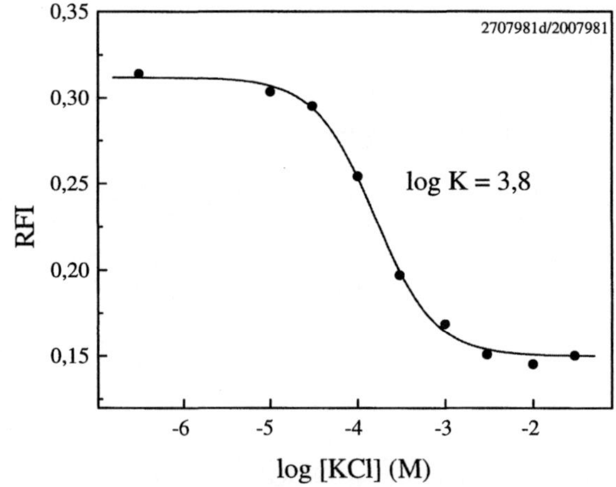

Abb. 87. Fluorimetrische Titration der immobilisierten, gereinigten FITC-Na,K-ATPase mit KCl in 10 mM Imidazol/HCl, 0,1 M ChoCl pH 7,5 (20°C).

Die Auswertung der gezeigten KCl-Titration mit der Hill-Gleichung (Gleichung 10, S. 91) ergab eine Assoziationskonstante von log K = 3,8 und einen Hill-Koeffizienten von n = 1,3. Die Fluoreszenzamplitude dieser Titration betrug 16%. Dies steht in guter Übereinstimmung mit einem in Lösung durchgeführten Vergleichsexperiment bei 20°C, bei dem eine Assoziationskonstante von log K = 3,6 (n = 1,2) ermittelt wurde (nicht gezeigt). Die Fluoreszenzamplitude war im Vergleichsexperiment mit 31% jedoch ca. doppelt so groß wie bei der KCl-Titration der immoblisierten FITC-Na,K-ATPase.
Aufgrund der vergleichbaren Werte der Assoziationskonstanten konnte davon ausgegangen werden, daß das immobilisierte FITC-Enzym die volle Funktionalität aufwies. Da jedoch die Amplitude der Titration der immobilisierten FITC-Na,K-ATPase nur ca. 50% der Amplitude der Titration in Lösung erreichte, wurde angenommen, daß ca. 50% der K^+-Bindungsstellen nicht zugänglich waren. Dies könnte beispielsweise der Fall sein, wenn jeweils die Hälfte der FITC-Na,K-ATPase-Membranfragmente in einer der beiden möglichen Orientierungsmöglichkeiten am Lipidmonolayer adsorbiert hätten.

5.2.2.2 Über die Ouabain-Bindung

Wurde in Anwesenheit von 3 mM $MgCl_2$ mit 10 mM Imidazol/HCl, 0,1 mM EDTA pH 7,5 0,1 mM Ouabain zur immobilisierten FITC-Na,K-ATPase gegeben (Bildung des Typ III-Komplexes ((189)), so konnte eine Erniederigung der Oberfächen-Fluoreszenzintensität innerhalb von ca. 20 min um ca. 10 - 15%, gegenüber ca. 30% bei der Vergleichsmessung in Lösung detektiert werden. Da die Ouabain-Bindungsstelle der Na,K-ATPase auf ihrer extraplasmatischen Seite lokalisiert ist, deutete dies, wie auch das Ergebnis der Charakterisierung der selektiven K^+-Bindung im vorigen Kapitel darauf hin, daß nur ca. 50% der Ouabain-Bindungsstellen zugänglich waren, was mit einer 50%-igen Orientierung der FITC-Na,K-ATPase-Membranfragmente erklärt werden könnte.

5.2.2.3 Über die Bindung eines Anti-Fluorescein Antikörpers

Zusätzlich zu den zuvor aufgeführten Charakterisierungen bestimmter, für die Na,K-ATPase spezifischer Bindungsstellen sollte die Fluoreszenzlöschung des im Bereich der ATP-Bindungsstelle des Enzyms auf seiner cytoplsmatischen Seite kovalent gebundenen FITC (siehe Kap. 1.2, S. 7) durch den monoklonalen Anti-Fluorescein-Antikörper 4-4-20 (Molecular Probes) untersucht werden, um zusätzlich Hinweise bezüglich der Orientierung der FITC-Na,K-ATPase-Membranfragmente auf dem planaren Wellenleiter zu erhalten. Nach der Überprüfung der Funktionalität des immobilisierten FITC-Enzyms durch die selektive K^+-Bindung, wie in Kap. 5.2.2.1 beschrieben, wurde der Antikörper in 10 mM Imidazol/HCl, 0,1 M ChoCl pH 7,5 zugegeben. Dieser Antikörper löscht die Fluoreszenz des freien FITC bis zu 90% (218). Der an die Na,K-ATPase gebundene Fluorophor ist in Lösung durch den Anti-FITCAntikörper dagegen nur maximal bis zu 40% löschbar, vermutlich durch eine eingeschränkte Zugänglichkeit aufgrund sterischer Hinderungen (der Antikörper besitzt ein Molekulargewicht im Bereich von 150 kDa). Im Fall der immobilisierten FITC-Na,K-ATPase konnte mit dem Anti-Fluorescein-Antikörper eine maximale Fluoreszenzlöschung von ca. 20% unter Sättigungsbedingungen (180 nM Antikörper) erreicht werden. Das läßt den Schluß zu, daß ca. 50% der Bindungsstellen nicht für den Antikörper zugänglich waren, was sich in guter Übereinstimmung mit den Ergebnissen der Kap. 5.2.2.1 und 5.2.2.2 als 50%-ige Orientierung der FITC-Na,K-ATPase-Membranfragmente auf dem Lipidmonolayer interpretieren läßt.

6. Diskussion (II)

Seit Beginn der achtziger Jahre wird die Na,K-ATPase für strukturelle und funktionelle Untersuchungen von verschiedenen Arbeitsgruppen solubilisiert. Um die Funktionalität des solubilisierten Enzyms zu beurteilen, wird in der Regel nur die enzymatische Aktivität überprüft. Ist diese im Vergleich zum gereinigten Enzym nicht drastisch verändert, so wird stillschweigend davon ausgegangen, daß alle funktionellen Eigenschaften gleichermaßen voll erhalten sind. Eine detaillierte, vergleichende Untersuchung der gereinigten und der solubilisierten Na,K-ATPase, die diese Hypothese stützt, ist jedoch bis heute in der Literatur nicht zu finden. Lediglich Steinberg und De George untersuchten die Solubilisierung der Na,K-ATPase aus der Hundeniere mit verschiedenen nichtionischen Detergenzien, und charakterisierten wenige Eigenschaften vergleichend am gereinigten und solubilisierten Enzym (219). So zeigten sie durch tryptische Verdauung sowie durch den Einsatz FITC-markierten Enzyms, daß der Übergang zwischen den 2 Hauptkonformationszuständen E1 und E2 unter Verwendung eines geeigneten Detergens am solubilisierten Enzym noch stattfindet. Eingehende, vergleichende Charakterisierungen verschiedener, für die Funktionalität essentielle Bindungsstellen, wie beispielsweise die Kationenbindungsstellen, die ATP- oder auch die Ouabain-Bindungsstelle der gereinigten und der solubilisierten Na,K-ATPase liegen bis heute nicht vor. Dabei werden bei solchen Untersuchungen neben Informationen bezüglich der Funktionalität des solubilisierten Enzyms in der Membranphase und der Mizellphase auch noch Hinweise auf Protein-Lipid-Wechselwirkungen erhalten.
Da bekannt ist, daß die Na,K-ATPase aus der Salzdrüse des Dornhais *Squalus acanthias* aufgrund der hohen Stabilität in Gegenwart geeigneter Detergenzien besonders geeignet zur Solubilisierung ist (202), wurde im Rahmen dieser Arbeit, wenn nicht ausdrücklich anders erwähnt, nur das Enzym dieser Spezies verwendet. Berechtigterweise stellt sich hier jedoch die Frage, ob die mit diesem Enzym ermittelten funktionellen Eigenschaften aufgrund des phylogenetisch geringen Verwandschaftsgrades mit denen des Enzyms der Schweineniere überhaupt vergleichbar sind. Aus diesem Grund ist ein Vergleich der hier ermittelten funktionellen Eigenschaften der gereinigten Na,K-ATPase aus der Salzdrüse des Dornhais mit bereits für das gereinigte Enzym der Schweineniere bekannten Eigenschaften unerläßlich.

6.1 Die nichtselektive Kationenbindung an die FITC-Na,K-ATPase

6.1.1 Bindungsaffinität und Stöchiometrie der nichtselektiven Kationenbindung

Die Bindung von Na^+, Cho^+ und $G5G^{2+}$ an die gereinigte FITC-Na,K-ATPase ist durch einen Fluoreszenzintensitätsanstieg zwischen 25 und 35% gekennzeichnet. Dabei hängen die Bindungseingenschaften offensichtlich nicht von der Größe dieser Kationen ab, sondern werden durch deren Ladung determiniert (monovalente Kationen: log K ≈ 2,3, divalente

Kationen: log K ≈ 4,6, siehe Kap. 5.1.4.1, S. 96 ff.) und sind somit weitgehend elektrostatischer Natur. Dieses Ergebnis steht in guter Übereinstimmung mit dem von Grell et al. (149) postulierten F1-Zustand der Na,K-ATPase der Schweineniere, der durch eine Vielzahl mono- und divalenter Kationen induziert wird, und der im Gegensatz zum E1-Konformationszustand keine Na^+-Selektivität aufweist.

$$E + M^+ \underset{}{\overset{K}{\rightleftharpoons}} F1 \cdot M^+$$

Abb. 88. Reaktionsmodell der nichtselektiven Kationenbindung an die FITC-Na,K-ATPase

Die Autoren führten in dieser Arbeit Berechnungen durch, die auf der Annahme einer elektrostatischen Bindung von Kationen mit einer zweifach negativ geladenen Bindungsstelle auf der Enzymoberfläche beruhen. Unter der Verwendung eines 1:1-Bindungsmodells ermittelten sie so unter bestimmten Annahmen für monovalente Kationen eine Assoziationskonstante von log K ≈ 2,0, für divalente Kationen log K ≈ 4,6. Es muß hierbei ergänzend erwähnt werden, daß neben der hier diskutierten, nichtselektiven Na^+-Bindungsstelle auch noch eine weitere, für Na^+ selektive Bindungsstelle an der Na,K-ATPase exisiert, die jedoch über die FITC-Enzym-Fluoreszenz nicht direkt detektiert werden kann (Kap. 5.1.2.1, S. 87 und Kap. 5.1.2.2, S. 89). KCl-Titrationen der FITC-Na,K-ATPase in Anwesenheit verschiedener NaCl-Konzentrationen ermöglichen lediglich eine indirekte Detektion der selektiven Na^+-Bindungsstelle (Kap. 5.1.8.5, S. 128).

Eine offene Frage bei den Ergebnissen der nichtselektiven Kationenbindung an die gereinigte Na,K-ATPase ist, ob die ermittelten Eigenschaften wirklich nur auf der Kationenbindung an das Enzym beruhen. Denkbar wäre nämlich auch, daß eine Kationenbindung an die aufgrund der Phospholipide (14) vielfach negativ geladene Membranoberfläche stattfindet, die ebenfalls mit Fluoreszenzintensitätsänderungen einhergehen könnte, und somit einen störenden Einfluß auf die Ermittlung der Bindungsaffinität ausüben würde. Da die bezüglich der Bindungsaffinität und der Größe des Fluoreszenzintensitätsanstiegs ermittelten Eigenschaften der nichtselektiven Kationenbindung an die präparativ solubilisierte FITC-Na,K-ATPase jedoch durchaus vergleichbar mit denen der nichtselektiven Kationenbindung an die gereinigte FITC-Na,K-ATPase sind (Tab. 5, S. 98), kann diese Annahme weitgehend ausgeschlossen werden. Auffallend ist jedoch, daß die Assoziationskonstanten beim gereinigten FITC-Enzym im Vergleich zum solubilisierten FITC-Enzym in der Regel geringfügig größer sind (insbesondere beim $G5G^{2+}$, siehe Tab. 5, S. 98). Dies läßt sich durch eine lokale Konzentrationserhöhung der Kationen im Bereich der Oberfläche der Na,K-ATPase-Membranfragmente erklären, da diese, wie bereits erwähnt, ein negatives Oberflächenpotential besitzen. Eine scheinbar höhere Assoziationskonstante der nichtselektiven Kationenbindung an die gereinigte FITC-Na,K-ATPase könnte die Folge sein.

6.1.2 Kinetik der nichtselektiven Kationenbindung

Die Ergebnisse der kinetischen Untersuchung der nichtselektiven Kationenbindung an die gereinigte FITC-Na,K-ATPase bestätigen bezüglich der ermittelten Assoziationskonstanten die Ergebnisse der Titrationsexperimente (Tab. 5, S. 98 u. Tab. 6, S. 101). Die hyperbolische Konzentrationsabhängigkeit der reziproken Abklingzeit k_{obs} kann durch folgendes kinetisches 2-Schritt-Reaktionsmodell erklärt werden (Kap. 5.1.3.2, S. 92):

$$E + M^{+} \overset{K_{12}}{\rightleftharpoons} E{\cdot}M^{+} \underset{k_{32}}{\overset{k_{23}}{\rightleftharpoons}} F1{\cdot}M^{+}$$

Abb. 89. Kinetisches 2-Schritt-Modell der nichtselektiven Kationenbindung an die FITC-Na,K-ATPase

Der schnellen Bindung des Kations (M^{+}), die mit der stopped-flow-Technik zeitlich nicht aufgelöst werden kann, folgt eine langsame Konformationsumlagerung des Enzym-Kation-Komplexes $E{\cdot}M^{+}$ in den $F1{\cdot}M^{+}$-Zustand, wobei die Geschwindigkeitskonstanten für alle untersuchten Kationen von derselben Größenordnung sind (k_{23} = 5-20 sec^{-1}; k_{32} = 1-3 sec^{-1}). Die kinetisch ermittelte Assoziationskonstante K_{12} hängt hier höchstwahrscheinlich nur von der Ladung des bindenden Kations ab (monovalente Kationen: log $K_{12} \approx$ 1,4, divalente Kationen: log $K_{12} \approx$ 3,4). Dagegen kann aufgrund der hier vorliegenden Ergebnisse angenommen werden, daß die Größe der Assoziationskonstanten K_{23} (= k_{23}/k_{32}) unabhängig von der Ladung des bindenden Kations ist (log $K_{23} \approx$ 0,7 für alle untersuchten Kationen). Dies erscheint sinnvoll, da K_{23} nur das Konformationsgleichgewicht zwischen dem $E{\cdot}M^{+}$- und dem $F1{\cdot}M^{+}$-Zustand der FITC-Na,K-ATPase charakterisiert. Die gute Übereinstimmung der kinetisch und durch Titrationen ermittelten Assoziationskonstanten für die nichtselektive Kationenbindung spricht weiterhin dafür, daß die jeweils verwendeten Bindungsmodelle den Reaktionsverlauf sinnvoll beschreiben. Der Vergleich der in dieser Arbeit für das Enzym der Salzdrüse des Dornhais erhaltenen Ergebnisse mit denen, die für das gereinigte Enzym der Schweineniere bekannt sind (183), zeigt, daß diese bezüglich der Assoziationskonstanten K_{12} und K_{23} gut übereinstimmen. Beim Vergleich der Geschwindigkeitskonstanten k_{23} und k_{32} der Konformationsumwandlung fällt jedoch auf, daß diese bei der gereinigten FITC-Na,K-ATPase aus der Salzdrüse des Dornhais im Vergleich zum FITC-Enzym aus der Schweineniere beide ca. um den Faktor 20 größer sind, was auf molekularer Ebene zur Zeit nicht begründet werden kann. Dieser Befund überrascht aufgrund der bis jetzt gefundenen, großen Homologien des Enzyms beider Spezies.

Bei der Untersuchung der Kinetik der nichtselektiven Kationenbindung an die solubilisierte FITC-Na,K-ATPase ist mit der stopped-flow-Technik kein zeitlich auflösbarer Fluoreszenzintensitätsanstieg detektierbar, obwohl die Titrationsexperimente aufgrund der Fluoreszenzamplitude sowie der ermittelten Affinitäten ein im wesentlichen unverändertes Bindungsverhalten vermuten lassen (Tab. 5, S. 98).

- Eine Erklärungsmöglichkeit besteht in der Annahme, daß die Konformationsumlagerung gar nicht stattfindet. Dagegen spricht jedoch, daß der Fluoreszenzintensitätsanstieg von der Größe her mit dem des gereinigten FITC-Enzyms in etwa übereinstimmt (S. 102).

- Eine andere Möglichkeit besteht darin, daß die Konformationsumlagerung in den F1-Zustand beim solubilisierten FITC-Enzym wesentlich schneller als beim gereinigten FITC-Enzym stattfindet. Beispielsweise wäre eine Beeinflussung der Dynamik des Konformationsgleichgewichts $E{\cdot}M^{+} \rightleftharpoons F1{\cdot}M^{+}$ durch äußere Faktoren (z. B. die

Membran), und nicht durch das Protein selbst, denkbar. Da sich die Na,K-ATPase-Membranfragmente durch einen äußerst hohe Proteindichte auszeichnen (S. 5), ist nicht auszuschließen, daß die normale Membranfluidität dadurch gewissen Einschränkungen unterliegt. Dies könnte letztlich die Dynamik von Konformationsänderungen der gereinigten Na,K-ATPase beeinflussen.

Die weitere Untersuchung der Kinetik der nichtselektiven Kationenbindung mittels der chemischen Relaxationstechnik könnte zur Beantwortung der zuvor erwähnten, offenen Fragen beitragen. Beispielsweise bietet die elektrische Temperatursprungmethode eine zeitliche Auflösung bis in den Mikrosekundenbereich, was im Vergleich zu den durchgeführten stopped-flow-Messungen (Millisekundenbereich) theoretisch eine Steigerung um mindestens den Faktor 1000 ermöglichen würde.

6.2 Die selektive K^+-Bindung an die FITC-Na,K-ATPase

6.2.1 Bindungsaffinität und Stöchiometrie der selektiven K^+-Bindung

Die selektive Bindung von K^+ an die FITC-Na,K-ATPase überführt das Enzym in den $E2\cdot(K^+_2)$-Zustand (Kap. 5.1.5.1, S. 103 ff.). Dabei fällt die Fluoreszenzintensität des FITC-Enzyms zwischen 25 und 30% ab. Die Anpassung an die Meßdaten einer KCl-Titration kann nur sinnvoll durch die Funktion eines 1:2-Bindungsmodells erfolgen (Abb. 59, S. 103), was in guter Übereinstimmung mit der Stöchiometrie des Kationentransportes der Na,K-ATPase über die Plasmamembran steht (2 K^+/3 Na^+ pro hydrolysiertem ATP). Da die numerischen Werte der Assoziationskonstanten für beide gebundenen K^+ in etwa gleich groß sind ($\log K_1 \approx 4{,}7$, $\log K_2 \approx 4{,}8$ in Abwesenheit von ChoCl), muß von einer kooperativen K^+-Bindung ausgegangen werden. Die Auswertung der KCl-Titrationen mit der Hill-Gleichung bestätigt diese Kooperativität durch einen Hill-Koeffizienten von $n = 1{,}2$-$1{,}4$. Da nicht ausgeschlossen werden kann, daß die funktionelle Einheit der Na,K-ATPase aus dem Diprotomer ($\alpha_2\beta_2$) besteht (40), könnte die Kooperativität der selektiven K^+-Bindung auf der Interaktion der ($\alpha\beta$) Protomere untereinander beruhen. Die in Anwesenheit von 0,1 M ChoCl um jeweils ca. eine Größenordnung niedrigeren Assoziationskonstanten deuten auf eine Kompetition beider Kationen am FITC-Enzym hin. Weiterhin könnte auch die Abschirmung der negativen Lipidladungen der FITC-Na,K-ATPase-Membranfragmente durch Cho^+ eine leichte Reduktion der lokalen K^+-Konzentration bewirken, was eine scheinbar niedrigere Assoziationskonstante zur Folge hätte. Der Vergleich der hier für das FITC-Enzym aus der Salzdrüse des Dornhais ermittelten, selektiven K^+-Bindungseigenschaften mit denen des FITC-Enzyms aus der Schweineniere zeigen eine gute Übereinstimmung ($\log K_1 \approx 5{,}2$, $\log K_2 \approx 5{,}2$; Grell, E., mündliche Mitteilung).

Die K^+-selektiven Bindungsstellen der präparativ solubilisierte FITC-Na,K-ATPase weisen im Vergleich zum gereinigten FITC-Enzym unveränderte Eigenschaften auf (vergl. Tab. 9 u. Tab. 10, S. 106). Erst mit der weiteren Aufreinigung des solubilisierten FITC-Enzyms über

Gelfiltration oder Dichtegradientenzentrifugation nehmen die Assoziationskonstanten für die selektive K^+-Bindung signifikant ab, wobei die Kooperativität jedoch vollständig erhalten bleibt (Tab. 11, S. 108). Dieser Befund kann auf folgende Weisen diskutiert werden:

- Die Aufreinigung könnte möglicherweise zu einer partiellen Inaktivierung des FITC-Enzyms führen. Dagegen spricht jedoch, daß der durch die selektive K^+-Bindung maximal erreichbare Fluoreszenzintensitätsabfall von der Größe her vergleichbar mit dem des gereinigten FITC-Enzyms ist (Abb. 61 A, S. 107). Weiterhin zeigte sich bei KCl-Titrationen, die mit nachweislich partiell denaturiertem FITC-Enzym durchgeführt wurden, daß sich dies nur auf die Größe des Fluoreszenzintensitätsabfalls, nicht aber auf die ermittelte Assoziationskonstante auswirkt.
- Durch die Aufreinigung werden zumindest partiell die negativ geladenen Phospholipide der Membran entfernt. Da diese bei den FITC-Na,K-ATPase-Membranfragmenten vermutlich zu einer lokalen Anreicherung von Kationen in der unmittelbaren Umgebung des Enzyms führen (Kap. 6.1.1, S. 143 ff.), sind die für das gereinigte FITC-Enzym ermittelten Assoziationskonstanten scheinbar höher. Da im präparativ solubilisierten Enzym noch ca. 70% der Phospholipide enthalten sind (Kap. 3.3, S. 57), fällt dieser Effekt mit dieser Enzympräparation geringer aus (vergl. Tab. 9, 10, 11, S. 106, 108).

Die detaillierte Auswertung verschiedener KCl-Titrationen durch die Anpassung der Funktion des 1:2-Bindungsmodells (Kap. 5.1.3.1, S. 90) unter verschiedenen Bedingungen erlaubt, den für die selektive K^+-Bindung an die FITC-Na,K-ATPase spezifischen Fluoreszenzintensitätsabfall (ΔRFI) einer bestimmten Teilreaktion im Bindungsmodell zuzuordnen (Kap. 5.1.5.4, S. 108), und folgendes, erweitertes 1:2-Bindungsmodell zu erarbeiten:

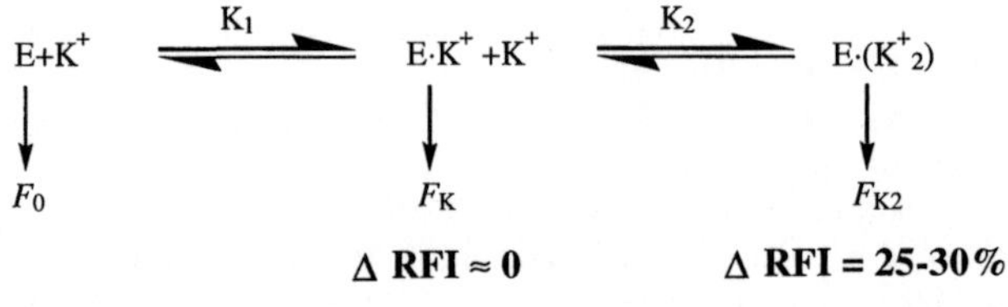

Abb. 90. Erweitertes Modell der selektiven K^+-Bindung an die FITC-Na,K-ATPase

Es kann eindeutig gezeigt werden, daß der für die selektive K^+-Bindung charakteristische Fluoreszenzintensitätsabfall von 25-30% der FITC-Na,K-ATPase gesamthaft erst mit der Bindung des zweiten K^+ eintritt. Das gilt sowohl für die gereinigte, als auch für die solubilisierte FITC-Na,K-ATPase aus der Salzdrüse des Dornhais sowohl in Abwesenheit, als auch in Anwesenheit von ChoCl. Dieses Ergebnis steht in guter Übereinstimmung mit dem kinetischen 3-Schritt-Modell der selektiven K^+-Bindung an die FITC-Na,K-ATPase, bei dem angenommen wird, daß die Konformationsumwandlung vom $E \cdot K^+_2$- in den $E2 \cdot (K^+_2)$-Zustand für den Fluoreszenzintensitätsabfall verantwortlich ist (Kap. 6.2.2) Da im Gleichgewichts-Bindungsmodell aus Abb. 90 nicht zwischen den beiden zuvor genannten Konformationszuständen differenziert wird (siehe dazu auch Kap. 5.1.7, S. 120), erwartet man den Fluoreszenzintensitätsabfall mit oder nach der Bindung des zweiten K^+.

6.2.2 Kinetik und Druckabhängigkeit der selektiven K^+-Bindung

Die kinetische Untersuchung der selektiven K^+-Bindung an die FITC-Na,K-ATPase erlaubt die Differenzierung zwischen 2 schnellen K^+-Bindungsschritten und einer darauf folgenden, langsamen Konformationsumwandlung in den $E2{\cdot}(K^+_2)$-Zustand des Enzyms (Kap. 5.1.6.1, S. 111). Die sigmoidale K^+-Konzentrationsabhängigkeit der reziproken Abklingzeit k_{obs} kann durch folgendes, kinetisches 3-Schritt-Reaktionsmodell beschrieben werden (Kap. 5.1.3.2, S. 92):

$$E + 2K^+ \overset{K_{12}}{\rightleftharpoons} E{\cdot}K^+ + K^+ \overset{K_{23}}{\rightleftharpoons} E{\cdot}K^+_2 \underset{k_{43}}{\overset{k_{34}}{\rightleftharpoons}} E2{\cdot}(K^+_2)$$

Abb. 91. Kinetisches 3-Schritt-Reaktionsmodell der selektiven K^+-Bindung an die FITC-Na,K-ATPase

Die Meßgenauigkeit von k_{obs} erlaubt unter den gegebenen Versuchsbedingungen nur die Diskussion des Produkts der Assoziationskonstanten $K_\beta = K_{12} \times K_{23}$, nicht aber der Einzelwerte von K_{12} und K_{23} (Kap. 5.1.6.1, S. 111 ff.). Die Geschwindigkeitskonstante k_{34} der Konformationsumlagerung vom $E2{\cdot}K^+_2$- in den $E2{\cdot}(K^+_2)$-Zustand des Enzyms liegt im Bereich von ca. 400 sec^{-1}, die Geschwindigkeitskonstante k_{43} liegt in der Größenordnung zwischen 0,1 und 1 sec^{-1} (10°C). Ähnliche Werte liegen auch in der Literatur für die Kinetik der selektiven K^+-Bindung an die gereinigte FITC-Na,K-ATPase an die Schweineniere vor, allerdings bei 25°C (186). Im Verlauf mehrerer durchgeführter kinetischer Versuche zeigte sich, daß k_{34} maximal um den Faktor 2 variieren kann. Dieser Effekt ist bereits auch schon mit dem FITC-Enzym der Schweineniere beobachtet worden, die Ursache ist bis heute unbekannt. Jedoch wird angenommen, daß die Bindungseigenschaften des FITC-Enzyms präparationsabhängig leicht unterschiedlich sind. Weiterhin stellt zum jetzigen Zeitpunkt die Bestimmung des Wertes von k_{43} noch ein Problem dar, da dieser Parameter durch die Versuchsbedingungen nicht direkt meßbar ist, sondern nur indirekt durch die Anpassung der Funktion des kinetischen 3-Schritt-Modells ermittelt werden kann (Kap. 5.1.6.1, S. 111 ff.). Eine Variation von k_{43} um den Faktor 5 ist dabei ohne die signifikante Verschlechterung der Anpassung nicht auszuschließen. Eine Möglichkeit der direkten Messung von k_{43} bestünde in der schnellen Verdünnung des Enzym-Kalium-Komplexes ($E2{\cdot}(K^+_2)$) mit kaliumfreien Puffer in der stopped-flow-Apparatur, wodurch dieser partiell dissoziiert. Um eine ausreichend große Fluoreszenzintensitätsänderung zu erreichen, müßte eine Verdünnung in der Größenordnung zwischen 1:10-1:100 erfolgen. Mit dem zur Verfügung stehenden Aufbau sind jedoch Verdünnungen in den oben angegebenen Verhältnissen nicht durchzuführen, und konnten deshalb im Rahmen dieser Arbeit nicht realisiert werden. Trotz der genannten Ungenauigkeiten bei der Bestimmung der Geschwindigkeitskonstanten k_{43} können die bei 10°C kinetisch ermittelten Assoziationskonstanten ($\log K_\beta^{Kin} \approx$ 10,0-10,3) mit den entsprechenden durch Gleichgewichtsexperimente berechneten Werten ($\log K_\beta^{Tit} \approx 10{,}4$) in Einklang gebracht werden (Kap. 5.1.7, S. 120). Dies rechtfertigt die Anwendung der zuvor in Abb. 90 u. 91 gezeigten statischen und kinetischen Bindungsmodelle.

Konformationsänderungen in Proteinen sind meist nicht so umfangreich, als daß sie z. B. mit Methoden wie der dynamischen Lichtsstreuung detektierbar, und somit charakterisierbar wären (siehe dazu Kap. Kap. 3.5.1, S. 64 ff.).

Eine Detektionsmöglichkeit besteht beispielsweise in der tryptischen Verdauung (verschiedene Spaltungsmuster unterschiedlicher Enzym-Konformationszustände) oder der Energietransfermessung (Bestimmung des Abstandes bestimmter Proteindomänen untereinander (226)). Die zuvor genannten Untersuchungstechniken beschränken sich bislang jedoch auf die Detektion von Gleichgewichtszuständen. Eine weitere Methode zur Charakterisierung von Konformationsumlagerungen von Proteinen in Lösung besteht in ihrer druckabhängigen Untersuchung. Dabei induziert ein Druck bis maximal 200 MPa (= 2000 bar) in der Regel reversible Effekte auf die Struktur der meisten Proteine (224). Diese Strukturveränderungen beinhalten beispielsweise die Kompressibilität (Veränderung der Packungsdichte des Proteins), Konformationsänderungen und die Veränderungen der Wechselwirkungen zwischen Proteinuntereinheiten. Oberhalb eines Drucks von ca. 300 MPa treten meist irreversible Veränderungen der Proteinstruktur auf.

Wird die Kinetik einer chemischen Reaktion mit der stopped-flow-Technik druckabhängig untersucht, so können neben den Gleichgewichtszuständen weiterhin die Übergangszustände in Form von Volumenänderungen quantifiziert werden, wie im Falle der selektiven K^+-Bindung an die FITC-Na,K-ATPase geschehen. Die durch die Globalanalyse (Kap. 5.1.6.2.1, S. 114 ff.) ermittelten Volumenänderungen der einzelnen Teilreaktionen des 3-Schritt-Bindungsmodells aus Abb. 91 sind in Abb. 92 auf der folgenden Seite sehr anschaulich als sogenanntes Volumenprofil dargestellt. Dort ist erkennbar, daß die Bindung der 2 K^+ (zeitlich nicht auflösbar mit der verwendeten Hochdruck-stopped-flow-Apparatur) bereits mit einer leichten Volumenzunahme verbunden ist. Die Größe dieser Volumenänderungen ΔV_{12}^0 und ΔV_{23}^0 sollte aber in Analogie zu den Assoziationskonstanten K_{12}^0 und K_{23}^0 aufgrund der bestehenden Unsicherheiten bei ihrer Bestimmung (Kap. 5.1.6.1, S. 111 ff.) nicht zu hoch bewertet werden. Als sicher gelten jedoch die in allen Fällen großen, positiven Aktivierungsvolumina $\Delta V_{34}^{\#}$ und $\Delta V_{43}^{\#}$, die im Bereich von +10 bis +30 ml/mol liegen. Das gilt sowohl für die gereinigte FITC-Na,K-ATPase in Ab- und Anwesenheit von ChoCl, als auch für das solubilisierte FITC-Enzym in Abwesenheit von ChoCl (in Anwesenheit ist die Messung aufgrund der Instabilität des FITC-Enzyms nicht möglich, siehe Kap. 5.1.6.2.2, S. 118). Dies steht in guter Übereinstimmung mit den für die gereinigte FITC-Na,K-ATPase der Schweineniere ermittelten, ebenfalls positiven Aktivierungsvolumina, die allerdings etwas größer sind (+20 - +70 ml/mol). Alle genannten Werte liegen somit im erwarteten Bereich der für andere biochemische Reaktionen bereits bekannten Aktivierungsvolumina, die mit -50 bis +50 ml/mol angegeben werden (224). Bildet man die Differenz zwischen den Aktivierungsvolumina $\Delta V_{34}^{\#}$ und $\Delta V_{43}^{\#}$, so erhält man die Volumenänderung der Konformationsumlagerung. Diese liegt beim gereinigten FITC-Enzym im Bereich von Null, beim präparativ solubilisierten FITC-Enzym ist dieser Wert negativ (-12 ml/mol, Abb. 92 B). Das könnte bedeuten, daß bei den ermittelten Volumenänderungen der Konformationsumlagerung des gereinigten FITC-Enzyms die Anwesenheit der Membran aus bislang nicht bekannten Gründen einen Einfluß auf dieses Ergebnis nimmt.

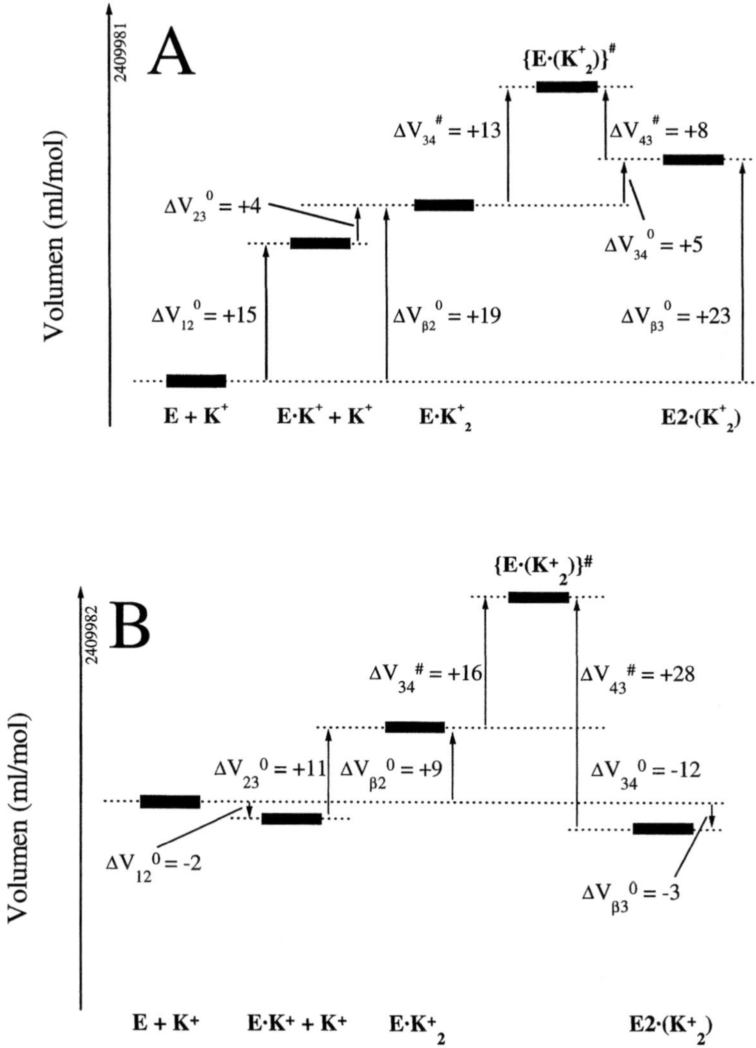

Abb. 92. Volumenprofil für die selektive K^+-Bindung an die gereinigte (A) und die präparativ solubilisierte FITC-Na,K-ATPase (B) in 10 mM Imidazol/HCl, 0,1 mM EDTA pH 7,5. Bei der Messung mit solubilisiertem Enzym enthielt der Puffer zusätzlich ca. 180 µM $C_{12}E_8$.

Berechnet man für das Na,K-ATPase-Diprotomer unter der Annahme einer zylindrischen Form nach (91) das molare Volumen (ca. 150.000 ml/mol) und setzt dies ins Verhältnis zu einem mittleren Aktivierungsvolumen von ca. 20 ml/mol, so bekommt man einen Eindruck über die Volumendifferenzen, die während der Konformationsumlagerung auftreten. Diese liegen nämlich nur im Promille-Bereich. Gleiches gilt auch für die Gesamtvolumendifferenz $\Delta V\beta_3^0$ zwischen dem freien Enzym (E) und dem Enzym im E2·(K^+_2)-Zustand (Tab. 13, S. 116 u. Abb. 92). Das muß allerdings nicht bedeuten, daß keine größeren Strukturveränderungen im Protein stattgefunden haben, denn rein räumliche Umlagerungen von Proteindomänen sind nicht zwangsläufig mit drastischen Volumenänderungen verbunden. Die molekulare Interpretation der Druckeffekte kann auf der Ebene intrinsischer Beiträge und Solvensbeiträgen erfolgen. Unter intrinsischen Beiträgen versteht man beispielsweise die Packungsdichte des Proteins. Zu den Solvensbeiträgen gehören z. B. die Veränderung der Hydratisierung von z. B. polaren Gruppen eines Proteins, die bei Konformationsumlagerungen in eine andere Mikroumgebung gelangen. Auch die Bildung und das Aufbrechen von Salzbrückenbindungen sowie hydrophobe Wechselwirkungen gehören dazu. Da im Experiment jedoch stets eine Überlagerung verschiedener Beiträge detektiert wird (224), gestaltet sich die Interpretation bei so einem komplexen System, wie der Na,K-ATPase, schwierig. Von der Größenordnung her könnten die großen, positiven Aktivierungsvolumina der selektiven K^+-Bindung an die FITC-Na,K-ATPase durch das Aufbrechen von 1-2 Salzbrückenbindungen ($\Delta V^\#$ ca. +20- +40 ml/mol) erklärt werden. Ein solches Aufbrechen von Salzbrückenbindungen tritt beispielsweise auch bei der Konformationsumlagerung während der Oxygenierung von Hämoglobin auf (8).

Interessant ist weiterhin, daß die solubilisierte FITC-Na,K-ATPase im Gegensatz zum gereinigten FITC-Enzym bereits bei einem Druck oberhalb von 60 MPa irreversibel denaturiert wird (Kap. 5.1.6.2.2, S. 118). Diese erhöhte Drucksensitivität zeigt eindrucksvoll in guter Übereinstimmung mit den Ergebnissen der DSC-Studien (Kap. 3.3.2, S. 59), daß die native Membran durch intensive Protein-Lipid-Wechselwirkungen einen stabilisierenden Effekt auf die Na,K-ATPase ausüben muß. Da die Geschwindigkeitskonstante k_{34} der Konformationsumlagerung in den E2·(K^+_2) Zustand beim solubilisierten FITC-Enzym im Vergleich zum gereinigten FITC-Enzym deutlich größer ist, kann nicht ausgeschlossen werden, daß die Membran durch eine gewisse Rigidität die Dynamik der Konformationsumlagerungen des Proteins beeinflußt. Solch eine Vermutung wurde bereits im Zusammenhang mit der nichtselektiven Kationenbindung geäußert (Kap. 6.1.2, S. 144 ff.), und müßte in weiteren Experimenten überprüft werden.

6.3 Die selektive Na^+-Bindung an die RH-421-markierte Na,K-ATPase

Die für die Na^+-Bindung an die gereinigte Na,K-ATPase in Anwesenheit des elektrochromen Fluorophors RH-421 unter Verwendung eines 1:2-Bindungsmodells ermittelten Assoziationskonstanten (log K_1 = 3,3, log K_2 = 3,4) stimmen jeweils gut mit den entsprechenden Werten überein, die auch für die selektive Na^+-Bindung an das Enzym aus der Schweineniere bekannt sind (150). Die Titration könnte in Anlehnung an die Stöchiometrie

des Kationentransportes durch die Na,K-ATPase (3 Na^{+}/2 K^{+} pro hydrolysiertem ATP) auch auf der Basis eines 1:3-Bindungsmodell angepaßt werden, jedoch ist eine hervorragende Anpassung bereits durch die Funktion des 1:2-Bindungsmodells gegeben (Kap. 5.1.8.1, S. 121). Matsui et al. erhielten unter Verwendung der Filtrationstechnik mit $^{22}Na^{+}$ in Imidazolpuffer für die Na,K-ATPase aus der Hundeniere einen log K-Wert zwischen 3,5 und 4,0 (225). Diese Werte liegen um ca. eine Größenordnung höher als die, die für die nichtselektive Na^{+}-Bindung an das FITC-Enzym ermittelt wurden (vergl. Tab. 18, S. 123 u. Tab. 5, S. 98). Da der mit Na^{+} induzierbare RH-421-Fluoreszenzintensitätsabfall (10-12%) nicht mit anderen Kationen (z. B. Cho^{+}, K^{+}) erreicht wird, kann angenommen werden, daß dieser für das Na^{+}spezifisch ist. Weiterhin findet die mit RH-421 detektierbare Na^{+}-Bindung in Anwesenheit von 0,1 M ChoCl, bei der die nichtselektive Bindungsstelle praktisch vollständig durch Cho^{+} besetzt ist (Abb. 54, S. 96), trotzdem statt. Dies sind 2 wichtige Indizien, die dafür sprechen, daß mit der RH-421-Fluoreszenz die selektive Na^{+}-Bindung detektiert werden kann, durch die die Na,K-ATPase in den E1-Zustand (vermutlich den E1·Na^{+}_3-Zustand) überführt wird. Dieser Konformationszustand unterscheidet sich, wie zuvor schon erwähnt, durch seine Selektivität für Na^{+} gegenüber dem F1-Zustand des Enzyms.
Der durch die selektive Na^{+}-Bindung induzierte RH-421-Fluoreszenzintensitätsabfall läßt sich mit der im Rahmen dieser Arbeit zu Verfügung stehenden stopped-flow-Apparatur nicht zeitlich auflösen, da sie vermutlich im Nano- bis Mikrosekundenbereich erfolgt (Kap. 5.1.8.3, S. 124). Das könnte bedeuten, daß die Na^{+}-induzierte Konformationsumlagerung des Enzyms in den E1-Zustand im Gegensatz zu der K^{+}-induzierten Konformationsumlagerung in den E2·(K^{+}_2)-Zustand vom Umfang her viel geringer ist, und somit wesentlich schneller erfolgen kann. Dies wäre beispielsweise der Fall, wenn die Na,K-ATPase im Na^{+}-freien Puffer bereits in einem E1-ähnlichen Konformationszustand vorläge. Zukünftig bietet sich zur Klärung der offenen Fragen die kinetische Untersuchung der selektiven Na^{+}-Bindung mit der schnellen, chemischen Relaxationstechnik an.

In der Literatur wird angegeben, daß die meisten molekularen Ereignisse an der Na,K-ATPase mit der RH-421-Fluoreszenz mit solubilisiertem Enzym nicht mehr detektierbar sind, obwohl die enzymatische Aktivität in Anwesenheit dieses Fluorophors nicht inhibiert wird (111). Dies trifft zu, denn es kann gezeigt werden, daß die selektive Na^{+}-Bindung an die solubilisierte Na,K-ATPase nicht direkt über die RH-421-Fluoreszenz detektierbar ist (Kap. 5.1.8.2, S. 124). Es können im Rahmen dieser Arbeit jedoch alternative Methoden aufgezeigt werden, die auf indirekte Weise die uneingeschränkten, selektiven Na^{+}-Bindungseigenschaften der Na,K-ATPase nach ihrer Solubilisierung mit $C_{12}E_8$ belegen:

- Ein indirekter Nachweis kann über die kinetische Untersuchung der Na^{+}-konzentrationsabhängigen Phosphorylierung der solubilisierten Na,K-ATPase mit ATP in Anwesenheit von RH-421 erfolgen (Kap. 5.1.8.4, S. 125). Mit dieser Methode kann durch die Anpassung der kinetischen Hill-Gleichung eine Na^{+}-Bindungsaffinität ermittelt werden. Diese sind nach der Solubilisierung des Enzyms bezüglich der Affinität und der Kooperativität nicht signifikant verändert (log K = 1,9, n = 2,7), aber die Dynamik der Phosphorylierung ist deutlich verlangsamt. Dieser Aspekt wird im folgenden Kapitel. 6.4 diskutiert.

- Eine weitere, indirekte Nachweismöglichkeit besteht in der Durchführung von Kompetitionstitrationen, bei denen KCl-Titrationen mit dem solubilisierten FITC-Enzym in Anwesenheit verschiedener NaCl-Konzentrationen erfolgen (Kap. 5.1.8.5, S. 127 ff.). Eine Berechnung der Na^+-Bindungsaffinität wird aufgrund der durch die Kompetition von Na^+ mit K^+ zu berücksichtigenden Faktoren nicht durchgeführt, aber es kann deutlich gezeigt werden, daß eine Reduktion der Bindungsaffinität des solubilisierten FITC-Enzyms für K^+ bereits durch niedrige NaCl-Konzentrationen erfolgt (1-3 mM), was nur im Falle einer intakten, Na^+- selektiven Bindungsstelle möglich ist.

Berechtigterweise stellt sich hier die Frage, warum die Na^+-Bindung mit der solubilisierten Na,K-ATPase nicht detektierbar ist, während die Phosphorylierung mit dieser Enzympräparation praktisch die gleichen RH-421-Fluoreszenzintensitätsänderungen wie beim gereinigten Enzym aufweist. Eine befriedigende Antwort kann zum jetzigen Zeitpunkt nicht gegeben werden, da weder exakt bekannt ist, wo das RH-421 in der Membran genau lokalisiert ist, noch wie die Fluoreszenzintensitätsunterschiede als Folge verschiedener Wechselwirkungen der Na,K-ATPase mit Kationen oder Liganden (z. B. ATP) auf molekularer Ebene zustande kommen (111). Aufgrund seiner amphiphilen Struktur gilt lediglich als gesichert, daß das RH-421 mit hydrophoben Bereichen der Membran oder des Proteins in Wechselwirkung tritt. Daß eine Bindungsstelle direkt an der Na,K-ATPase vorhanden ist, kann mit hoher Wahrscheinlichkeit ausgeschlossen werden, da die maximale Größe der durch die selektive Na^+-Bindung induzierten Fluoreszenzintensitätsänderung innerhalb eines molaren Verhältnisses von RH-421/Protein zwischen 0,4 und 4 konstant bleibt (Kap. 5.1.8.1, S. 121 ff.). Gleiches gilt auch für die RH-421-markierte Na,K-ATPase der Schweineniere. Dies deutet darauf hin, daß das RH-421 in der Membran lokalisiert ist, und dort auf Ladungsverschiebungen in einem gewissen Umgebungsradius reagiert, die nicht nur von einem einzigen Na,K-ATPase-Diprotomer stammen können.

6.4 Die Kinetik der Phosphorylierung der RH-421-markierten Na,K-ATPase mit ATP

Neben den Kationenbindungsstellen ist auch die ATP-Bindungsstelle von entscheidender Bedeutung für die Funktionalität der Na,K-ATPase. Aus diesem Grund wurde die ATP-Bindungsaffinität sowie die Kinetik der Phosphorylierung mit ATP vergleichend an der gereinigten und der solubilisierten RH-421-markierten Na,K-ATPase charakterisiert (Kap. 5.1.9, S. 129). Die nach der Solubilisierung nahezu identische ATP-Bindungsaffinität (log K $\approx$ 5,2) läßt den Schluß zu, daß die Na,K-ATPase bezüglich dieser Eigenschaft unverändert vorliegt. Drastische Unterschiede bestehen allerdings in der Dynamik der Phosphorylierung (Abb. 74 u. 76, Tab. 19 u. 20, S. 126 ff.). Beim gereinigten Enzym wurde eine maximale reziproke Abklingzeit (diese ist in etwa identisch mit der Geschwindigkeitskonstante k der Phosphorylierung) von k_{obs}^{max} ca. 180-200 sec^{-1} ermittelt. Dies steht in guter Übereinstimmung mit dem entsprechenden Wert für das gereinigte Enzm der Schweineniere (ca. 180 sec^{-1} (151)). Beim solubilisierten Enzym betrug k_{obs}^{max} nur ca. 70-90 sec^{-1}. Die mehrfache Überprüfung ergab, daß die ermittelten k_{obs}^{max}-Werte nicht derselben Schwankung wie k_{34} der selektiven K^+-Bindung unterliegen, und dieser Unterschied

daher als signifikant angesehen werden kann. Da das Enzym im enzymatischen Test voll aktiv war, kann diese Verlangsamung der Phosphorylierungskinetik jedoch keinen geschwindigkeitsbestimmenden Schritt im Reaktionszyklus betreffen. Dies steht in guter Übereinstimmung mit der abgeschätzten Wechselzahl der Na,K-ATPase bei 25°C, die im Bereich zwischen 35 und 55 sec^{-1} liegen müßte (Kap. 5.1.9, S. 130).
Da die der nichtselektiven Kationenbindung sowie der selektiven K^+-Bindung an die solubilisierte FITC-Na,K-ATPase folgenden Konformationsumlagerungen im Vergleich zum gereinigten FITC-Enzym durch höhere Geschwindigkeitskonstanten gekennzeichnet sind, würde man aus den in Kap. 6.1.2 u. 6.2.1 genannten Gründen (eingeschränkte Membranfluidität der Na,K-ATPase-Membranfragmente durch hohe Proteinbesetzungsdichte) ähnliches auch für die ATP-Phosphorylierung erwarten, wobei hier aber genau das Gegenteil der Fall ist. Aufgrund der Detektionsprobleme, die bei der selektiven Na^+-Bindung an die solubilisierte RH-421-markierte Na,K-ATPase auftreten, liegt zunächst der Verdacht nahe, daß ein ähnliches Problem auch in diesem Fall vorliegt. Dagegen spricht allerdings, daß die ermittelten ATP-Bindungseigenschaften bezüglich der Affinität sowie des Hill-Koeffizienten gegenüber dem gereinigten RH-421-markierten Enzm nicht verändert sind. Im Falle von Detektionsartefakten würde man dies nicht erwarten. Es kann also nicht ausgeschlossen werden, daß verschiedene Konformationsumlagerungen durch den partiellen Ersatz der nativen Lipide durch $C_{12}E_8$ auf unterschiedliche Weise in ihrer Dynamik beeinflußt werden. Diese Hypothese muß allerdings in weiteren Versuchen überprüft werden.

6.5 Charakterisierung der Bindungsstelle für herzaktive Glykoside

Die Ouabain-Inhibierung ist eine sehr spezielle Eigenschaft der Na,K-ATPase, denn andere ATPasen der P-Typ-Familie lassen sich durch dieses Steroid nicht in der gleichen Weise inhibieren. Weiterhin wird angenommen, daß herzaktive Steroide auch als endogene (körpereigene) Hormone vorkommen, die die enzymatische Aktivität der Na,K-ATPase mitregulieren, und durch diese biologische Aktivität indirekt drastisch in den Salzhaushalt und somit auch den Wasserhaushalt des tierischen Organismus eingreifen können. Aus diesem Grund wurde die vergleichende Charakterisierung der Ouabain-Bindungsstelle des gereinigten und des solubilisierten Enzyms als wichtig erachtet.
Die Charakterisierung der Ouabain-Bindungsstelle mit Ouabain, als auch mit dem fluoreszierenden Ouabain-Derivat DEDO zeigte, daß die Bindungsaffinität des gereingten und des solubilisierten Enzyms in etwa identisch ist (Ouabain:log K $\approx$ 5,8, DEDO: log K $\approx$ 8,0). Dies läßt vermuten, daß die Proteinstruktur der Na,K-ATPase im Bereich der Ouabain-Bindungsstelle durch die Solubilisierung der Na,K-ATPase mit $C_{12}E_8$ keine Veränderung erfährt. Die Diskrepanz bezüglich der oben gezeigten Bindungsaffinitäten rührt von unterschiedlichen Versuchsbedingungen her (mit/ohne Tris-P_i im Puffer, S. 135). Weiterhin liegen die Bindungsaffinitäten für DEDO, die bisher in der Literatur für die Na,K-ATPase aus der Salzdrüse des Dornhais noch nicht angegeben wurden, von der Größenordnung her in dem Bereich, der auch für das Enzym der Niere verschiedener Säugetiere unter gleichen Versuchsbedingungen ermittelt wurde (log K $\approx$ 7,4 - 7,9 (189)).

Um die kinetischen Parameter der Ouabain- und der DEDO-Bindung zu untersuchen, wurden zeitlich aufgelöste Messungen am Fluorimeter durchgeführt. Unter gleichen Versuchsbedingungen zeigte sich, daß das k_{obs} der Ouabain-Bindung an die solubilisierte FITC-Na,K-ATPase im Vergleich zur gereinigten FITC-Na,K-ATPase in etwa doppelt so groß war. Eine Ouabain-konzentrationsabhängige Auftragung von k_{obs} resultiert in einer linearen Abhängigkeit, was durch einen einfachen Ein-Schritt-Reaktionsmechanismus erklärt werden kann.
Die Geschwindigkeitskonstanten der DEDO-Bindung k_{on} ($2\text{-}5 \cdot 10^4$ M^{-1} sec^{-1}) und der -DEDO-Dissoziation k_{off} ($2{,}5\text{-}6 \cdot 10^{-4}$ sec^{-1}) erfolgte an die solubilisierte Na,K-ATPase ebenfalls schneller als an das gereinigte Enzym. Die Signifikanz dieser Befunde wurde bei der DEDO-Bindung durch die mehrmalige Wiederholung der Versuche gesichert. Das läßt, wie in den vorangegangenen Kapiteln bereits schon mehrfach erwähnt, auf eine Beeinflussung der Dynamik von Konformationsänderungen der Na,K-ATPase durch die im solubilisierten Zustand modifizierte Mikroumgebung im Transmembranbereich des Enzyms schließen.
Eine weitere, interessante Frage ist, warum die Kinetik der Ouabain-und die DEDO-Bindung an die Na,K-ATPase so außerordentlich langsam ist. Da für einfache, diffusionskontrollierte Reaktionen Geschwindigkeitskonstanten in der Größenordnung von 10^9 - 10^{11} M^{-1} sec^{-1} bei 25°C zu erwarten sind (228), muß auch im Falle der Ouabain- und DEDO-Bindung eine der eigentlichen Bindung folgende Konformationsumlagerung stattfinden, die sehr langsam und somit geschwindigkeitsbestimmend ist.

6.6 Aspekte der gericheten Kationenbindung

Im Vordergrund der im Rahmen dieser Arbeit durchgeführten Experimente zur gerichteten Kationenbindung stand zunächst die Frage, ob und wie es möglich ist, diese zu untersuchen, ohne den herkömmlichen Weg der Solubilisierung und der Rekonstitution in vesikuläre Systeme sowie den damit einhergehenden Problemen (Funktionalität, Orientierung, siehe Kap. 1.2, S. 7 ff.) zu gehen. Dafür bietet sich die Immobilisierung der gereinigten Na,K-ATPase z. B. an planare Lipidmembranen an, wodurch eine getrennte Pufferkontrolle auf beiden Seiten des Enzyms zumindest theoretisch möglich wäre. Ein Vorteil gegenüber dem Proteineinbau in Lipidvesikeln besteht darin, daß die funktionellen Eigenschaften des Enzyms in seiner nativen Umgebung, der natürlichen Membran, sicher erhalten bleiben. Diese Immobilisierungsmethode wurde auch bereits verschiedentlich angewandt (125-127), jedoch waren die Versuchsaufbauten auf elektrische Messungen ausgerichtet. Die fluorimetrische Detektion, z. B. der selektiven Kationenbindung, ist mit diesen Apparaturen nicht möglich. Eine Möglichkeit der Immobilisierung der gereinigten Na,K-ATPase bei gleichzeitiger Fluoreszenzdetektion bietet eine spezielle Variante der Sensortechnologie, die bei der Firma Novartis entwickelt wurde (54). Wie die ersten Ergebnisse zeigen, ist es möglich, die gereinigte FITC-Na,K-ATPase aus der Salzdrüse und auch der Schweineniere stabil auf einem durch die Beschichtung mit einem Lipidmonolayer biokompatiblen Ta_2O_5-Lichtwellenleiter zu immobilisieren (Abb. 83, S. 137). Würden die Membranfragmente nicht stabil an den auf dem Wellenleiter befindlichen Lipidmonolayer adsorbieren, würde man dies an einem Fluoreszenzintensitätsabfall bis gegen null beim Waschen mit Puffer erkennen, da das

Anregungslicht nur ca. 100 nm aus dem Ta_2O_5-Wellenleiter in das angrenzende Medium einstrahlt (siehe dazu S. 136). Dies ist beispielsweise der Fall, wenn die FITC-Na,K-ATPase-Membranfragmente bei niedriger Ionenstärke adsorbieren, wie zuvor nicht erwähnte Versuche (227) mehrfach zeigten. Weiterhin zeigt die kraftmikroskopische Aufnahme, daß die FITC-Na,K-ATPase-Membranfragmente flach auf den Lipidmonolayer adsorbieren (Abb. 85, S. 138). Der Besetzungsgrad von 25-40% der Oberfläche konnte auch durch den Einsatz höher konzentrierter FITC-Enzymsuspensionen aus unbekannten Gründen nicht weiter gesteigert werden. Eine Erklärung bestünde in der elektrostatischen Abstoßung der durch die Phospholipide und SDS (Kap. 1.1.4, S. 5) vielfach negativ geladenen FITC-Na,K-ATPase-Membranfragmente untereinander.

Die Funktionalität der immobilisierten FITC-Na,K-ATPase kann aufgrund des Versuchsaufbaus nicht durch die Messung der enzymatischen Aktivität (pNPPase) erfolgen. Wie jedoch die Versuche zur selektiven K^+-Bindung zeigten, ist diese Eigenschaft streng an die Funktionalität des FITC-Enzyms gekoppelt, und kann zu dessen Überprüfung gleichermaßen eingesetzt werden. Vergleichende KCl-Titrationen am Biosensor und in Lösung beweisen aufgrund der als identisch anzusehenden K^+-Bindungseigenschaften ($\log K \approx 3{,}7$, $n \approx 1{,}2$) eindrucksvoll, daß die immobilisierte FITC-Na,K-ATPase diese speziellen Eigenschaften vermutlich uneingeschränkt aufweist (Abb. 87, S. 140). Der Vergleich mit der KCl-Titration derselben FITC-Enzympräparation in Lösung läßt aufgrund der Größe des Fluoreszenzintensitätsabfalls (ca 30%) weiterhin den Schluß zu, daß ca. die Hälfte der K^+-Bindungsstellen der immobilisierten FITC-Na,K-ATPase nicht mehr zugänglich sind (15% Intensitätsabfall). Da angenommen werden kann, daß die selektiven K^+-Bindungsstellen des nichtphosphorylierten Enzyms auf nur einer Seite der Na,K-ATPase lokalisiert sind (laut Karlish auf cytoplasmatischer Seite (115, 119)) kann dieses Ergebnis in der Weise interpretiert werden, daß z. B. 50% der FITC-Na,K-ATPase-Membranfragmente mit der ehemals cytoplasmatischen Seite an den Lipidmonolayer adsorbieren. Die gleichen Schlußfolgerungen könnten aufgrund der Größe der Fluoreszenzintensitätsänderungen auch aus den Ergebnissen der Charakterisierung der Ouabain-Bindungsstelle, die auf der extrazellulären Seite des Enzyms lokalisiert ist, und weiterhin durch die Bindungsstudien mit einem Anti-Fluorescein-Antikörper gezogen werden (Kap. 5.2.2.2 u. 5.2.2.3, S. 141). Interessant im Zusammenhang mit der funktionellen Immobilisierung der gereinigten FITC-Na,K-ATPase ist die Notwendigkeit des auf den Wellenleiter aufgezogenen Lipidmonolayers, wie zu Beginn bereits angedeutet wurde. Wie zuvor nicht erwähnte Versuche zeigten, adsorbieren die proteinhaltigen Membranfragmente nämlich ebenfalls am hydrophilen Ta_2O_5-Wellenleiter in Abwesenheit eines Lipidmonolayers. Erstaunlich ist hierbei, daß bei gleicher eingesetzter FITC-Enzymkonzentration die Fluoreszenzintensität ca. 10-fach höher ist, als bei der Adsorption in Anwesenheit des Lipidmonolayers. In Verbindung mit kraftmikroskopischen Aufnahmen konnte gezeigt werden, daß die Affinität der FITC-Na,K-ATPase-Membranfragmente zum hydrophilen Wellenleiter wesentlich höher ist als zum Lipidmonolayer. Jedoch weist das auf diese Weise immobilisierte FITC-Enzym den für die selektive K^+-Bindung spezifischen Fluoreszenzintensitätsabfall nicht auf, was bedeutet, daß das FITC-Enzym höchstwahrscheinlich aus unbekannten Gründen inaktiviert vorliegt. Dies unterstreicht die Notwenigkeit des Lipidmonolayers zur funktionellen Immobilisierung der FITC-Na,K-ATPase auf dem Ta_2O_5-Wellenleiter.

Zusammenfassend kann gesagt werden, daß die hier erstmals angewandte, spezielle Biosensormethode eine vielversprechende Möglichkeit darstellt, die gerichtete Kationenbindung an die gereinigte FITC-Na,K-ATPase, und auch die gerichtete Ligandenbindung an andere integrale Membranproteine detailliert zu untersuchen. Die großen Vorteile dieses Systems bestehen darin, daß aufgrund der speziellen optischen Anordnung nur extrem geringe Proteinmengen zur Fluoreszenzdetektion erforderlich sind, daß das Protein im Gegensatz zu den Proteoliposomen-Systemen in seiner unveränderten, nativen Membranumgebung untersucht werden kann, und somit auch der Rekonstitutionsaufwand entfällt. Gelingt es in weiteren Versuchen, die Adsorption zugunsten einer Orientierungsmöglichkeit zu vereinheitlichen, so könnte die Biosensortechnik zukünftig auf einfache, schnelle und gleichzeitig sehr elegante Weise zur Beantwortung der offenen Fragen bezüglich der Lokalisierung von Bindungsstellen der Na,K-ATPase beitragen.

7. Zusammenfassende Kurzdiskussion

Die im Rahmen dieser Arbeit durchgeführte, modifizierte Isolierung der gereinigten Na,K-ATPase aus der Salzdrüse des Dornhais *Squaulus acanthias* nach (73) zeigt, daß das gereinigte Enzym anstelle mit dem üblicherweise eingesezten DOC/Saponin auch mit SDS in vergleichbarer Reinheit (maximal 90%) und sogar mit höherer spezifischer Aktivität (maximal 34 µmol/mg min) als in (72) angegeben, gewonnen werden kann. Gleichzeitig wurde eine deutliche Verringerung des zeitlichen Arbeitsaufwands erreicht. Dynamische Streulichtmessungen und elektronenmikroskopische Untersuchungen ergaben, daß die gereinigte Na,K-ATPase eingebettet in offenen Membranfragmenten vorliegt, die einen mittleren Durchmesser von 250 nm besitzen.

Da sich zur funktionellen Solubilisierung integraler Membranproteine nichtionische Detergenzien mit einer Alkylkettenlänge von 12 C-Atomen besonders geeignet sind, wurde die gereinigte Na,K-ATPase mit 4 verschiedenen Polyethylenglycol-mono-n-dodecylether-Detergenzien des Typs $C_{12}E_x$ in die mizellare Phase überführt. Die Größe der polaren Kopfgruppe (E) zur effizienten, vollständigen Solubilisierung bei gleichzeitig möglichst hoher enzymatischer Aktivität sollte experimentell ermittelt werden. Dabei mußte auf die Verwendung sonst standardmäßig eingesetzter, auf die Funktionalität der Na,K-ATPase stabilisierend wirkender Salze, wie KCl oder NaCl verzichtet werden, da eine Charakterisierung verschiedener Kationenbindungsstellen des solubilisierten Enzyms vorgesehen war.

Die hier erstmals durchgeführte, detaillierte Untersuchung der Überführung der Na,K-ATPase von der Membran- in die Mizellphase sollte einzelne, an der Solubilisierung beteiligte und möglicherweise noch unbekannte Prozesse sensitiv detektieren, die sich auf strukturelle Eigenschaften der proteinhaltigen Mizellen auswirken könnten. Dazu wurde die gereinigte Na,K-ATPase in Detergens-Titrationen stufenweise solubilisiert. Mit der photometrischen Detektion konnte hauptsächlich der detergensinduzierte Zerfall der verhältnismäßig großen Na,K-ATPase-Membranfragmente (250 nm Durchmesser) in die wesentlich kleineren, gemischten $C_{12}E_x$/Lipid/Protein-Mizellen (10-20 nm Durchmesser) durch die damit einhergehende Änderung der Lichtsstreuung bei 350 nm erfaßt werden (Kap. 3.2.4.1, S. 40 ff.). Die parallele Bestimmung der enzymatischen Aktivität zu jedem Zeitpunkt der stufenweisen Solubilisierung erlaubte die Überprüfung der Funktionalität der Na,K-ATPase. Die kalorimetrische Detektion erfaßte unter identischen Versuchsbedingungen eine Superposition der verschiedenen, während der stufenweisen Solubilisierung auftretenden Reaktionswärmen, resultierend aus Bindungs-, Zerfalls- und anderen Prozessen. (Kap. 3.2.4.2, S. 45 ff.).
Wie sich zeigte, hatte die Größe der polaren Kopfgruppe der $C_{12}E_x$-Detergenzien bei konstanter Alkylkettenlänge einen erheblichen Einfluß sowohl auf den photometrischen, als auch auf den kalorimetrischen Titrationsverlauf (Abb. 46, S. 77).
Zwei der vier verwendeten Detergenzien sind ungeeignet zur funktionellen Solubilisierung der Na,K-ATPase. Das $C_{12}E_{23}$ (Handelsname Brij 35) kann vermutlich aufgrund sterischer Hinderungen durch seine voluminöse, polare Kopfgruppe (Abb. 45, S. 75) die Na,K-ATPase nicht vollständig in die mizellare Phase überführen. Das mit $C_{12}E_6$ solubilisierte Enzym ist völlig inaktiv. Vermutlich kann das $C_{12}E_6$ aufgrund seiner kleinen, polaren Kopfgruppe als einziges

der untersuchten Detergenzien in für die Funktionalität essentielle Proteinbereiche vordringen, und dort die native Proteinstruktur stören.

Mit $C_{12}E_8$ und $C_{12}E_{10}$ kann die Na,K-ATPase funktionell solubilisiert werden. Dabei überführt $C_{12}E_8$ das Enzym bereits bei niedrigerer Konzentration (molares $C_{12}E_8$/Protein-Verhältnis ca. 500) als $C_{12}E_{10}$ (molares $C_{12}E_{10}$/Protein-Verhältnis ca. 1300) in die mizellare Phase. Weiterhin ist $C_{12}E_8$ im Gegensatz zu $C_{12}E_{10}$ bezüglich der Ethylenglycolgruppenanzahl (entspricht der Größe der polaren Kopfgruppe) in reiner Form erhältlich. Da die Größe der Kopfgruppe der $C_{12}E_x$-Detergenzien, wie bereits erwähnt, erheblichen Einfluß auf den Verlauf der Solubilisierung sowie die enzymatische Aktivität der solubilisierten Na,K-ATPase hat, ist die chemische Reinheit neben der Effizienz ein weiteres Argument, welches für das $C_{12}E_8$ als besonders geeignetes Detergens zur funktionellen Solubilisierung der Na,K-ATPase spricht.

Die detaillierte, photometrische Analyse der stufenweisen Solubilisierung der gereinigten Na,K-ATPase mit $C_{12}E_8$ erlaubt in Verbindung mit kinetischen Experimenten (Kap. 3.2.5.4, S. 56) die Unterscheidung von zwei Prozessen: Einer schnellen $C_{12}E_8$-Bindung (< 1,5 msec), die mit der stopped-flow-Methode zeitlich nicht auflösbar ist, und einem anschließenden Zerfall der mit $C_{12}E_8$ gesättigten Na,K-ATPase-Membranfragmente (k_{obs}^{max} ca. 300 sec^{-1}) in gemischte $C_{12}E_8$/Lipid/Protein-Mizellen. Die kalorimetrische Detektion der stufenweisen Solubilisierung erlaubt dagegen, zwischen mindestens vier verschiedenen Prozessen zu differenzieren: Einer $C_{12}E_8$-Bindung (endotherm), einem Zerfall der Na,K-ATPase-Membranfragmente (endotherm), und zwei weiteren Prozessen (exotherm und endotherm), die verschiedene Umstrukturierungen der gemischten $C_{12}E_8$/Lipid/Protein-Mizellen charakterisieren könnten. Abb. 93 zeigt anhand der vergleichenden Auftragung des photometrischen und des kalorimetrischen Titrationsverlaufs sehr anschaulich, wie sensitiv mit der Titrationskalorimetrie oberhalb eines molaren $C_{12}E_8$/Protein-Verhältnisses von ca. 500-600 noch Prozesse detektiert werden, die mit der photometrischen Detektion gar nicht oder nur sehr schlecht auflösbar sind.

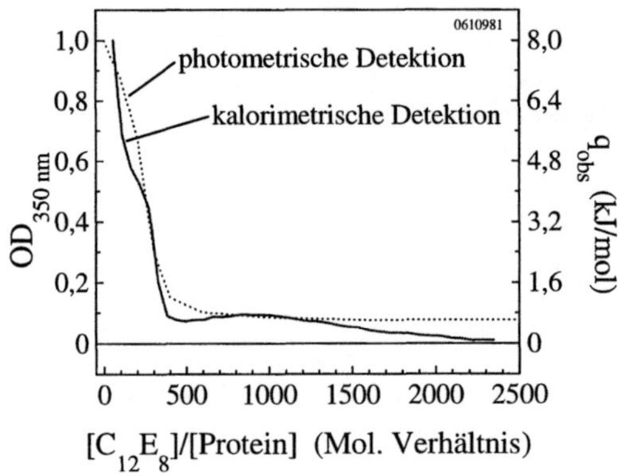

Abb. 93. Vergleich des photometrisch und des kalorimetrisch detektierten Verlaufs der Titration der gereinigten Na,K-ATPase mit $C_{12}E_8$. Die genauen Versuchsbedingungen sind den Abb. 21 (S. 42) u. Abb. 23 (S. 46) zu entnehmen.

Eine vergleichend durchgeführte $C_{12}E_8$-Titration der Na,K-ATPase aus der Schweineniere zeigt, daß sowohl der photometrische, als auch kalorimetrische Titrationsverlauf unter identischen Versuchsbedingungen deutliche Unterschiede aufweist (Abb. 29, S. 55). Vermutlich ist die unterschiedliche Lipidzusammensetzung der Membran dafür verantwortlich.

Wie die Charakterisierung der Größenverteilung ergab, ist die Partikelgrößenzusammensetzung der mit $C_{12}E_8$ solubilisierten Na,K-ATPase sehr inhomogen. Weiterhin kann durch die Solubilisierung mit der anschließenden Sedimentation unlöslicher Bestandteile das restliche Fremdprotein (ca. 10%) nicht abgetrennt werden. Deshalb ist es für angestrebte strukturelle Untersuchungen erforderlich, diese Enzympräparation bezüglich der vorgenannten Eigenschaften durch geeignete Techniken zu vereinheitlichen. Dies kann einfach und effizient durch Gelfiltration über Sephacryl S-1000 bei niedriger Ionenstärke erfolgen. Hierbei wird die *hochreine, solubilisierte Na,K-ATPase* mit hoher enzymatischer Aktivität (30-34 µmol/mg min) und frei von Fremdprotein isoliert (Kap. 3.4.1.1, S. 60 ff.). Eine spezielle Eigenschaft dieser Enzympräparation ist ihre monomodale Größenverteilung (Abb. 37, S. 62). Durch die Vereinheitlichung mittels isopyknischer Zentrifugation wird die *hochaktive, solubilisierte Na,K-ATPase* isoliert, die sich durch eine bisher noch nicht erreichte spezifische ATPase-Aktivität von 40 µmol/mg min auszeichnet (Kap. 3.4.1.2, S. 63). Auch in dieser Enzympräpration ist durch SDS-Gelelektrophorese kein Fremdprotein nachweisbar.

Aufgrund der Ergebnisse der vergleichenden, strukturellen Charakterisierung der gereinigten, der präparativ solubilisierten und der hochreinen, solubilisierten Na,K-ATPase durch CD- und DSC-Messungen (Kap. 3.1.1, S. 29 ff. u. Kap. 3.5.2, S. 65 ff.) kann angenommen werden, daß durch die Solubilisierung mit $C_{12}E_8$ keine Strukturveränderungen im Protein erfolgen. Zwar ist die Denaturierungstemperatur der solubilisierten Na,K-ATPase im Vergleich zum gereinigten Enzym drastisch um 9°C auf 40,5°C reduziert, aber die Peakbreite der Umwandlung (ca. 6°C) bleibt unverändert (vergl. Abb. 12 u. 34, S. 32 u. 60). Das zeigt, daß die native Membran vermutlich durch intensive Lipid-Protein-Wechselwirkungen einen thermisch stabilisierenden Einfluß auf das Protein ausübt, der mit dem partiellen Ersatz der natürlichen Membranlipide durch $C_{12}E_8$ zumindest partiell verloren geht. Die im Vergleich zur gereinigten Na,K-ATPase der Schweineniere um ca. 7°C niedrigere Denaturierungstemperatur des gereinigten Enzyms der Haidrüse läßt sich mit der sehr unterschiedlichen Körpertemperatur beider Spezies begründen. Unklar ist, ob die verschiedenen Denaturierungstemperaturen auf unterschiedlichen Proteinstrukturen oder einer anderen Lipidzusammensetzung der Plasmamembran beruhen. Die detaillierte Untersuchung der Größenverteilung durch dynamische Lichtstreuung ergab, daß die hochreine, solubilisierte Na,K-ATPase als Partikel mit einem hydrodynamischen Durchmesser von 14-15 nm vorliegt (Abb. 40, S. 64). Das bedeutet, daß das Protein maximal als Diprotomer ($\alpha_2\beta_2$) in der gemischten $C_{12}E_8$/Protein-Mizelle vorliegen kann. Die Charakterisierung dieser Enzympräparation durch die Messung der Röntgen-Kleinwinkelstreuung ergab in guter Übereinstimmung einen Partikeldurchmesser von 14,5 nm (Abb. 43, S. 67), und zeigte weiterhin, daß Inhomogenitäten bezüglich der Partikelgrößen- und der Proteinuntereinheitenzusammensetzung nicht vorhanden sind.

Die vorgenannten Eigenschaften machen die hochreine, solubilisierte Na,K-ATPase der Salzdrüse des Dornhais zu einem idealen Ausgangsmaterial für die Gestaltsbestimmung durch die Röntgen- und Neutronen-Kleinwinkelstreuung sowie für erste, dreidimensionale Kristallisationsversuche zur atomaren Auflösung der Proteinstruktur mittels Röntgenstrukturanalyse.

Die funktionelle Charakterisierung verschiedener, für die Funktionalität der Na,K-ATPase essentieller Bindungsstellen erfolgte durch spektralfluorimetrische Gleichgewichts- und kinetische Untersuchungen. Dazu wurde das Enzym mit den Fluorophoren FITC (kovalent) und RH-421 (nichtkovalent) markiert.

Die nichtselektive Kationenbindung überführt die FITC-Na,K-ATPase in den hochfluoreszierenden $Fl \cdot M^+$- Konformationszustand (Kap. 5.1.4.1, S. 96 ff.), und zeichnet sich durch eine 1:1-Bindungstöchiometrie aus. Die Bindungsaffinität hängt nicht von der Größe der Kationen, sondern von ihrer Ladung ab (Tab. 23), und ist demnach weitgehend elektrostatischer Natur.

FITC-Na,K-ATPase	**log K**		
	Cho^+	**Na^+**	**$G5G^{2+}$**
gereinigt	2,3	2,3	4,8
präparativ solubilisiert	2,2	2,2	4,2

Tab. 23. Vergleichende Auftragung der Assoziationskonstanten für die nichtselektive Bindung von Cho^+, Na^+ und $G5G^{2+}$ an die gereinigte und die präparativ solubilisierte FITC-Na,K-ATPase in 25 mM Histidin/HCl pH 7,5 (25°C).

Die solubilisierte FITC-Na,K-ATPase zeigt im Vergleich zum gereinigten FITC-Enzym nahezu unveränderte Bindungaffinitäten. Das bedeutet, daß die elektrostatische Kationenbindung an die durch die Phospholipide vielfach negativ geladene Membran nicht mit FITC-Fluoreszenzintensitätsänderungen einhergeht, weil dieses den Titrationsverlauf erheblich stören würde.

Die selektive K^+-Bindung induziert den den $E2 \cdot (K^+2)$-Zustand der FITC-Na,K-ATPase (Kap. 5.1.5.1, S. 103 ff.), und zeichnet sich durch eine 1:2-Bindungsstöchiometrie aus ($\log K_1 = 4{,}7$, $\log K_2 = 4{,}8$). Dies stimmt mit der Stöchiometrie des Kationentransportes durch die Na,K-ATPase über die Plasmamembran ($2\ K^+ / 3\ Na^+$ pro hydrolysiertem ATP) überein. Dabei erfolgt der für die Bindung von K^+ charakteristische Fluoreszenzintensitätsabfall ΔRFI (25-30%) erst gesamthaft mit der Bindung des zweiten K^+(Kap. 5.1.5.4, S. 108). Da beide Assoziationskonstanten von vergleichbarer Größe sind, muß von einer kooperativen K^+-Bindung ausgegangen werden. Eine Auswertung nach Hill kommt zum gleichen Erebnis ($\log K = 4{,}5$, $n = 1{,}4$) Die K^+-Bindungsaffinitäten der solubilisierten FITC-Na,K-ATPase sind gegenüber denen des gereinigten FITC-Enzyms nicht signifikant verändert (Tab. 24), was auf eine intakte Proteinstruktur im Bereich der für die Funktionalität der Na,K-ATPase essentiellen, selektiven K^+-Bindungsstellen schließen läßt. Erst mit der weiteren Aufreinigung der solubilisierten FITC-Na,K-ATPase durch Gelfiltration oder isopyknische Zentrifugation nehmen die Bindungsaffinitäten geringfügig ab. Dies könnte auf einer während der Aufreinigung stattfindenden, partiellen Entfernung von Phospholipiden beruhen, die aufgrund ihrer negativen Ladungen bei der gereinigten und der präparativ solubilisierten Na,K-ATPase (enthält noch 70% der Phospholipide des gereinigten Enzyms) für eine in der Mikroumgebung des Proteins leicht erhöhte K^+-Konzentration, und somit scheinbar höheren Assoziationskonstanten verantwortlich wären.

FITC-Na,K-ATPase	log K	Hill-Koeffizient n
gereinigt	4,5	1,4
präparativ solubilisiert	4,4	1,3
hochrein, solubilisiert	4,0	1,4
hochaktiv, solubilisiert	4,1	1,5

Tab. 24. Vergleichende Auftragung der Assoziationskonstanten (Hill-Auswertung) der selektiven K^+-Bindung an die gereingte und die solubilisierte FITC-Na,K-ATPase in 10 mM Imidazol/HCl, 0,1 mM EDTA pH 7,5 (25°C).

Die selektive Na^+-Bindung an die gereinigte, RH-421-markierte Na,K-ATPase und die damit verbundene Konformationsumwandlung in den $E1 \cdot Na^+_3$-Zustand geht mit einem Fluoreszenzintensitätsabfall von 10-12% einher (Kap. 5.1.8.1, S. 121 ff.). Die Auswertung der Titrationen kann sinnvoll mit der Funktion eines 1:2-Bindungsmodells erfolgen (log K_1 = 3,3 und log K_2 = 3,4 in Abwesenheit von Mg^{2+}), was in guter Übereinstimmung mit Literaturwerten steht, die auf schnellen Filtrationsexperimenten beruhen (225). Eine Auswertung mit der Funktion eines 1:3-Bindungsmodells, welches mit der Stöchiometrie des Kationentransportes ($2K^+/3Na^+$ pro hydrolysiertem ATP) in Einklang steht, erscheint aufgrund der Anzahl der anzupassenden Parameter nicht sinnvoll, wäre aber prinzipiell möglich. Die direkte Detektion der selektiven Na^+-Bindung versagt im Falle der solubilisierten, RH-421-markierten Na,K-ATPase aus nicht bekannten Gründen. Jedoch kann durch die kinetische Untersuchung der Na^+-konzentrationsabhängigen Phosphorylierung der RH-421-markierten Na,K-ATPase mit ATP in Anwesenheit von Mg^{2+} (Kap. 5.1.8.4, S. 125 ff.) gezeigt werden, daß die Eigenschaften der selektiven Na^+-Bindungsstellen durch die Solubilisierung nicht beeinflußt werden (Tab. 25). Dies läßt auf eine ebenfalls intakte Proteinstruktur im Bereich dieser für die Funktionalität der Na,K-ATPase essentiellen Na^+-Bindungsstellen schließen.

Na,K-ATPase	log K	Hill-Koeffizient n
gereinigt	1,9	2,7
hochrein, solubilisiert	1,8	2,6

Tab. 25. Vergleichende Auftragung der Assoziationskonstanten (Hill-Auswertung) der selektiven Na^+-Bindung , ermittelt durch kinetische Experimente. Die genauen Versuchsbedingungen sind der Abb. 74 (S. 126) zu entnehmen.

Die Affinität für Ouabain wird durch die Solubilisierung der Na,K-ATPase ebenfalls nicht verändert, wie Ouabain-konzentrationsabhängige ATPase-Messungen ergaben (Kap. 5.1.10, S. 130 ff., log K jeweils ca. 5,8). Die kinetische Untersuchung der Bindung des fluoreszierenden Ouabain-Derivats DEDO an die Na,K-ATPase resultiert im gleichen Ergebnis (log K jeweils ca. 8,0), was weiterhin in guter Übereinstimmung mit Literaturangaben steht, die sich auf die Na,K-ATPase aus der Niere verschiedener Säugetiere beziehen (189). Diese Ergebnisse sprechen dafür, daß die native Proteinstruktur der Na,K-ATPase im Bereich der Ouabain-Bindungsstelle durch die Solubilisierung ebenfalls nicht signifikant beeinflußt wird.

Zusammenfassend kann festgestellt werden, daß die Struktur der für die Funktionalität der Na,K-ATPase wichtigen Proteindomänen nach der Solubilisierung mit $C_{12}E_8$ aufgrund der vergleichbaren Bindungsaffinitäten für K^+, Na^+, ATP und herzaktive Glykoside als unverändert angesehen werden kann. Dies steht in guter Übereinstimmung mit den auf S. 159 erwähnten Ergebnissen der CD-und DSC-Studien. Weiterhin sind die für die gereinigte Na,K-ATPase ermittelten Bindungsaffinitäten den jeweils für das membrangebundene Schweinenierenenzym bekannten Werten sehr ähnlich, was auf eine große Homologie wichtiger Proteinstrukturen der Na,K-ATPase beider Spezies schließen läßt.

Die kinetische Untersuchung der nichtselektiven Kationenbindung an die gereinigte FITC-Na,K-ATPase ergibt für die reziproke Geschwindigkeitskonstante k_{obs} eine hyperbolische Kationen-Konzentrationsabhängigkeit, welche typisch für einen kinetischen 2-Schritt-Mechanismus ist. Dieser beinhaltet einen schnellen Bindungsschritt, und eine langsamere, geschwindigkeitsbestimmende Konformationsumlagerung des Enzyms in den $F1\cdot M^+$-Zustand mit den Geschwindigkeitskonstanten $k_{23} \approx 5\text{-}20\ sec^{-1}$ und $k_{32} \approx 1\text{-}3\ sec^{-1}$ (Kap. 5.1.4.2,S. 99). Diese Konformationsumlagerung ist bei der solubilisierten FITC-Na,K-ATPase aufgrund der zu hohen Geschwindigkeit mit der stopped-flow-Methode nicht mehr zeitlich auflösbar. Das bedeutet, daß die Dynamik dieser Konformationsumlagerung durch die Solubilisierung in drastischer Weise beeinflußt wird. Dafür könnte eine eingeschränkte Membranfluidität aufgrund der extrem hohen Proteinbesetzungsdichte der Na,K-ATPase-Membranfragmente verantwortlich sein (Kap. 6.1.2, S. 146 ff.).

Die Kinetik der selektiven K^+-Bindung sowohl an die gereinigte, als auch an die solubilisierte FITC-Na,K-ATPase ist aufgrund des K^+-konzentrationsabhängigen, sigmoidalen Kurvenverlaufs typisch für einen kinetischen 3-Schritt-Mechanismus, der 2 schnelle K^+-Bindungsschritte, und eine langsamere, geschwindigkeitsbestimmende Konformationsumlagerung des Enzyms in den $E2\cdot(K^+_2)$-Zustand beinhaltet (Kap. 5.1.6.1, S. 111 ff.). Die Geschwindigkeitskonstante dieser Konformationsumlagerung beträgt für die Hinreaktion $k_{34} = 250\text{-}500\ sec^{-1}$, und für die Rückreaktion $k_{43} = 0{,}1\text{-}1\ sec^{-1}$. Da die Geschwindigkeitskonstante k_{34} beim solubilisierten FITC-Enzym bei vergleichbaren, selektiven K^+-Bindungsaffinitäten etwa doppelt so groß wie beim gereinigten Enzym ist, kann, wie auch schon im Falle der nichtselektiven Kationenbindung, auf eine Beeinflussung der Dynamik dieser Konformationsumwandlung durch äußere Faktoren, z. B. die Membran, geschlossen werden. Die druckabhängigen, kinetischen Untersuchungen (Kap. 5.1.6.2, S. 113 ff.) zeigen, daß die Aktivierungsvolumina $\Delta V_{34}^{\#}$ der Konformationsumwandlung in den $E2\cdot(K^+_2)$-Zustand von +15 ml/mol nach der Solubilisierung nahezu unverändert sind. Das bedeutet, daß die Aktivierungsvolumina $\Delta V_{34}^{\#}$ eine direkte Folge von K^+-bindungsinduzierten Proteinstrukturveränderungen sind, und nicht etwa durch Umstrukturierungen im Lipidbereich der Na,K-ATPase-Membranfragmente verursacht werden. Für die Rückreaktion ist dies jedoch nicht auszuschließen, da das Aktivierungsvolumen $\Delta V_{43}^{\#}$ der solubilisierten FITC-Na,K-ATPase gegenüber dem membrangebundenen Enzym ca. dreifach größer ist Von der Größenordnung her können die Aktivierungsvolumina $\Delta V_{34}^{\#}$ und $\Delta V_{43}^{\#}$ durch das Aufbrechen von 2 Salzbrückenbindungen (ΔV = +20 - +40 ml/mol) erklärt werden. Interessanterweise ist die solubilisierte FITC-Na,K-ATPase bezüglich ihrer Funktionalität weniger druckstabil als das gereinigte FITC-Enzym, was auf eine stabilisierende Wirkung der nativen Membran durch intensive Lipid-Protein-Wechselwirkungen schließen läßt. Ähnliche Vermutungen wurden auch schon in Bezug auf die thermische Stabilität geäußert (S. 159).

Die Dynamik der durch die Ouabain- und die DEDO-Bindung an die solubilisierte (FITC)-Na,K-ATPase induzierten und außerordentlich langsamen Konformationsumlagerung ist im Vergleich zum gereinigten (FITC)-Enzym ebenfalls verändert (Kap. 5.1.10, S. 130 ff.). Sowohl die Geschwindigkeitskonstante der DEDO-Bindung ($k_{on} \approx 2\text{-}5 \cdot 10^4$ M^{-1} sec^{-1}), als auch die Geschwindigkeitskonstante der DEDO-Dissoziation ($k_{off} \approx 2\text{-}6 \cdot 10^{-4}$ sec^{-1}) sind bei der solubilisierten Na,K-ATPase im Vergleich zum gereinigten Enzym jeweils ca. doppelt so groß, was in vergleichbaren Assoziationskonstanten resultiert. Auch dies ist ein Hinweis auf die Beeinflussung der Dynamik dieser Konformationsänderung der Na,K-ATPase, vermutlich aufgrund der veränderten Mikroumgebung im Transmembranbereich des Enzyms in der Mizellphase.

Die Na^+- und ATP-konzentrationsabhängige, kinetische Untersuchung der Phosphorylierung der RH-421-markierten Na,K-ATPase mit ATP (Kap. 5.1.8.4, S. 125 ff. und Kap. 5.1.9, S. 129 ff.) liefert ebenfalls Hinweise auf eine Veränderung der Dynamik von Konformationsänderungen durch die Solubilisierung bei gleichzeitig unveränderten Na^+-Bindungsaffinitäten. Allerdings ist die in diesem Fall ermittelte, unterschiedliche Kinetik den zuvor bei der nichtselektiven Kationen- und der selektiven K^+-Bindung sowie der Bindung herzaktiver Glykoside geschilderten Befunden entgegengerichtet. Im Falle der ATP-Phosphorylierung, bei der die Na,K-ATPase in den E2-P-Konformationszustand überführt wird, ist die maximale, reziproke Abklingzeit der Konformationsumlagerung der solubilisierten Na,K-ATPase ($k_{obs}^{max} \approx 80$ sec^{-1}) gegenüber dem gereinigten Enzym ($k_{obs}^{max} \approx 190$ sec^{-1}) nicht größer, sondern ca. um die Hälfte kleiner, ohne jedoch einen geschwindigkeitsbestimmenden Schritt im Reaktionszyklus zu betreffen (maximale Wechselzahl bei 25°C liegt bei 35-55 sec^{-1}).

Die zusammenfassende Analyse der Ergebnisse der kinetischen Untersuchungen zeigt in eindrucksvoller Weise, daß die Dynamik verschiedener Konformationsumlagerungen der Na,K-ATPase durch ihre Solubilisierung nicht in gleicher Weise beeinflußt wird. Außerdem ist deutlich geworden, daß native Lipid-Protein-Wechselwirkungen einen Einfluß auf die Funktionalität der Na,K-ATPase haben, der aus kinetischer Sicht nicht vernachlässigt werden kann. Der Vergleich der hier ermittelten, kinetischen Parameter verschiedener Konformationsänderungen der gereinigten Na,K-ATPase mit den für das gereinigte Enzym der Schweineniere bekannten Werten zeigt, daß diese von der Größenordnug her jeweils gut übereinstimmen. Dies deutet auf eine große Homologie der Na,K-ATPase beider Spezies hin.

Lediglich die nichtselektive Kationenbindung an das Enzym der Salzdrüse des Dornhais zeichnet sich durch eine schnellere Kinetik (Faktor 20) aus, was zur Zeit auf molekularer Ebene nicht begründet werden kann.
Weiterhin konnte im Rahmen dieser Arbeit durch erste Messungen gezeigt werden, daß die gereinigte FITC-Na,K-ATPase auch funktionell auf einem mit einem Lipidmonolayer beschichteten Ta_2O_5-Lichtwellenleiter stabil immobilisiert werden kann (Kap. 5.2, S. 135 ff.). Dies stellt einen großen Fortschritt dar, da somit erstmalig die fluorimetrische Untersuchung der gerichteten Kationenbindung an die FITC-Na,K-ATPase in ihrer natürlichen Membranumgebung erfolgen kann. Dies ist dagegen im Falle der für derartige Untersuchungen sonst herkömmlicherweise durchgeführten Solubilisierung mit der anschließenden Rekonstitution in vesikuläre Systeme nicht möglich, da hierbei native Lipid-Protein-Wechselwirkungen irreversibel zerstört werden. Die Charakterisierung der immobilisierten Na,K-ATPase mit verschiedenen, seitenspezifisch an das FITC-Enzym bindenden Liganden (K^+, Ouabain, Anti-Fluorescein-Antikörper) läßt den Schluß zu, daß jeweils 50% der Na,K-ATPase-Membranfragmente in einer der beiden Orientierungsmöglichkeiten (z. B. mit der cytoplasmatischen Proteinseite) auf den Lichtwellenleiter adsorbieren. Gelingt es zukünftig, die Adsorption zugunsten einer Orientierungsmöglichkeit zu vereinheitlichen, so könnte diese neue Biosensortechnik zur Beantwortung offener Fragen bezüglich der Lokalisierung der Kationenbindungsstellen der Na,K-ATPase, aber auch anderer integralen Membranproteine beitragen.

8. Zusammenfassung

Für die Durchführung struktureller und funktioneller Untersuchungen sowie für zukünftig angestrebte 3 D-Kristallisationsversuche wurde die Na,K-ATPase aus der Salzdrüse des Dornhais mit SDS in membrangebundener Form isoliert (Reinheit maximal 90%, ATPase-Aktivität 30-34 µmol/mg min). Die photometrische und kalorimetrische Titration der Na,K-ATPase mit 4 verschiedenen Polyethylenglycol-mono-n-dodecylether-Detergenzien ($C_{12}E_x$) erlaubte die detaillierte Untersuchung der stufenweisen Phasenumwandlung von der Membran- in die Mizellphase. Die Größe der polaren Kopfgruppe dieser $C_{12}E_x$-Detergenzien hat erheblichen Einfluß auf den qualitativen Titrationsverlauf. Das $C_{12}E_8$ ist besonders zur Solubilisierung der gereinigten Na,K-ATPase geeignet, denn die vollständige Solubilisierung erfolgt bei der niedrigsten $C_{12}E_x$-Konzentration und das solubilisierte Enzym besitzt eine besonders hohe enzymatische Aktivität (30-34 µmol/mg min).

Die detaillierte, photometrische Analyse der Solubilisierung der gereinigten Na,K-ATPase mit $C_{12}E_8$ erlaubt in Verbindung mit kinetischen Untersuchungen die Differenzierung von zwei Prozessen, einer schnellen $C_{12}E_8$-Bindung (< 1,5 msec) und einem anschließenden, langsameren Zerfall (k_{obs}^{max} ca. 300 sec^{-1}) der Na,K-ATPase-Membranfragmente nach erfolgter Sättigung mit $C_{12}E_8$. Mit der Titrationskalorimetrie, hier erstmals zur Untersuchung der Solubilisierung eines integralen Membranproteins angewandt, gelang es dagegen, mindestens vier Prozesse zu differenzieren. Zwei dieser Prozesse (jeweils endotherm) werden der $C_{12}E_8$-Bindung und dem Zerfall der Na,K-ATPase-Membranfragmente in gemischte $C_{12}E_8$/Lipid/Protein-Mizellen zugeordnet. Zwei weitere Prozesse (exotherm und endotherm) könnten verschiedene Umstrukturierungen der gemischten Mizellen charakterisieren.

Für detaillierte strukturelle Untersuchungen wurde die mit $C_{12}E_8$ solubilisierte Na,K-ATPase bezüglich der Proteinreinheit und der Partikelgrößenzusammensetzung präparativ vereinheitlicht. Durch Gelfiltration konnte die solubilisierte Na,K-ATPase frei von Fremdprotein als Partikel einheitlicher Größe mit hoher enzymatischer Aktivität (30-34 µmol/mg min) isoliert werden. Durch isopyknische Zentrifugation gelang es, die solubilisierte Na,K-ATPase ebenfalls frei von Fremdprotein und mit einer bisher noch nicht erreichten, spezifischen ATPase-Aktivität von 40 µmol/mg min zu isolieren.

Durch die Messung der Röntgen-Kleinwinkelstreuung und der dynamischen Lichtstreuung wurde für die über Gelfiltration isolierte Na,K-ATPase ein Partikeldurchmesser von 14-15 nm ermittelt. Das bedeutet, daß das Enzym maximal als Diprotomer ($\alpha_2\beta_2$) in der gemischten Protein/$C_{12}E_8$-Mizelle vorliegt. Durch DSC-Studien konnte gezeigt werden, daß die Denaturierungstemperatur der solubilisierten Na,K-ATPase im Vergleich zum gereinigten Enzym um 9°C auf 40,5°C reduziert ist. Dabei bleibt die Peakbreite der Umwandlung konstant. Deshalb wird davon ausgegangen, daß durch die Solubilisierung keine größeren Strukturänderungen innerhalb des Proteins erfolgen, was mit den jeweilig aus CD-Spektren berechneten Sekundärstrukturgehalten im Einklang steht.

Die bisher noch nicht beschriebene, vergleichende Charakterisierung verschiedener funktioneller Eigenschaften der gereinigten und der mit $C_{12}E_8$-solubilisierten Na,K-ATPase erfolgte durch spektralfluorimetrische Gleichgewichts- und kinetische Untersuchungen. Dazu wurde das Enzym mit den Fluorophoren FITC (kovalent) und RH-421 (nichtkovalent) markiert.

Die Affinität der nichtselektiven Kationenbindungsstelle der FITC-Na,K-ATPase wird durch die Solubilisierung kaum beeinflußt (log K ≈ 2,3/4,6 für mono-/divalente Kationen). Die Analyse der Bindungskinetik erfolgte auf der Basis eines 2-Schritt-Mechanismus, bestehend aus einem schnellen Bindungsschritt (mit der stopped-flow-Methode zeitlich nicht auflösbar) und einer nachfolgenden, geschwindigkeitsbestimmenden Konformationsumwandlung der FITC-Na,K-ATPase in den $F1 \cdot M^+$-Zustand. Während die Konformationsumwandlung des membrangebundenen FITC-Enzyms im Millisekundenbereich erfolgt (k_{23} = 5-20 sec^{-1}, k_{32} = 1-3 sec^{-1}), ist diese beim solubilisierten FITC-Enzym nicht mehr zeitlich auflösbar. Somit ist die Dynamik dieser Konformationsumwandlung als Folge der geänderten Mikroumgebung schneller.

Die Affinität und die 1:2-Stöchiometrie der selektiven K^+-Bindung an die FITC-Na,K-ATPase wird durch die Solubilisierung ebenfalls kaum beeinflußt (log K_1 ≈ 4,7, log K_2 ≈ 4,6). Die Kinetik der selektiven K^+-Bindung wurde auf der Basis eines 3-Schritt-Mechanismus analysiert. Nach der schnellen Bindung von 2 K^+ (mit der stopped-flow-Methode zeitlich nicht auflösbar), erfolgt eine geschwindigkeitsbestimmende Konformationsumwandlung des FITC-Enzyms unter Ausbildung des $E2 \cdot (K^+_2)$-Zustands. Die Geschwindigkeitskonstanten dieser Umwandlung betragen k_{34} = 250-500 sec^{-1} für die Hin-, und k_{43} = 0,1-1 sec^{-1} für die Rückreaktion. Da k_{34} der solubilisierten FITC-Na,K-ATPase im Vergleich zur membrangebundenen Form ca. doppelt so groß ist, wird auch hier eine Beeinflussung der Dynamik der vorgenannten Konformationsumlagerung als Folge der geänderten Mikroumgebung des Proteins angenommen. Die weitere Charakterisierung der selektiven K^+-Bindung durch Hochdruck-stopped-flow Studien ergab große, positive Aktivierungsvolumina um +15- +30 ml/mol der als Folge der K^+-Bindung ablaufenden Konformationsumwandlung der FITC-Na,K-ATPase. Die Volumenzunahme läßt sich durch das Aufbrechen von 1 bis 2 Salzbrückenbindungen erklären.

Der für die selektive Na^+-Bindung charakteristische RH-421 Fluoreszenzintensitätsabfall ist mit der solubilisierten Na,K-ATPase nicht detektierbar. Die kinetische Untersuchung der Na^+- und ATP-konzentrationsabhängigen Phosphorylierung mit ATP konnte jedoch zeigen, daß die Eigenschaften der selektiven Na^+-Bindungsstellen (log K ≈ 1,9) und der ATP-Bindungsstelle (log K ≈ 5,3) nach der Solubilisierung unverändert sind. Die Dynamik der der Phosphorylierung des Enzyms folgenden Konformationsumlagerung in den E2-P-Zustand (k_{obs}^{max} 80 sec^{-1}) ist gegenüber dem membrangebundenen Enzym (k_{obs}^{max} 190 sec^{-1}) reduziert. Auch dies wird der veränderten Mikroumgebung des Enzyms in der Mizellphase zugeordnet.

Die Affinität der Na,K-ATPase für herzaktive Glykoside bleibt durch die Solubilisierung unbeeinflußt (log K ≈ 8,0). Die Bindungskinetik an das solubilisierte Enzym ist ca. doppelt so schnell wie die an die membrangebundene Form (k_{on} $2\text{-}5 \cdot 10^4$ M^{-1} sec^{-1}, k_{off} $2\text{-}6 \cdot 10^{-4}$ sec^{-1}). Dies könnte auch ein Indiz für geringe, strukturelle Unterschiede dieser Enzympräparationen sein.

Sämtliche, für die membrangebundene Na,K-ATPase der Salzdrüse des Dornhais ermittelten Bindungseigenschaften sind mit denen der membrangebundenen Na,K-ATPase der Schweineniere vergleichbar, jedoch zeigen sich gewisse Unterschiede in der Dynamik von Konformationsumlagerungen.

Mit der vorgestellten Biosensormethode gelang eine funktionelle Immobilisierung der membrangebundenen FITC-Na,K-ATPase. Wie durch erste Messungen gezeigt wurde, bietet der spezielle Ta_2O_5-Lichtwellenleiter die Möglichkeit, die gerichtete Kationen-, oder Ligandenbindung unter Verwendung geringster Proteinmengen und unter Erhaltung nativer Lipid-Protein-Wechselwirkungen oberflächenfluorimetrisch zu untersuchen.

9. Anhang

9.1 Abbildungen

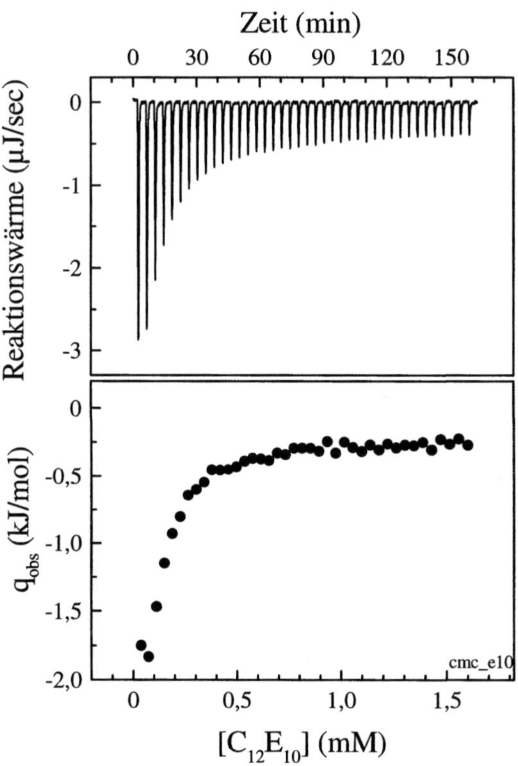

Abb. A 1. Titration von 30 mM Histidin/HCl, 25% (w/w) Glycerin, 0,1 mM EDTA pH 6,8 mit einer mizellaren, 10 mM $C_{12}E_{10}$-Lösung (40 × 5µl) bei 25°C im Kalorimeter. (A) Gemessene Reaktionswärme in Abhängigkeit der Zeit. (B) Konzentrationsnormierte Titrationsenthalpie q_{obs} in Abhängigkeit der $C_{12}E_{10}$-Gesamtkonzentration in der Meßzelle.

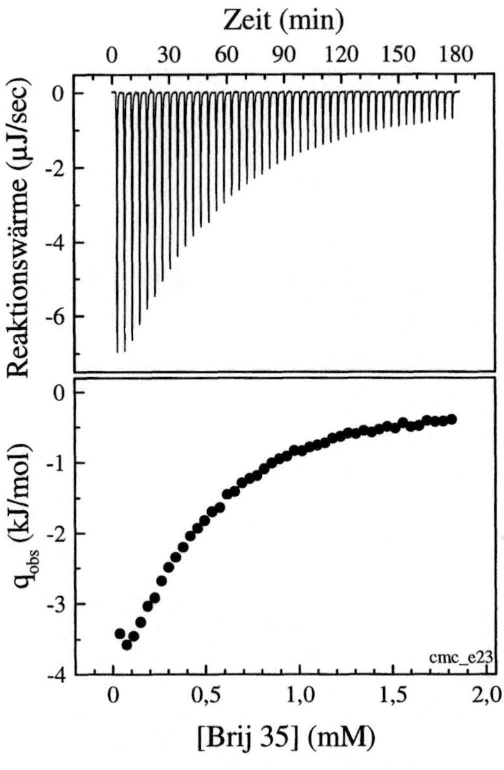

Abb. A 2. Titration von 30 mM Histidin/HCl, 25% (w/w) Glycerin, 0,1 mM EDTA pH 6,8 mit einer mizellaren, 10 mM Brij 35-Lösung (45 × 5µl) bei 25°C im Kalorimeter. (A) Gemessene Reaktionswärme in Abhängigkeit der Zeit. (B) Konzentrationsnormierte Titrationsenthalpie q_{obs} in Abhängigkeit der Brij 35-Gesamtkonzentration in der Meßzelle.

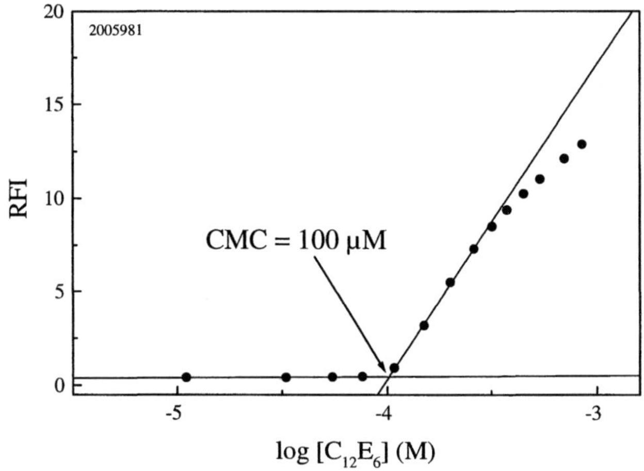

Abb. A 3. Fluorimetrische Titration von 30 mM Histidin/HCl, 25% (w/w) Glycerin, 0,1 mM EDTA, 1 µM NPN pH 6,8 mit einer 4,44 mM $C_{12}E_6$-Lösung (25°C). $\lambda_{ex}/\lambda_{em}$ = 356/410 nm.

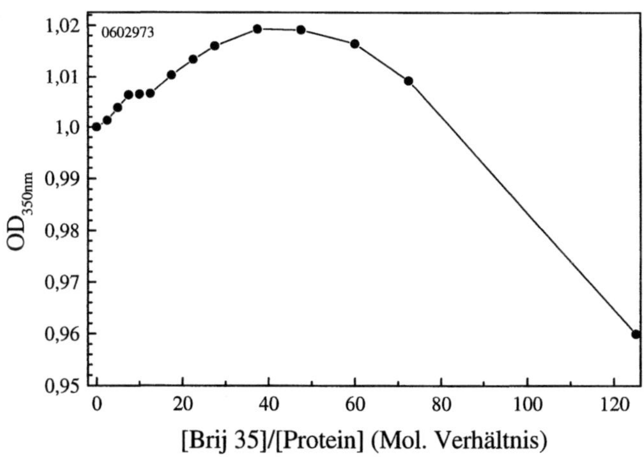

Abb. A 4. Titration der gereinigten Na,K-ATPase (4 µM) mit Brij 35 in 30 mM Histidin/HCl, 25% (w/w) Glycerin, 0,1 mM EDTA pH 6,8 bei 25°C. Nach jeder Brij 35-Zugabe wurde für 3 min äquilibriert.

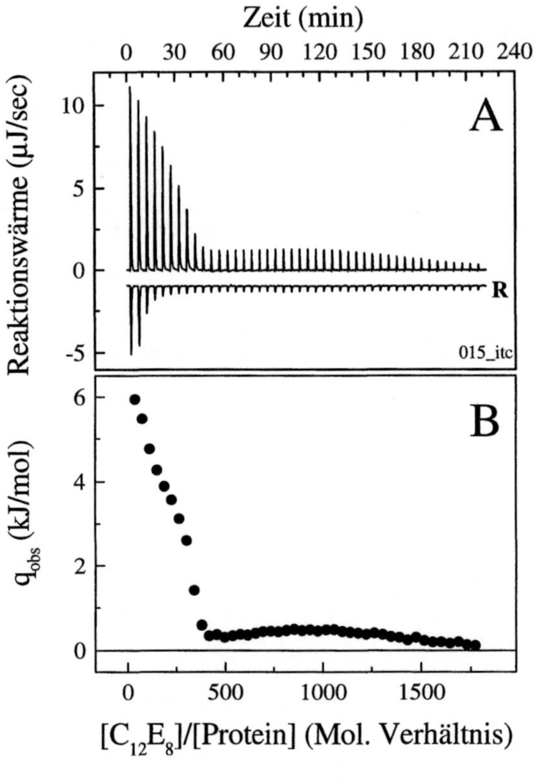

Abb. A 5. Titration der gereinigten Na,K-ATPase (1,25 µM) mit 12,5 mM $C_{12}E_8$ (44 × 5 µl) in 30 mM Histidin/HCl, 25% (w/w) Glycerin, 0,1 mM EDTA pH 6,8 bei 25°C. (A) Gemessene Reaktionswärme in Abhängigkeit der Zeit. Die Referenztitration (R) wurde mit einem Offset von -1 µJ/sec aufgetragen. (B) Beobachtete Titrationsentahlpie (q_{obs}) in Abhängigkeit vom $C_{12}E_8$/Protein-Verhältnis in der Meßzelle nach Subtraktion der Referenztitration.

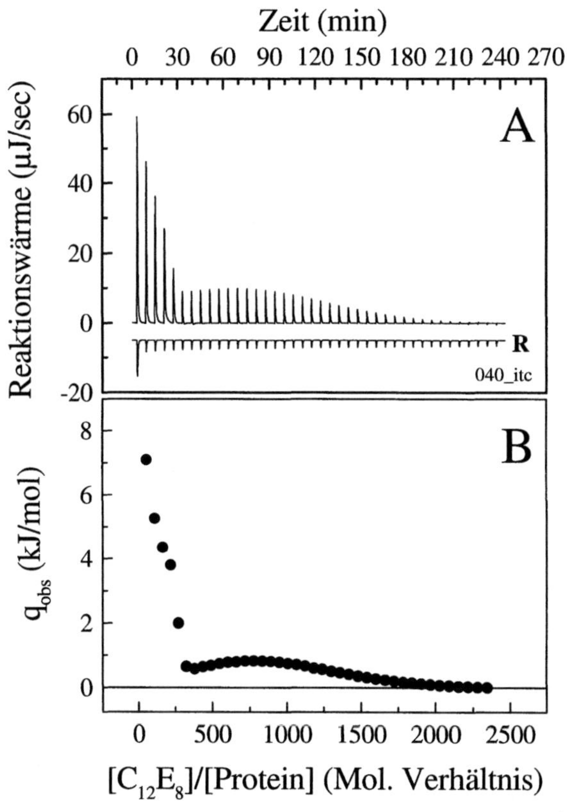

Abb. A 6. Titration der gereinigten Na,K-ATPase (5 µM) mit 60 mM $C_{12}E_8$ (40 × 6 µl) in 30 mM Histidin/HCl, 25% (w/w) Glycerin, 0,1 mM EDTA pH 6,8 bei 25°C. (A) Gemessene Reaktionswärme in Abhängigkeit der Zeit. Die Referenztitration (R) wurde mit einem Offset von -5 µJ/sec aufgetragen. (B) Beobachtete Titrationsentahlpie (q_{obs}) in Abhängigkeit vom $C_{12}E_8$/Protein-Verhältnis in der Meßzelle nach Subtraktion der Referenztitration.

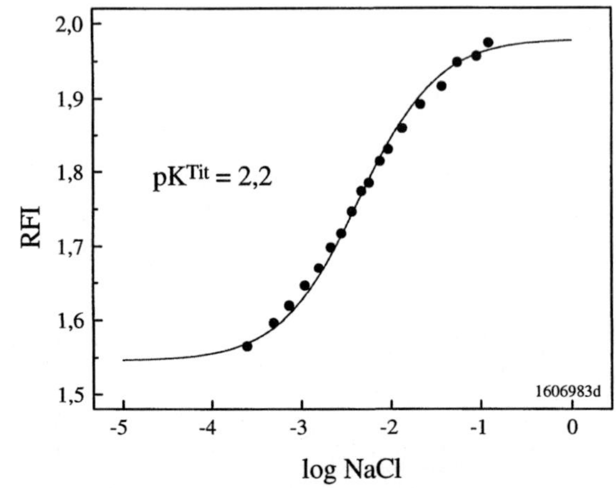

Abb. A 7. Fluorimetrische Titration der gereinigten FITC-Na,K-ATPase (0,19 µM) mit NaCl in 25 mM Histidin/HCl pH 7,5 bei 25°C. Die durchgezogene Linie zeigt die bestmögliche Anpassung der Funktion des 1:1-Bindungsmodells.

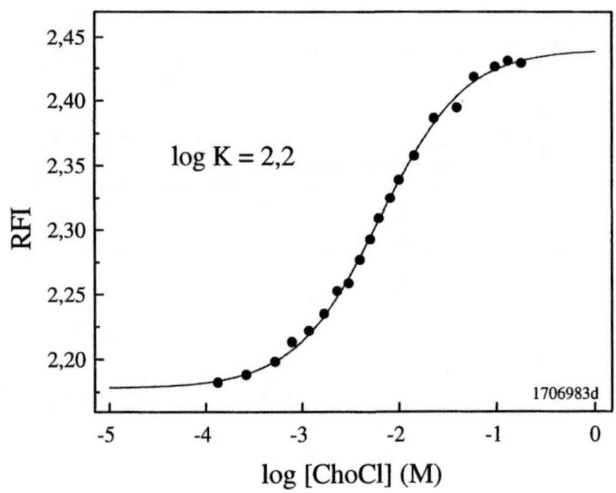

Abb. A 8. Fluorimetrische Titration der präparativ solubilisierten FITC-Na,K-ATPase (0,25 µM) mit ChoCl in 25 mM Histidin/HCl pH 7,5 bei 25°C. Die durchgezogene Linie zeigt die bestmögliche Anpassung der Funktion des 1:1-Bindungsmodells.

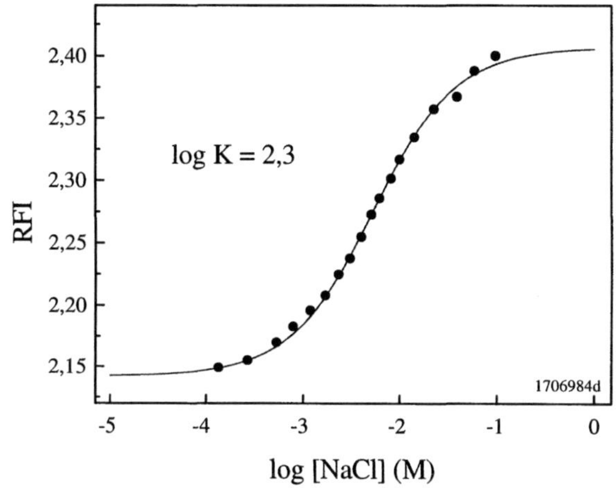

Abb. A 9. Fluorimetrische Titration der präparativ solubilisierten FITC-Na,K-ATPase (0,25 μM) mit NaCl in 25 mM Histidin/HCl pH 7,5 bei 25°C. Die durchgezogene Linie zeigt die bestmögliche Anpassung der Funktion des 1:1-Bindungsmodells.

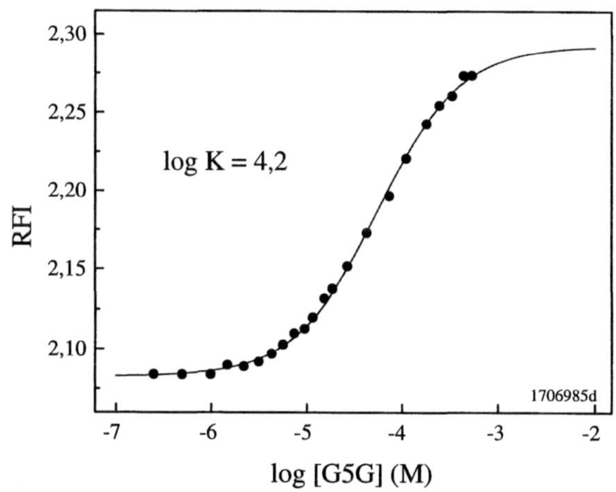

Abb. A 10. Fluorimetrische Titration der präparativ solubilisierten FITC-Na,K-ATPase (0,25 μM) mit $G5GCl_2$ in 25 mM Histidin/HCl pH 7,5 bei 25°C. Die durchgezogene Linie zeigt die bestmögliche Anpassung der Funktion des 1:1-Bindungsmodells.

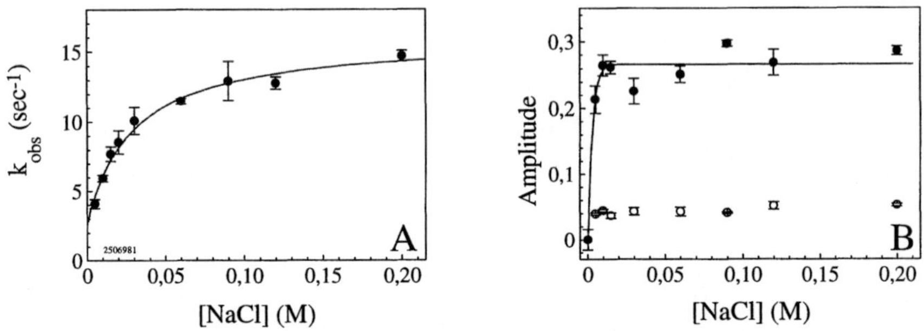

Abb. A 11. Kinetik der Na^+-Bindung an die gereinigte FITC-Na,K-ATPase (0,4 µM) in 25 mM Histidin/HCl pH 7,5 bei 25°C. Auftragung von k_{obs} gegen die eingesetzte ChoCl-Konzentration (A). Die durchgezogene Linie repräsentiert die Anpassung der Gleichung (14) auf S. 92. Auftragung der mit der stopped-flow-Technik zeitlich aufösbaren und der Gesamtamplitude gegen die eingesetzte ChoCl-Konzentration (B). $\lambda_{ex}/\lambda_{em}$ = 466/>495 nm.

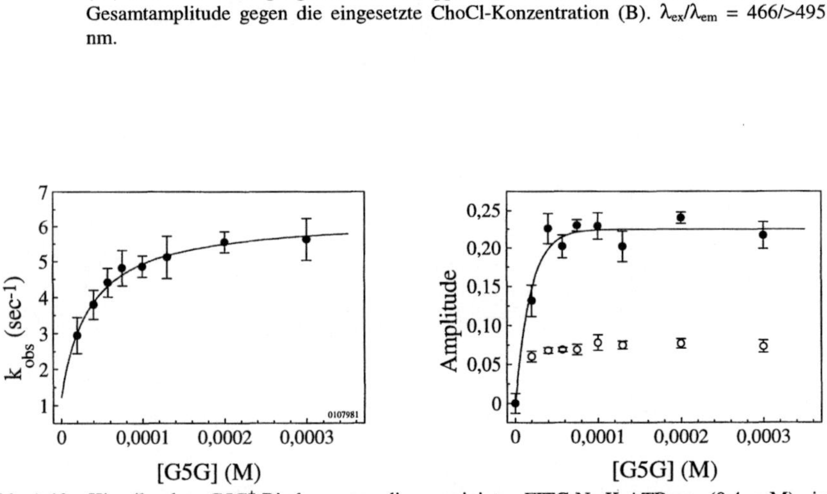

Abb. A 12. Kinetik der $G5G^+$-Bindung an die gereinigte FITC-Na,K-ATPase (0,4 µM) in 25 mM Histidin/HCl pH 7,5 bei 25°C. Auftragung von k_{obs} gegen die eingesetzte ChoCl-Konzentration (A). Die durchgezogene Linie repräsentiert die Anpassung der Gleichung (14) auf S. 92. Auftragung der mit der stopped-flow-Technik zeitlich aufösbaren und der Gesamtamplitude gegen die eingesetzte ChoCl-Konzentration (B). $\lambda_{ex}/\lambda_{em}$ = 466/>495 nm.

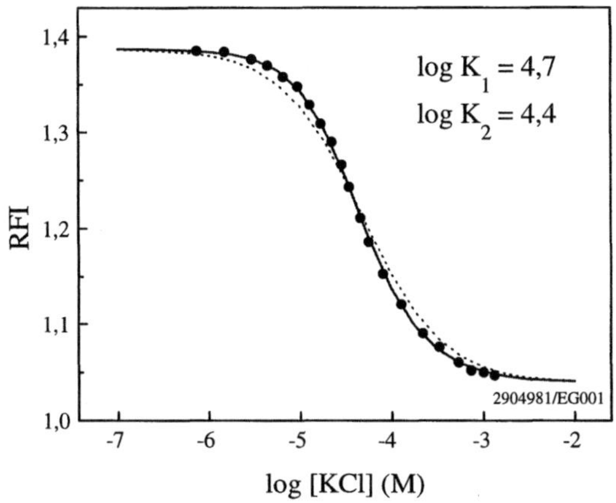

Abb. A. 13. Fluorimetrische Titration der präprativ solubilisierten FITC-Na,K-ATPase (0,11 µM) mit KCl in 10 mM Imidazol/HCl, 120 µM $C_{12}E_8$, 0,1 mM EDTA pH 7,5 bei 25°C. Die gestrichelte Linie zeigt die bestmögliche Anpassung der Funktion des 1:1-Bindungsmodells, die durchgezogene Linie der Funktion des 1:2-Bindungsmodells. λ_{ex} / λ_{em} = 495 / 520 nm.

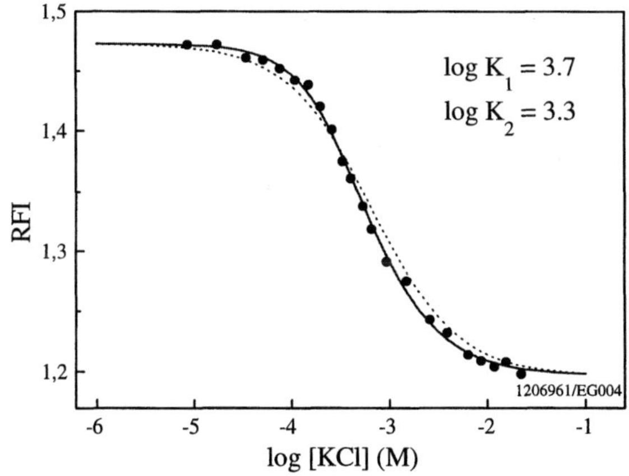

Abb. A. 14. Fluorimetrische Titration der präprativ solubilisierten FITC-Na,K-ATPase (0,11 µM) mit KCl in 10 mM Imidazol/HCl, 120 µM $C_{12}E_8$, 0,1 M Cholinchlorid, 0,1 mM EDTA pH 7,5 bei 25°C. Die gestrichelte Linie zeigt die bestmögliche Anpassung der Funktion des 1:1-Bindungsmodells, die durchgezogene Linie der Funktion des 1:2-Bindungsmodells. λ_{ex} / λ_{em} = 495 / 520 nm.

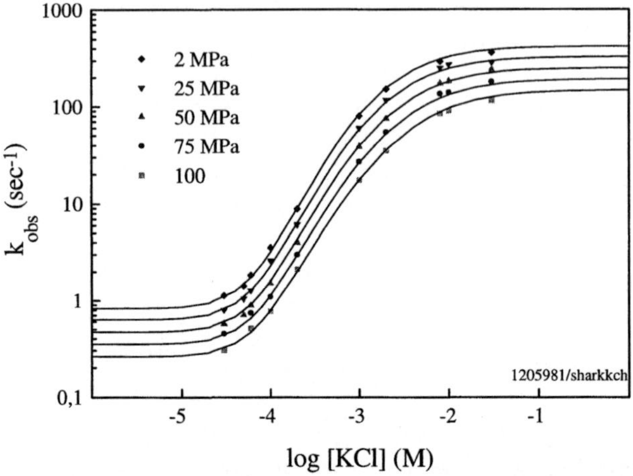

Abb. A. 15. Kinetik der K^+-Bindung an die gereinigte FITC-Na,K-ATPase in 10 mM Imidazol/HCl, 0,1 M ChoCl, 0,1 mM EDTA pH 7,5 bei 10°C. Die durchgezogenen Linien repräsentieren die jeweiligen Anpassungen mit Gleichung (17) auf S. 93 bei 2, 25, 50 und 75 MPa. $\lambda_{ex}/\lambda_{em}$ = 466/>495 nm.

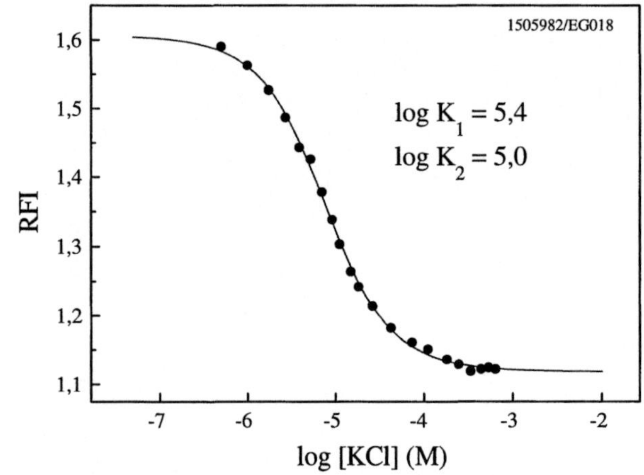

Abb. A. 16. Fluorimetrische Titration der gereinigten FITC-Na,K-ATPase (0,13 μM) mit KCl in 10 mM Imidazol/HCl, 0,1 mM EDTA pH 7,5 bei 10°C. Die durchgezogene Linie zeigt die bestmögliche Anpassung der Funktion des 1:2-Bindungsmodells. λ_{ex} / λ_{em} = 495 / 520 nm.

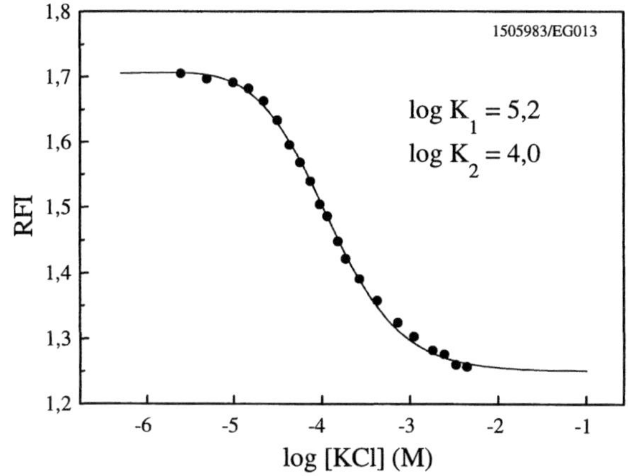

Abb. A. 17. Fluorimetrische Titration der gereinigten FITC-Na,K-ATPase (0,13 µM) mit KCl in 10 mM Imidazol/HCl, 0,1 M ChoCl, 0,1 mM EDTA pH 7,5 bei 10°C. Die durchgezogene Linie zeigt die bestmögliche Anpassung der Funktion des 1:2-Bindungsmodells. λ_{ex} / λ_{em} = 495 / 520 nm.

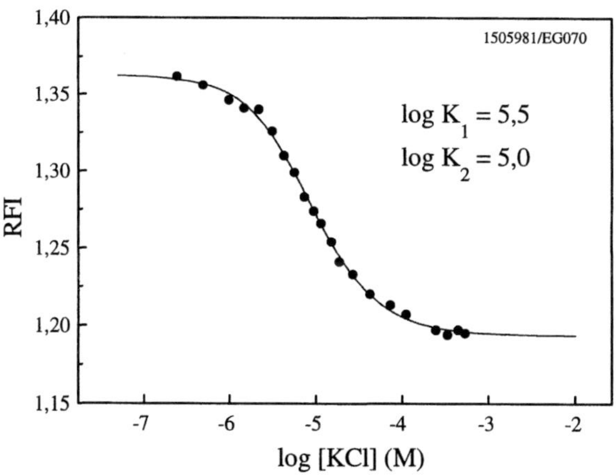

Abb. A. 18. Fluorimetrische Titration der präparativ solubilisierten FITC-Na,K-ATPase (0,12 µM) mit KCl in 10 mM Imidazol/HCl, 0,1 mM EDTA pH 7,5 bei 10°C. Die durchgezogene Linie zeigt die bestmögliche Anpassung der Funktion des 1:2-Bindungsmodells. λ_{ex} / λ_{em} = 495 / 520 nm.

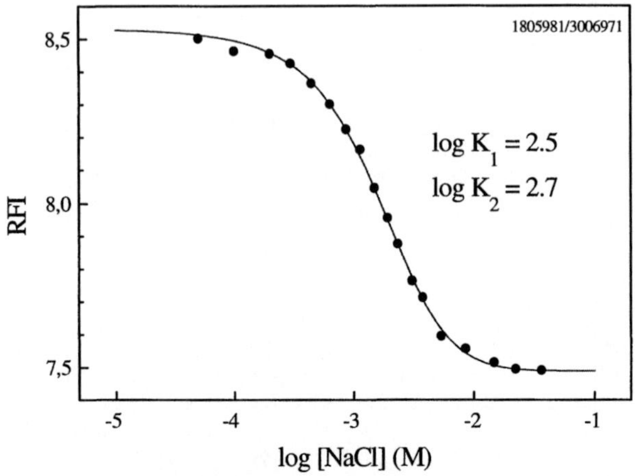

Abb. A. 19. Fluorimetrische Titration der gereinigten-Na,K-ATPase (0,3 µM) mit NaCl in 10 mM Imidazol/HCl, 0,1 M ChoCl, 0,1 mM EDTA pH 7,5 bei 25°C in Anwesenheit von RH-421 (0,75 µM). Die durchgezogene Linie zeigt die bestmögliche Anpassung der Funktion des 1:2-Bindungsmodells. λ_{ex} / λ_{em} = 590 / 650 nm.

9.2 Mathematische Formeln

1:1-Bindungsstöchiometrie

$$L + M^+ \underset{}{\overset{K}{\rightleftharpoons}} LM^+$$

$$K = \frac{[LM^+]}{[L] \times [M^+]}$$

$[L_{tot}] = [L] + [LM^+]$

$[M^+_{tot}] = [M^+] + [LM^+]$

$$[L] = \frac{[L_{tot}] + [M^+_{tot}] + \frac{1}{K}}{2} - \frac{1}{2} \times \sqrt{([L_{tot}] + [M^+_{tot}] + \frac{1}{K})^2 - 4 \times [L_{tot}] \times [M^+_{tot}]}$$

$[LM^+] = [L_{tot}] - [L]$

$F = (F_0 \times L) + (F_K \times LM^+)$

1:2- Bindungsstöchiometrie

$$L + M^+ \overset{K_1}{\rightleftharpoons} LM^+ + M^+ \overset{K_2}{\rightleftharpoons} LM^+_2$$

$$K_1 = \frac{[LM^+]}{[L] \times [M^+]} \qquad K_2 = \frac{[LM^+_2]}{[LM^+] \times [M^+]}$$

$[L_{tot}] = [L] + [LM^+] + [LM^+_2]$

$[M^+_{tot}] = [M^+] + [LM^+] + [LM^+_2]$

$[L]: 0 = [L]^3 \times (1 - K_1 \times (4 \times K_2)^{-1}) + [L]^2 \times ([M^+_{tot}] \times (1 - K_1 \times (4 \times K_2)^{-1} - [L_{tot}] \times (2 - K_1 \times (4 \times K_2)^{-1}))$

$+ [L] \times (0{,}5 \times ([L_{tot}] - [M^+_{tot}])^2 + (([M^+_{tot}] + (K_1)^{-1}) \times (4K_2)^{-1}) - [L_{tot}] \times (4K_1 \times K_2)^{-1}$

$[LM^+] = 0{,}5 \times K_2 \times [L] \times (K_1) - 1 \times (-1 + (1 + (K_2 \times (K_1) - 1 \times (([L_{tot}] - [L]) \times ([L])^{-1})^{0{,}5})$

$$M^+ = \frac{[LM^+]}{K_1 \times [L]} \qquad [LM^+_2] = K_2 \times [LM^+] \times [M^+]$$

$F = (F_0 \times L) + (F_K \times LM^+) + (F_{K2} \times LM^+_2)$

mit:

F:	beobachtete Fluoreszenzintensität
F_0:	relative Fluoreszenzintensität des freien Liganden (1:1-und 1:2-Bindung)
F_K:	relative Fluoreszenzintensität des Ligand-Metallion-Komplexes (1:1-und 1:2-Bindung)
F_{K2}:	relative Fluoreszenzintensität des Ligand-Metallionen-Komplexes (1:2-Bindung)
$[L_{tot}]$:	Gesamtkonzentration an Ligand
$[M^+_{tot}]$:	Gesamtkonzentration an Metallionen
[L]:	Konzentration an freiem Ligand
$[M^+]$:	Konzentration an freien Metallionen
K:	Assoziationskonstante (1:1-Bindung)
K_1, K_2:	Assoziationskonstanten (1:2-Bindung)

10. Literatur

1. Skou, J. C. (1957). Biochim. Biophys. Acta **23**: 394
2. Hasselbach, W. (1974). In *The enzymes* **10**: 431. New York: Academic press (P. D. Boyer, ed.)
3. Besanèon, M., Shin, J. M., Mercier, F., Munson, K., Rabon, E., Hersey, S. und Sachs, G. (1992). Acta Physiol. Scand. **146**: 77
4. Glynn, I. M. und Karlish, S. J. (1990). Annu. Rev. Biochem. **59**: 171
5. Fendler, K., Grell, E. und Haubs, M. (1985). EMBO Journal **4**: 3079
6. Post, R. L. und Jolly, P. C. (1957). Biochim. Biophys. Acta **25**: 118
7. De Weer, P. (1990). In *Regulation of potassium transport across biological membranes*,(L. Reuss, J. M Russel und G. Szabo, eds): Austin: University of Texas, pp. 5
8. Stryer, L. (1987). Biochemie, 4. Auflage, Spektrum Akademischer Verlag GmbH, Heidelberg
9. Alberts, B, Bray, D., Lewis, J., Raff, M., Roberts, K., Watson J. D. (1990). In *Molekularbiologie der Zelle*, 2. Aufl. VCH Mannheim
10. Hodgkin, A. L. und Katz, B. (1949). J. Physiol. (Lond.) **108**: 37
11. Kyte, J. (1971) J. Biol. Chem. **246**: 4157
12. Hastings, D. F. und Reynolds, J. (1979). Molecular weight of (Na^++K^+) ATPase **18**: 817
13. Esmann, M, Skou, J. C. und Christiansen, C. (1979). Biochim. Biophys. Acta **567**: 410
14. Esmann, M., Christiansen, C., Karlsson, K-A., Hansson, G. C. und Skou, J. C. (1980). Biochim. Biophys. Acta **603**: 1
15. Benallal, M., Anner, B. M. (1995). Bioscience Reports **15**: 21
16. Reeves, A. S., Collins, J. H. und Schwartz, A. (1980). Biochem. Biophys. Res. Commun. **95**: 1591
17. Churchill, L., Peterson, G. L. und Hokin, L. E. (1979). Biochem. Biophys. Res. Commun. **90**: 488
18. Post, R. L. und Kume, S. (1973). J. Biol. Chem. **248**: 6993
19. Jørgensen, P. L. und Andersen, J. P. (1988). J. Membr. Biol. **103**: 95
20. Geering, K. (1990). J. Membr. Biol. **115**: 109
21. Schwartz, A, Lindenmayer, D. E. und Allen, J. C. (1975). Pharmacol. Rev. **27**: 3
22. Akera, T. (1981). Handb. Exp. Pharmakol. **56/I**: 287
23. Esmann, M. (1982). Biochim. Biophys. Acta **688**: 251
24. Kawamura, M. und Nagano, K. (1984). Biochim. Biophys. Acta **774**: 188
25. Mc Donough, A. A., Geering, K. und Farley, R. A. (1990). The FASEB Journal **4**: 1598

26. Geering, K., Theulaz, I., Verry, F., Haeuptle, M. T. und Rossier, B. C. (1989). Am. J. Physiol. **257**: C851

27. Kawamura, M. und Noguchi, S. (1991). In *The Sodium Pump* (Kaplan, J. H. und De Weer, P., eds.), pp. 45, The Rockefeller University Press, New York

28. Shull, G. E., Schwartz, A. und Lingrel, J. B. (1985). Nature (London) **316**: 91

29. Kawakami, K., Noguchi, S., Noda, M., Takahashi, H., Ohta, T., Kawamura, M., Nojima, H., Nagano, K., Hirose, T., Inayama, S., Hayashida, H., Miyata, T. und Numa, S. (1985). Nature (London) **316**:733

30. Ovchinikov, Y. A., Modyanov, N. N., Broude, N. E., Petrukhin, K. E., Grishin, A. V., Arzamazova, N. M., Aldanova, N. A., Monastyrskaya, G. S. andd Sverlov, E. D. (1986). FEBS Letters **201**: 237

31. Noguchi, S., Noda, M., Takahashi, H. Kawakami, K., Ohta, T., Nagano, K., Hirose, T., Inayma, S., Kawamura, M. und Numa, S. (1986). FEBS Letters **196**: 315

32. Kawakami, K., Nojima, H., Ohta, T., und Nagano, K. (1986). Nucleid Acids Res. **14**: 2833

33. Shull, G. E., Lane, L. K., und Lingrel, J. B. (1986). Nature (London) **321**: 429

34. Møller, J. V., Juul, B. und le Maire, M. (1996). Biochim. Biophys. Acta **1286**: 1

35. Vasilets, L. A. und Schwarz, W. (1993). Biochem. Biophys. Acta **1154**: 201

36. Reeves, A. S., Collins, J. H. und Schwartz, A. (1980). Biophys. Res. Commun. **95**: 1591

37. Forbush, B., Kaplan, J. H. und Hoffman, J. F. (1978). Biochemistry **17**: 3667

38. Brotherus, J. R., Jacobsen, L. und Jørgensen, P. L. (1983). Biochim. Biophys. Acta **731**: 290

39. Hayashi, Y., Kobayashí, T., Nakajima, T. und Matsui, H. (1994). *In The sodium pump* (Bamberg, E. und Schoner, W. eds.) pp. 453, Darmstadt: Steinkopff; New York: Springer

40. Schoner, W., Thönges, D., Hamer, E., Antolovic, R., Buxbaum, E., Willeke, M., Serpersu, E. H. und Scheiner-Bobis, G. (1994). *In The sodium pump* (Bamberg, E. und Schoner, W. eds.) pp. 332, Darmstadt: Steinkopff; New York: Springer

41. Albers, R. W. (1967). Annu. Rev. Biochem. **36**: 727

42. Post, R., Kume, S., Tobin, T. und Orcutt, B. (1969). J. Gen. Physiol. **54**: 306

43. Glynn, I. M. (1985). In *The enzymes of biological membranes*. A. N. Martonosi, editor. Vol. 3, pp. 35. Plenum Press, New York

44. Jørgensen, P. L. und Andersen, J. P. (1988). J. Membrane Biol. **103**: 95

45. Beaugé, J. A. und Glynn, I. M. (1979). Nature (London) **280**: 510

46. Glynn, I. M., Howland, J. L. und Richards, D. E. (1985). J. Physiol (London) **368**: 453

47. Forbush, B., III (1984). Anal. Biochem. **140**: 159

48. Skou, J. C. (1988). Meth. Enzymol. **156**: 1

49. Voet, D. und Voet, J. G. (1995). Biochemistry, second edition, John Wiley and Sons, New York

50. Glynn, I. M. und Lew, V. L. J. Physiol. **207**: 393

51. Shull, G. E., Greeb, J. und Lingrel, J. B. (1986). Biochemistry **25**: 8125

52. Chang, H. W. and Bock, E. (1980). Anal. Biochem. **104**: 112

53. Bugnon, P., Laurency, G., Ducommun, Y., Sauvageat P.-Y. und Merbach, A. E. (1996). Anal. Chem. **68**: 3045

54. Duveneck, G. L., Pawlak, M., Neuschäfer, D., Budach, W. und Ehrat, M. (1996). SPIE **2928**: 98

55. Jørgensen, P. L. (1992). Acta Physiol. Scand. 146: 89

56. Karlish, S. J. D. (1991). In *The sodium pump* (eds. Kaplan, J. H. und de Weer, P.) pp. 427 (Rockefeller University Press, New York)

57. Jørgensen, P. L. (1992). In *Molecular aspects of transport proteins* (De Pont, J. J., ed.): 1

58. Karlish, S. J., Goldshleger, R. und Stein, W. D. (1990). Proc. Natl. Acad. Sci. U. S. A. **87**: 4566

59. Lingrel, J. B. und Kuntzweiler, T. A. (1994). J. Biol. Chem. **269**: 19659

60. Kuntzweiler, T. A., Argüello, J. M. und Lingrel, J. B. (1996). J. Biol. Chem. **271**: 29682

61. Dzhandzhugazyan, K. N. und Jørgensen, P. L. (1985). Biochim. Biophys. Acta **817**: 165

62. Goldschleger, R., Tal, D. M. und Karlish, S. J. D. (1995). Biochemistry **34**: 8668

63. Kuntzweiler, T. A., Argüello, J. M. und Lingrel, J. B. (1996). J. Biol. Chem. **271**: 29682

64. Jørgensen, P. L. und Skou, J. C. (1969). Biochem. Biophys. Res. Commun. **37**: 39

65. Jørgensen, P. L. und Skou, J. C. (1971). Biochim. Biophys. Acta **233**: 366

66. Kyte, J. (1971) J. Biol. Chem. **246**: 4157

67. Albers, R. W., Koval, C. J. und Siegel, G. J. (1968). Mol. Pharmacol. **4**: 324

68. Dixon, J. F. und Hokin, L. G. (1974). Arch. Biochem. Biophys. **163**: 749

69. Hopkins, B. E., Wagner, H. und Smith, J. W. (1976). J. Biol. Chem. **251**: 4365

70. Perrone, J. R., Hackney, J. F., Dixon, J. F. und Hokin, L. E. (1975). J. Biol. Chem. **250**: 4178

71. Hokin, L. E., Dahl, J. L., Deupree, J. D., Dixon, J. F.,Hackney, J. F. und Perdue, F. (1973). J. Biol. Chem. **248**: 2593

72. Skou, J. C. und Esmann M. (1979). Biochim. Biophys. Acta **567**: 436

73. Jørgensen, P. L. (1974). Biochim. Biophys. Acta **356**: 36

74. Jørgensen, P. L. (1982). Biochim. Biophys. Acta **694**: 27

75. Zamphigi, G., Kyte,J. und Freytag, J. (1984). J. Cell Biol. **98**: 1851

76. Deguchi, N., Jørgensen, P. L. und Maunsbach, A. B. (1977). J. Cell. Biol. **75**: 619

77. Maunsbach, A. B., Skriver, E. und Jørgensen, P. L. (1988). Meth. Enzymol. **156**: 430

78. Vilsen, B. (1995). Biochemistry **34**: 1455

79. Jewell, E. A. und Lingrel, J. B. (1991). J. Biol. Chem. **266**: 16925

80. Jones, E. W. (1991). Methods Enzymol. **194**: 428

81. Van Huysse, J. W., Jewell, E. A. und Lingrel, J. B. (1993). Biochemisty **32**: 819

82. Kuntzweiler, T. A., Wallick, E. T., Johnson, C. L. und Lingrel, J. B. (1995). J. Biol. Chem. **270**: 2993

83. Geering, K. (1990). J. Membr. Biol. **115**: 109

84. DeTomaso, A. W., Xie, Z. J., Liu, G. und Mercer, R. W. (1993). J. Biol. Chem. **268**: 1470

85. Blanco, G., Koster, J. C. und Mercer, R. W. (1994). Proc. Natl. Acad. Sci. U.S.A. **91**: 8542

86. Horowitz, B., Eakle, K. A., Scheiner-Bobis, G., Randolph, G. R., Chen, C. Y., Hitzeman, R. A. und Farley, R. A. (1990). J. Biol. Chem. **265**: 4189

87. Eakle, K. A., Kim, K. S., Kabalin, M. A. und Farley, R. A. (1992). Proc. Natl. Acad. Sci. U.S.A. **89**: 2834

88. Wang, K. und Farley, R. A. (1992). J. Biol. Chem. **267**: 3577

89. Eakle, K. A., Lyu, R.-M. und Farley, R. A. (1995). J. Biol. Chem. **270**: 13937

90. Pedersen, P. A., Rasmussen, J. h. und Jørgensen, P. L. (1996). J. Biol. Chem. **271**: 2514

91. Deguchi, N., Jørgensen, P. L. und Maunsbach, A. B. (1977). J. Cell. Biol. **75**: 619

92. Skriver, E., Maunsbach, A. B. und Jørgensen, P. L. (1981). FEBS Letters **131**: 219

93. Herbert, H., Jørgensen, P. L., Skriver, E. und Maunsbach, A. B. (1982). Biochim. Biophys. Acta **689**: 571

94. Jørgensen, P. L., Skriver, E., Hebert, H. und Maunsbach, A. B. (1982). Ann. N. Y. Acad. Sci. **402**: 203

95. Jørgensen, P. L. (1982). Biochim. Biophys. Acta **694**: 27

96. Zamphigi, G., Kyte,J. und Freytag, J. (1984). J. Cell Biol. **98**: 1851

97. Herbert, H., Skriver, E. und Maunsbach, A. B. (1985). FEBS Letters **187**: 182

98. Maunsbach, A. B. und Thomsen, K. (1994). *In The sodium pump* (Bamberg, E. und Schoner, W. eds.) pp. 342, Darmstadt: Steinkopff; New York: Springer

99. Linder, A. und Appell, H.-J. (1994). *In The sodium pump* (Bamberg, E. und Schoner, W. eds.) pp. 346, Darmstadt: Steinkopff; New York: Springer

100. Lowry, O. H., Rosenbrough, N. J., Farr, A. L. und Randall, R. J. (1951). J. Biol. Chem. **193**: 265

101. Karlish, S. J. D., Yates, D. W. und Glynn, I. M. (1978). Biochim. Biophys. Acta **525**: 252

102. Banerjee, S. P., Wong, S. M. E., Khanna, V. K. und Sen, A. K. (1972). Mol. Pharmacol. **8**: 8

103. Patzelt-Wenezler, R. und Mertens, W. (1981). Eur. J. Biochem. **121**: 197

104. Jørgensen, P. L. (1975). Biochim. Biophys. Acta **401**: 399

105. Karlish, S. J. D. und Yates, D. W. (1978). Biochim. Biophys. Acta **527**: 115

106. Xu, K. Y. (1989). Biochem. **28**: 5764

107. Abbott, A. J., Amler,E. und Ball, W. J. (1991). Biochem **30**: 1692

108. Karlish, S. J. D. (1980). J. Bioenerg. Biomembr. **12**: 111

109. Bühler, R., Stürmer, W., Apell, H.-J. und Läuger, P. (1991). J. Membrane Biol **121**: 141

110. Stürmer, W., Bühler, R., Apell, H.-J. und Läuger, P. (1991). J. Membrane Biol. **121**: 163

111. Klodos, I. (1994). *In The sodium pump* (Bamberg, E. und Schoner, W. eds.) pp. 517, Darmstadt: Steinkopff; New York: Springer

112. Goldin, S. M., Forgac, M. und Chin, G. (1988). Meth. Enzymol **156**: 127

113. Hokin, L. E. und Dixon, j. F. (1988). Meth. Enzymol **156**: 141

114. Cornelius, F. (1988). Meth. Enzymol **156**: 156

115. Karlish, S. J. D. und Pick, U. (1981). J. Physiol. **312**: 505

116. Karlish, S. J. D. und Stein, W. D. (1982). J. Physiol. (London) **328**: 295

117. Karlish, S. J. D. und Stein, W. D. (1985). J. Physiol. (London) **359**: 119

118. Karlish, S. J. D. und Stein, W. D. (1982). J. Physiol. (London) **328**: 317

119. Rephaeli, A., Richards, D. und Karlish, S. J. D. (1986). J. Biol. Chem. **261**: 6248

120. Roelofson, B. und van Deenen, L. L. M. (1973). Eur. J. Biochem. **40**: 245

121. De Pont, J. J. H. H. M., Van Prooijen Van Eeden, A. und Bonting, S. L. (1978). Biochim. Biophys. Acta **508**: 464

122. Esmann, M. (1984). Biochim. Biophys. Acta **787**: 81

123. Cornelius, F. (1995). Biochim. Biophys. Acta **1235**: 205

124. Cornelius, F und Skou, J.C. (1984). Biochim. Biophys. Acta. **772**: 357

125. Schuurmans Stekhoven, F. M. A. H., Swarts, H. G. P., De Pont, J. J. H. H. M. und Bonting, S. L. (1980). Biochim. Biophys. Acta **597**: 100

126. Fendler, K., Grell, E. und Bamberg, E. (1987). FEBS Letters **224**: 83

127. Fendler, K. (1994). Habilitation, Max-Planck-Institut für Biophysik, Frankfurt/M.

128. Kaplan, J. H., Forbush, B. I. I. I. und Hoffman, J. F. (1978). Biochemistry **17**: 1929

129. Fendler, K., Jaruschewski, S., Froehlich, J. P., Albers, W. und Bamberg, E. (1994). In *The sodium pump* (Bamberg, E. und Schoner, W. eds.) pp. 495, Darmstadt: Steinkopff; New York: Springer

130. Michel, H. (1991). In *Crystallization of membrane proteins*. CRC Press Boca Raton, Ann Habor, Boston

131. Ottolenghi, P. (1975). Biochem. J. **151**: 61

132. Kratky, O. (1963). Progress in Biophysics **13**: 3

133. Esmann, M und Skou, J. C. (1985). In *The sodium pump* (I. Glynn and C. Ellory, eds.), The Company of Biologists Cambridge, pp.17

134.Esmann, M. (1988). Meth. Enzymology **156**: 72

135.Brotherus, J. R., Jacobsen, L. und Jørgensen, P. L. (1983). Biochim. Biophys. Acta **731**: 290

136.Lichtenberg, D. (1985). Biochim. Biophys. Acta **821**: 470

137.Paternostre, M. T., Roux, M. und Rigaud, J. L. (1988). Biochemistry **27**: 2668

138.Lichtenberg, D., Robson, R. J. und Dennis, E. A. (1983). Biochim. Biophys. Acta **737**: 285

139.Dennis, E. A. (1974). Arch. Biochem. Biophys. **165**: 764

140.Levy, D., Gulik, A., Seigneuret, M. und Rigaud, J-L. (1990). Biochemistry **29**: 9480

141.Tanford, C. (1980). In *The hydrophobic effect*, John Wiley and Sons, New York

142.Graber, E., Lang, J. und Zana, R. (1970). Kolloid Z. **238**: 270

143.Zana, R. und Lang, J. (1968). C. R. Acad, Sci. Sec. C, **266**: 891

144.Pachence, J. M., Edelman, I. S. und Schoenborn, B. P. (1987). J. Biol. Chem. **262**: 702

145.Heyse, S., Wuddel, I., Apell, H.-J. und Stürmer, W. (1994). J. Gen. Physiol. **104**: 197

146.Vasilets, L. A., Ohta, T., Noguchi, S., Kawamura, M. und Schwarz, W. (1993). Eur. Biophys. J. **21**: 433

147.Vasilets, L. A. und Schwarz, W. (1992). J. Membr. Biol. **125**: 119

148.Klodos, I. und Forbush III, B. (1988). J. Gen. Physiol. **92**: 998-1004

149.Grell, E., Warmuth, R., Lewitzki, E. und Ruf, H. (1992). Acta Physiol. Scand. **146**: 213

150.Ruf, H., Lewitzki, E. und Grell, E. (1994). In *The sodium pump* (Bamberg, E. und Schoner, W. eds.) 569, Darmstadt: Steinkopff; New York: Springer

151.Kane, D. J., Fendler, K., Grell, E., Bamberg, E., Taniguchi, K., Froehlich, J. P. und Clarke, R. J. (1997). Biochemistry **36**: 13406

152.Goldin, S. M. (1979). *In Na,K-ATPase, Structure und function* (Skou, J. C. und Nørby, J. G., eds.) pp. 69, London, New York, San Francisco: Academic press

153.Eisenrauch, A. (1990). Dissertation, Max-Planck-Institut für Biophysik, Frankfurt/M.

154.Tribet, C., Audebert, R. und Popot, J.-L. (1996). Proc. Natl. Acad. Sci. USA **93**: 15047

155.Heerklotz, H., Lantzsch, G., Binder, H., Klose, G. und Blume, A. (1995). Chem. Phys. Lett. **235**: 517

156.Heerklotz, H., Lantzsch, G., Binder, H., Klose, G. und Blume, A. (1996). J. Phys. Chem. **100**: 6764

157.Keller, M., Kerth, A. und Blume, A. (1996). Biochim. Biophys. Acta **1326** (2): 178

158.Fiske, C. H. und Subbarow, Y. (1925). J. Biol. Chem. **66**: 375

159.Popov, N., Schmitt, M., Schulzeck, S. und Matthies, H. (1975). Acta biol. med. germ. **34**: 1441 - 1446

160.Serrano, R. (1988). Biochim. Biophys. Acta **947**: 1

161. Karlish, S. J. D. (1979). In *Na,K-ATPase structure and kinetics* (J. C. Skou und J. G. Nørby eds.). pp. 115, Academic press, New York

162. Bugnon, P. (1995). Dissertation, Universität Lausanne

163. Helm, L. (1995). Bibliothèque des programmes, ICMA: Lausanne

164. Georgalis, Y., Ruf, H. und Grell, E. (1987). In *Topics in molecular pharmacology* (Vol. 4), pp. 1 (Burgen, S. V., Roberts, G. C. K; Anner, B. M., eds.). Elsevier Amsterdam

165. Provencher, S. (1982). Compt. Phys. Commun. **27**: 213

166. Provencher, S. (1982). Compt. Phys. Commun. **27**: 229

167. Ruf, H. (1989). Biophys. J. **56**: 67

168. Ruf, H., Grell, E. und Stelzer, E. (1992). Eur. Biophys. J. **21**: 21

169. Provencher, S. und Glöckner, J. (1981). Biochemistry **20**: 33

170. Mezele, M. (1988). Dissertation, Max-Planck-Institut für Biophysik, Frankfurt/M.

171. Schmid, A., Ruf, H., Mager, G. und Stelzer, E. Unveröffentlichtes Programm, Max-Planck-Institut für Biophysik, Frankfurt/M.

172. Mager, g. Schmid, A. und Ruf, H. Unveröffentlichtes Programm, Max-Planck-Institut für Biophysik, Frankfurt/M.

173. Ashani, Y. und Catravas, G. N. (1980). Analytical Biochemisrtry **109**: 55

174. Grell, E., Mutz, M. und Marti, E. (1997). J. Therm. Analysis **48**: 437

175. Brotherus, J. R., Jost, P. C., Griffith, O. H., und Hokin, L. E. (1979). Biochemistry **18**: 5043

176. Tanford, C. und Reynolds, J. A. (1976). Biochim. Biophys Acta **457**: 133

177. Grell, E., Lewitzki, E., Ruf, H., Brand, F. W., v. d. Haar, T und Zachariasse, K. A. (1994). J. of Fluorescence **4**: 251

178. Hegyvary, C. und Jørgensen, P. L. (1981). J. Biol. Chem. **256**: 6296

179. Grell, E. und Oberbäumer, I. (1977). In *Chemical Relaxation in MolecularBiology* (R. Rigler und I. Pecht, eds.) pp. 371 (Springer, Heidelberg)

180. Grell, E., Warmuth, R., Lewitzki, E. und Ruf, H. (1991). In *The sodium pump*, pp. 441 (Rockefeller University Press, New York)

181. Grell, E., Lewitzki, E., Ruf, H. und Doludda, M. (1994). In *The sodium pump* (Bamberg, E. and Schoner, W., eds) pp. 617, Darmstadt: Steinkopff; New York: Springer

182. Hiromi, K. (1979). In *Kinetics of fast Enzyme Reactions* (Halsted Press, New York)

183. Doludda, M. (1996). Dissertation, Max-Planck-Institut für Biophysik, Frankfurt/M

184. Kielland, J. (1937). J. Am. Chem. Soc. **59**: 1675

185. Brito, R. M. M. und Vaz, W. L. C. (1986). Analytical Biochemistry **152**: 250

186.Doludda, M., Lewitzki, E., Ruf, H. und Grell, E. (1994): In *The sodium pump* (Bamberg, E. und Schoner, W., eds) pp. 629, Darmstadt: Steinkopff; New York: Springer

187.Karlish, S. J. D. (1988). Meth. Enzymol. **156**: 271

188.Bartlett, G. R. (1959). J. Biol. Chem. **234**: 466

189.Lewitzki, E., Frank, U., Götz, E., Bran, K., Schneider, F. W. und Grell, E. (1994). J. Fluorescence **4**: 287

190.Erdman, E. und Schoner, W. (1973). Biochim Biophys Acta **307**: 386

191.Grell. E., Lewitzki, E. und Ifftner, A. (1985). In *The Sodium Pump* (I. Glynn and C. Ellory, eds.), The Company of Biologists Cambridge, 289

192.Therien, A. G., Goldshleger, R., Karlish, S. J. D. und Blostein, R. (1997). J. Biol. Chem. **272**: 32628

193.Pedersen, P. A., Rasmussen, J. H., Nielsen, J. M. und Jørgensen, P. L. (1997). FEBS Letters **400**: 206

194.Loew, L. M., Cohen, L. B., Salzberg, B. M., Obaid, A. L. und Bezanilla, F. (1985). Biophys. J. **47**: 71

195.Paul, J. K., Nettikadan, S. R., Ganjeizadeh, M., Yamaguchi, M. und Takeyasu, K. (1994). FEBS Letters **346**: 289

196.Skriver, E., Maunsbach, A. B. und Jørgensen, P. L. (1980). J. Cell. Biol. **86**: 746

197.Richmond, W. (1973). Clin. Chem. **19**: 1350

198.Gresalfi, T. J. und Wallace, B. A. (1984). J. Biol. Chem. **259**: 2622

199.Hastings, D. F., Reynolds, J. A. und Tanford, C. (1985). Biochim. Biophys. Acta **860**: 566

200.Chetverin, A. B. und Brazhnikov, E. V. (1985). J. Biol. Chem. **260**: 7817

201.Tanford, C. (1982). Proc. Natl. Acad. Sci. USA **79**: 2882

202.Esmann, M. (1986). Biochim Biophys. Acta **857**: 38

203.Privalov, P. L. und Gill, S. J. (1988). Adv. Protein Chem. **39**: 191

204.Hoffmann, H. und Ulbricht, W. (1986). In *Thermodynamic data for biochemistry and biotechnology* (Hinz, H. -J., ed.), pp. 298. Springer-Verlag Berlin, Heidelberg, New York, Tokyo

205.Neugebauer, J. (1988). *A guide to the properties and uses of detergents in biology and biochemistry*. Copyright 1988 by Calbiochem-Novabiochem International, 5th printing 1994

206.Halsey, J. F., Mountcastle, D. B., Takeguchi, C. A., Biltonen, R. L. und Lindenmayer, G. E. (1977). Biochemistry **16**: 432

207.Fischer, T. H. (1983). Biochem J. **211**: 771

208.Tanford, C., Nozaki, Y. und Rohde, M. F. (1977). J. Phys. Chem. **81**: 1555

209.Huang, W.-H., Kakar, S. S. und Askari, A. (1985). J. Biol. Chem. **260**: 7356

210.Helenius, A. und Simons, K. (1975). Biochim Biophys. Acta **415**: 29

211.Le Maire, M., Møller, J. V. und Champeil, P. (1987). Biochemistry **26**: 4803

212.Andersen, J. P., Le Maire, M., Kragh-Hansen, U., Champeil, P. und Møller, J. V. (1983). Eur. J. Biochem. **134**: 205

213.Champeil, P., Le Maire, M., Andersen, J. P., Guillain, F., Gingold, M., Lund, S. und Møller, J. V. (1986). J. Biol. Chem. **261**: 16372

214.Brinkmann, U., Neumann, E. und Robinson, B. H. (1998). J. Chem. Soc., Faraday Trans. **94** (9): 1281

215.Esmann, M.´und Skou, C. (1983). Biochim. Biophys. Acta **787**: 71

216.Nakamoto, R. K. und Inesi, G. (1986). FEBS Letters **194** (2): 258

217.Esmann, M. und Sottrup-Jensen, L. (1992). Biochim. Biophys. Acta **1108**: 247

218.Lewitzki, E., Schick, E. und Grell, E. (1998). J. of Fluorescence **8**: 113

219.Steinberg, M. and De George, J. (1982). Arch. Biochem. Biophys. **219** (2): 359

220.Faller, L. D., Diaz, R. A., Scheiner-Bobis, G. and Farley, R. A. (1991). Biochemistry **30**: 3503

221.Smirnova, I. N. and Faller, L. D. (1993). J. Membrane Biol. **268**: 16120

222.Lin, S.-H. and Faller, L. D. (1993). Biochemistry **32**: 13917

223.Smirnova, I. N., Lin, S-H. and Faller, L. D. (1995). Biochemistry **34**: 8657

224.Mozhaev, V. V., Heremans, K., Frank, J., Masson, P. und Balny, C. (1996). Proteins: Structure, function and genetics **24**: 81

225.Matsui, H., Homareda, H., Hayashi, Y. (1985). In *The Sodium Pump* (I. Glynn and C. Ellory, eds.), The Company of Biologists Cambridge, 243

226.Förster, Th. (1948). Ann. Phys. (Leipzig) **2**: 55

227.Pawlak, M., Grell, E., Schick, E, Anselmetti, D. und Ehrat, M. (1998). Contribution to Faraday Discussion No. 111 '*Molecular interactions of biomembranes*'. The Royal Society of Chemistry, University of Bristol, UK, 16.-18. December 1998

228.Strehlow, H. (1992). *Rapid reactions in solution*. VCH Verlagsgesellschaft mbH, Weinheim.

Lebenslauf

Persönliche Daten

Name:	Eginhard Schick
Geburtsdatum:	30.09.1966
Geburtsort:	Frankfurt am Main
Anschrift:	Ausserhalb SO 162
	63225 Langen

Schulausbildung

08/72 - 06/76	Grundschule Langen
08/76 - 08/78	Förderstufe Langen
09/78 - 06/85	Gymnasium Langen

Wehrdienst

10/85 - 12/86	Grundwehrdienst in Hannover und Braunschweig

Hochschulausbildung

10/88 - 07/94	Studium der Biologie an der Technischen Hochschule Darmstadt	
	06/91	Diplom-Vorprüfung
	06/93	Diplom-Hauptprüfung
	09/93 - 07/94	Diplomarbeit am Lehrstuhl für allgemeine Botanik unter der Anleitung von Prof. Dr. U. Lüttge

Promotion

01/95 - 09/98	Anfertigung der Dissertation am Max-Planck-Institut für Biophysik in Franfurt am Main unter der Anleitung von Dr. E. Grell